KB044257

고등 영단어 수능 5000

영어 단어장

영어단어 빨리 쉽게 잘 외우는법
고등내신 수능영어 종결지 영어공부혼자하기

원어민 음성 MP3 다운로드 방법

한글영어 홈페이지

● 한글영어 홈페이지에서 "수능 영단어 5000"를 검색해서
다운로드 가능합니다.

COLUM BOOKS

● 콜롬북스 앱에서 "수능 영단어 5000"를 검색해서 다운로드
가능합니다.

수능 영단어 5000

● 한글영어 공식카페의 "http://reurl.kr/45D57F22GK"에서
다운로드 가능합니다.

이왕이면 원어민 발음?

수능영어란 큰 장애물을 앞에 두고서 한눈을 팔 만큼 여유로운지 생각해 보라!
오로지 어떻게 하면 수능영어를 잘 볼지 생각하는 사람이 최고로 현명한 사람이다!
지금은 배부른 소리를 할 때가 아니다!

인쇄일	2024년 10월 01일
발행일	2021년 01월 01일
지은이	정용재
펴낸이	정용재
펴낸곳	(주)한글영어
주소	경기도 안양시 동안구 벌말로 123, A동 1111호 (평촌스마트베이)
전화	070-8711-3406
등록	제 385-2016-000051호
공식카페	http://한글영어.한국
MP3 다운로드	http://www.hanglenglish.com
디자인	김소아
인쇄제본	씨에이치피앤씨 (CH P&C) 02-2265-6116
ISBN	979-11-88935-26-0 (43740)

책값은 뒤표지에 표시되어 있으며, 파손 및 잘못된 책은 교환해 드립니다.
이 책은 저작권법에 따라 보호받는 저작물이므로 무단전재 및 무단복제를 금합니다.

목차

고등 수능 영단어 5000

1 발음표기 설명

본 책에서는 영어 발음을 한글로 정확하면서 알기 쉽게 표기합니다.
f 는 ㅍ, r 는 ㄹ, v 는 ㅂ, 로, p 는 ㅍ, l 는 ㄹ, b 는 ㅂ 과 구별합니다.
그리고 강세가 오는 부분은 빨간색으로, [:] 표시는 장음을 표시합니다.
한글 발음은 최대한 원어민이 실제로 읽는 발음에 가깝도록 표기합니다.

2 한글예문 설명

예문은 단순한 조연입니다. 주연은 영어단어 그 자체입니다.
그런데 조연인 예문이 어려우면 주연인 단어에 집중할 수 없습니다.
예문은 그 단어의 의미를 이해하는 데 도움을 주는 역할입니다.
예문을 외우려고 하는 어리석은 노력은 하지 말아야 합니다.
오히려 예문을 통해서 그 단어의 의미와 느낌을 이해한 다음
예문은 잊어버리고 단어와 의미를 바로 연결하려고 해야 합니다.
즉, 단어를 들으면 단어의 느낌과 의미가 바로 떠 올라야 합니다.
영어단어는 예문과 함께 외워야 하지만 꼭 영어가 아니어도 됩니다.
이해가 빠른 한글 예문으로 더 잘 외울 수 있습니다.
우선 한 단어에 한 의미를 정확히 외운 후 뜻을 늘려나가면 됩니다.
이것저것 의미를 모두 암기하려다 보면 오히려 암기가 안 됩니다.

3 단어 책이야 독해 책이야?

본 책은 영어단어 책이지 영어독해 책이 아닙니다.
영어단어장으로 영어독해까지 하겠다는 욕심을 부리지 말아야 합니다.
본 고등 수능 영단어 5000 영어단어장으로 학교영어시험과 수능영어시험에서 좋은 결과가 있기를 진심으로 바랍니다.

고등 수능 영단어 5000

영어단어장

1장

0001
~
1000
단어

공부방법

00 01	reflex	그녀는 날아오는 공에 대한 **리:플렉스** 가 빨랐다.	반사행동
00 02	gallantry	왕자는 지혜와 **갤런트리** 로 괴물과 싸웠다.	용감함

영어 단어 읽기 **1**

1_ 예문 속의 영어 발음을 읽어본다
2_ 원어민 소리를 들으면서 따라 읽어본다
3_ 영어단어와 한글 발음을 보면서 읽어본다
4_ 영어단어만 보고 읽어본다
5_ 원어민 음성만 들으면서 따라 말해본다
6_ 리뷰 테스트의 100단어를 읽어본다

1_ 단어의미를 보면서 한글 예문을 읽는다
2_ 한글 예문을 보면서 의미를 되새겨 본다
3_ 한글의미를 보면서 영어단어를 말해본다
4_ 영어단어를 보면서 의미를 말해본다
5_ 원어민 음성 들으면서 의미를 말해본다
6_ 리뷰 테스트의 100단어 의미를 말해본다

단어 의미 암기 **2**

주의사항 필독 **3**

영어단어를 잘 외우려면 두 가지를 명심하라!

1_ 단어의 발음을 잘 읽으려고 노력하라!
　그래서 한글로 발음을 쓴 절대적 이유다

2_ 단어의 의미를 잘 느끼려고 노력하라!
　그래서 한글로 예문을 쓴 절대적 이유다

00 01	reflex	그녀는 날아오는 공에 대한 **리:플렉스** 가 빨랐다.	반사행동
00 02	gallantry	왕자는 지혜와 **갤런트리** 로 괴물과 싸웠다.	용감함
00 03	linguistics	**링귀스틱스** 은 언어를 연구하는 학문이다.	언어학
00 04	vibrate	핸드폰이 주머니에서 **바이브레잍** 하고 있다.	진동하다
00 05	advertising	그녀는 제품을 알릴 **애드버타이징** 을 만들었다.	광고
00 06	exclusively	유명 가수가 **익스클루:시블리** 디즈니와 계약을 했다.	독점적으로
00 07	parasitic	개의 털에는 **패러시틱** 하는 벼룩이 많다.	기생하는
00 08	immigrant	우리 공장의 근로자들이 거의 **이미그런트** 다.	이민자
00 09	corpse	범인은 삽으로 땅을 파서 **코:엎스** 를 묻었다.	시체
00 10	chronic	그는 **크라:닉** 한 소화불량 때문에 항상 고생했다.	만성적인
00 11	fluff	나는 가위로 스웨터의 **플러프** 를 제거했다.	보풀
00 12	unclear	누가 진짜 범인인지 아직 **언클리어** 하다.	불확실한
00 13	akin	사실, 질투는 강한 부러움과 **어킨** 하다고 할 수 있다.	~와 유사한
00 14	parallel	**패럴렐** 한 철로는 영원히 서로 만나지 못한다.	평행한
00 15	aggregate	그녀는 많은 자료를 **애그러게잍** 한 후 분석했다.	모으다
00 16	herbivore	소와 코끼리는 풀을 먹는 **허:비보:어** 에 속한다.	초식동물
00 17	adjoin	우리 중학교는 고등학교와 **어죠인** 해 있다.	인접하다
00 18	fertile	농부가 **퍼:틀** 한 땅에서 채소를 재배했다.	기름진
00 19	subscribe	나는 3가지의 잡지를 **섭스크라입** 하고 있다.	구독하다
00 20	indignant	그는 친한 친구의 배신에 **인디그넌트** 했다.	성난

00 21	striking	그녀의 빨간색 드레스는 **스트라이킹** 했다.	눈에 띄는
00 22	tissue	강한 운동은 근육의 **티슈:** 를 크게 한다.	세포조직
00 23	cosmetics	그녀는 화장을 위해서 **코즈메틱스** 를 샀다.	화장품
00 24	plea	범인은 판사에게 무죄판결을 **플리:** 했다.	간청
00 25	slavery	미국은 남북전쟁으로 **슬레이버리** 를 끝냈다.	노예제도
00 26	impede	교통사고가 자동차 진행을 **임피:드** 했다.	방해하다
00 27	mindset	너의 **마인드셋** 이 너의 미래를 결정한다.	사고방식
00 28	dioxide	식물은 햇빛과 탄소 **다이악:사이드** 로 자란다.	이산화물(O_2)
00 29	swamp	기사와 말이 **스왐:프** 를 건너다가 빠져서 죽었다.	늪
00 30	resign	그녀는 회장직을 **리자인** 하고 은퇴했다.	사임하다
00 31	insanity	그는 **인새니티** 로 이상한 행동을 자주 했다.	정신이상
00 32	infer	탐정은 나의 복장을 보고 직업을 **인퍼:** 했다.	추론하다
00 33	determined	나는 파티에 참여하기로 **디터:민드** 했다.	결심한
00 34	lifetime	그는 **라이프타임** 동안 많은 선행을 했다.	일생
00 35	descended	이 동화는 이솝우화에서 **디센디드** 했다.	유래한
00 36	segment	유전자는 인체 정보를 담은 **세그먼트** 다.	부분
00 37	overweight	그는 자주 과식을 하더니 **오우버웨잇** 가 되었다.	과체중의
00 38	sincerity	그녀의 말에는 **신세러티** 가 담겨 있다.	진실함
00 39	convene	의장은 회의를 위해 위원회를 긴급히 **컨빈:** 했다.	소집하다
00 40	dissipate	짙은 안개는 오후에 **디서페잇** 할 예정이다.	소멸하다

00 41	scented	그는 **센티드** 한 종이에 연애편지를 썼다.	향기 나는
00 42	uncertainty	주식은 **언설:은티** 때문에 항상 불안정하다.	불확실성
00 43	recharge	나에게 휴식은 **리:챠:쥐** 하는 최고의 방법이다.	재충전하다
00 44	availability	난 출발 전 객실의 **어베일러빌러티** 를 확인했다.	이용 가능성
00 45	bewitch	마녀는 왕자를 **비위취** 해 노예로 삼았다.	홀리다
00 46	saint	교황은 그에게 **세인트** 란 영예를 주었다.	성인
00 47	species	표범은 멸종위기의 **스피:쉬:즈** 중의 하나다.	종
00 48	chisel	탈옥수는 **취즐** 로 감옥의 벽에 구멍을 팠다.	끌
00 49	synthesis	고무는 석유를 **신써시스** 해서 만들어진다.	합성
00 50	continually	올해 기름값이 **컨티뉴얼리** 내리고 있다.	계속해서
00 51	fetus	엄마 뱃속의 **피:터스** 는 10개월 후 태어난다.	태아
00 52	misty	군대는 아침에 **미스티** 한 해안가에 상륙했다.	안개가 낀
00 53	anchor	선장과 선원이 함께 **앵커** 를 들어 올렸다.	닻
00 54	lean	그녀는 잠깐 자전거를 벽에 **린:** 했다.	기대다
00 55	dexterous	그는 기계를 고치는데 **덱스트러스** 했다.	솜씨 좋은
00 56	spite	평론가가 **스파일** 를 가지고 논평을 썼다.	악의
00 57	precedent	그의 무죄는 **프레시던트** 가 없는 판결이다.	선례
00 58	beckon	점원이 손님에게 기다려 달라고 **베컨** 했다.	손짓하다
00 59	upbringing	그의 자녀에 대한 **엎브링잉** 은 엄격했다.	양육
00 60	comprehensible	이 책의 내용은 누구나 **캄:프리헨서블** 하다.	이해 가능한

9

00 61	initially	이니셜리 그녀는 작은 가게로 장사를 시작했다.	처음에
00 62	provoke	잠자는 사자를 일부러 프러보욱 하지 마라.	화나게 하다
00 63	alien	에일리언 종족이 대규모로 지구를 침공했다.	외계의
00 64	considered	그녀는 회의에서 컨시더드 한 의견을 말했다.	깊이 생각한
00 65	baggy	그는 집에서는 주로 배기 바지를 입는다.	헐렁한
00 66	definition	수학 시간에 정사각형의 데피니션 을 배웠다.	정의
00 67	spoiler	스포일러 가 영화 내용을 자세히 말해버렸다.	망치는 사람
00 68	clone	인간의 클로운 의 시도는 철저히 금지되었다.	복제
00 69	characteristic	그녀만의 캐릭터리스틱 한 향수 냄새가 난다.	특유의
00 70	vocational	직업학교는 보우케이셔늘 의 훈련을 제공한다.	직업의
00 71	sprint	그는 1등을 따라잡으려고 스프린트 했다.	질주하다
00 72	discrimination	그는 인종 디스크리미네이션 을 경험했다.	차별
00 73	sprout	장미 씨앗이 스프라웉 하더니 꽃이 피었다.	싹이 나다
00 74	cognitive	모빌은 아이의 카:그너티브 발달을 도와준다.	인지의
00 75	authorize	나는 그가 나를 대신하도록 오:써라이즈 했다.	허용하다
00 76	evoke	그의 불행은 나의 동정심을 이보욱 했다.	떠올려 주다
00 77	nasty	그녀는 내스티 한 지하실을 깨끗이 청소했다.	더러운
00 78	clumsy	파티에서 그의 춤은 클럼지 하고 어색했다.	서투른
00 79	fascinate	그의 멋진 공연이 청중을 패서네잍 했다.	매혹하다
00 80	expense	우리는 여행을 위한 익스펜스 을 계산했다.	비용

00 81	socialize	그는 친구와 잘 **소우셜라이즈** 하는 성격이다.	사귀다
00 82	spontaneous	**스판테니어스** 한 자원봉사자가 한 명도 없다.	자발적인
00 83	seasoned	**시:즌드** 한 연주가는 관객을 감동시킨다.	노련한
00 84	practically	우리의 목표는 **프랙티컬리** 달성되었다.	사실상
00 85	disastrous	이 마을은 **디재스트러스** 한 홍수를 겪었다.	처참한
00 86	saturate	계속 내린 비가 마른 땅을 새**취레잍** 했다.	적시다
00 87	heredity	그의 대머리는 **허레더티** 가 주요한 원인이다.	유전
00 88	oppression	**어프레션** 이 결국 반란을 일으키게 했다.	억압
00 89	secrete	열심히 운동하면 땀샘이 수분을 **시크리:트 한**다.	분비하다
00 90	minister	매주 일요일에 **미니스터** 가 교회에서 설교했다.	목사
00 91	infiltrate	첩자를 정부 기관에 **인필트레잍** 하는데 성공했다.	침투시키다
00 92	peg	출입문 옆에 옷을 걸 **페그** 가 많이 있다.	못
00 93	janitor	성실한 **재너터** 가 건물의 관리를 맡고 있다.	수위
00 94	convertible	나는 침대로 **컨버:터블** 할 수 있는 소파를 샀다.	전환 가능한
00 95	critical	그녀는 정책에 대해 **크리티클** 한 논평을 썼다.	비판적인
00 96	persevere	그는 끝까지 나쁜 환경을 **퍼:서비어** 했다.	인내하다
00 97	treason	임금에 대한 **트리:즌** 의 최후는 사형이었다.	반역
00 98	medication	의사는 환자에게 **메더케이션** 을 투여했다.	약물
00 99	stiff	새 칫솔은 너무 **스티프** 해서 이가 아프다.	뻣뻣한
01 00	tremendous	어벤져스는 **트리멘더스** 한 성공을 거뒀다.	대단한

plea	subscribe	janitor	definition	spite
continually	initially	akin	oppression	peg
vibrate	cognitive	resign	expense	indignant
recharge	alien	adjoin	clumsy	determined
heredity	infiltrate	cosmetics	precedent	herbivore
uncertainty	saint	corpse	dioxide	lifetime
linguistics	chronic	tremendous	saturate	baggy
anchor	species	descended	exclusively	evoke
impede	availability	misty	immigrant	aggregate
insanity	infer	lean	swamp	practically
dexterous	seasoned	characteristic	synthesis	socialize
spontaneous	fertile	reflex	parasitic	advertising
spoiler	unclear	comprehensible	segment	sprint
mindset	stiff	vocational	medication	striking
sprout	parallel	beckon	overweight	chisel
disastrous	fetus	fluff	discrimination	convertible
convene	slavery	fascinate	secrete	clone
tissue	sincerity	scented	minister	authorize
provoke	nasty	gallantry	treason	persevere
considered	dissipate	bewitch	critical	upbringing

01 01	embed	나는 홈페이지에 내 유튜브를 **임베드** 했다.	끼워 넣다
01 02	internalize	좌우명을 **인터널라이즈** 하려고 반복해서 말했다.	내면화하다
01 03	vivacious	그 소녀는 **비베이셔스** 한 성격을 가졌다.	활발한
01 04	seriousness	세계는 지구온난화의 **시리어스니스** 를 깨달았다.	심각성
01 05	reminiscence	앨범을 보면 어릴 때의 **레머니슨스** 가 생각난다.	추억
01 06	indulgence	단 것을 너무 **인덜젼스** 하면 당뇨병에 걸린다.	마음대로 함
01 07	genealogy	**쥐:니알러쥐** 는 내 조상과 가족의 역사다.	족보
01 08	institute	회장은 이 **인스터튜:트** 의 책임을 맡고 있다.	협회
01 09	uncertain	파산한 후 회사의 운명은 **언설:은** 채로 남았다.	불확실한
01 10	implement	정부는 새로운 법을 즉시 **임플러멘트** 했다	실시하다
01 11	exceptional	그녀는 노래에 **엑셉셔늘** 한 재능이 있었다.	특출한
01 12	eradicate	대통령은 가난을 **이래디케잍** 할 전략을 세웠다.	뿌리 뽑다
01 13	battleship	갑자기 **배틀슆** 이 수평선 위로 나타났다.	전함
01 14	compliant	후보자들은 규칙에 **컴플라이언트** 하는 편이다.	순응하는
01 15	terrain	그 **터레인** 은 농지에서 황무지로 변했다.	지형
01 16	gut	회를 뜨려고 생선의 **겉** 을 완전히 제거했다.	내장
01 17	dejected	그녀는 시합에 져서 **디젝티드** 해 보였다.	낙담한
01 18	antique	아이가 실수로 왕궁의 **앤티:크** 한 꽃병을 깼다.	골동품의
01 19	considerably	입학하는 학생의 숫자가 **컨시더러블리** 감소했다.	상당히
01 20	preclusion	나이 때문에 신청하는데 **프리클루:젼** 이 되었다.	제외

01 21	comparable	이 행성의 환경은 지구와 **컴패러블** 할 만하다.	비교할 만한
01 22	geologic	지질학자가 화산에서 **쥐:얼라직** 의 연구를 했다.	지질학의
01 23	bystander	구경하던 **바이스탠더** 가 힘차게 박수를 쳤다.	구경꾼
01 24	dismay	그녀는 나를 보고 **디스메이** 해서 말을 더듬었다.	당황
01 25	normally	**노:멀리** 상어는 사람을 공격하지 않는다.	보통은
01 26	offense	가장 효과적인 방어는 **어펜스** 란 말이 있다.	공격
01 27	unearth	그는 땅을 **어너:쓰** 해서 유적을 발굴했다.	파내다
01 28	subtract	그는 산수 시간에 **섭트랙트** 하는 방법을 배웠다.	빼다
01 29	treatment	이 약은 암에 대한 **트릿:먼트** 에 효과적이다.	치료
01 30	afflict	아프리카는 가난이 사람들을 **어플릭트** 하고 있다.	괴롭히다
01 31	dispute	정치인들은 타협해서 **디스퓨:트** 를 중단했다.	논쟁
01 32	sojourn	그는 유럽에 **소우젼:** 하는 동안 에펠탑에 갔다.	체류
01 33	overwhelm	아군의 최신 무기가 적군을 **오우버웸** 했다.	압도하다
01 34	ponderous	거인이 **판더러스** 한 도끼를 마구 휘둘렀다.	크고 무거운
01 35	integral	사랑은 행복한 결혼의 **인터그럴** 한 요소다.	필수적인
01 36	podium	그는 상을 받으려고 **포우디엄** 에 올라갔다.	연단
01 37	pound	목수는 못을 **파운드** 할 때 망치를 사용한다.	두드리다
01 38	evaluation	소비자로부터 좋은 **이밸류에이션** 을 받았다.	평가
01 39	comprehend	그녀는 문장의 의미를 잘 **캄프리헨드** 했다.	이해하다
01 40	enthusiasm	그는 야구에 **인쑤:지애즘** 이 있는 열성 팬이다.	열정

01 41	anthropology	앤쓰러**팔**러쥐 는 인류를 다루는 학문이다.	인류학
01 42	conspiracy	스파이는 관리에게 치밀한 **컨스**피**러시** 를 펼쳤다.	음모
01 43	flatly	사장은 임금 인상 요구를 **플랱리** 거절했다.	단호히
01 44	fuss	조용한 도서관에서 **퍼스** 를 일으키지 마라.	야단법석
01 45	productive	**프러덕티브** 한 토의를 위해 시간을 제한했다.	생산적인
01 46	invalid	총선 투표 결과가 **인밸리드** 라고 선언되었다.	효력 없는
01 47	advanced	한국은 **애드밴스트** 한 기술을 받아들였다.	선진의
01 48	inherit	그녀는 부모로부터 많은 재산을 **인헤맅** 했다.	물려받다
01 49	ratio	불황 때문에 실직자 **레이쉬오우** 가 10%를 넘었다.	비율
01 50	audit	회계사가 기업의 재무기록을 **오:디트** 했다.	회계감사
01 51	forearm	튼튼한 **포:암:** 을 위해 역기를 열심히 들었다.	팔뚝
01 52	naval	그는 **네이블** 의 장교로서 전함에서 죽었다.	해군의
01 53	connote	종교란 사람에게 평온과 치유를 **커노웉** 한다.	내포하다
01 54	errant	벌금이 **에런트** 한 운전자에게 부과되었다.	잘못된
01 55	expanse	물소 떼가 풀을 찾아 **익스팬스** 를 돌아다녔다.	탁 트인 지역
01 56	deviation	나는 가끔 일상에서의 **디:비에이션** 을 꿈꾼다	일탈
01 57	unsuitable	그는 장례식에 **언수:터블** 한 옷을 입고 왔다.	부적당한
01 58	incident	목격자가 **인시던트** 를 즉시 경찰에 신고했다.	사건
01 59	dissatisfaction	그는 회사에 대해 **디스새티스팩션** 이 많다.	불만
01 60	subconscious	난 물에 대해 **서브칸:셔스** 한 공포가 있다.	잠재의식의

01 61	choir	그녀는 교회의 **콰이어** 에서 찬송가를 부른다.	합창단
01 62	spectacle	불꽃놀이는 놓칠 수 없는 **스펙터클** 이다.	광경
01 63	blatant	나는 그의 **블레이튼트** 무시를 참을 수 없었다.	노골적인
01 64	ruthless	**루:쓸러스** 한 독재자가 국민을 억압했다.	무자비한
01 65	rampage	폭도들이 **램페이쥐** 해서 살인을 저질렀다.	광란
01 66	exhale	네가 **엑스헤일** 할 때, 자연히 배는 수축한다.	내쉬다
01 67	empathize	승자는 패자를 전혀 **엠퍼싸이즈** 하지 못한다.	공감하다
01 68	bishop	**비셥** 이 성당에 모인 성도들을 축복했다.	주교
01 69	unnoticed	소설책이 출간되었지만, 책이 **언노우티슫** 됐다.	주목되지 않는
01 70	verdict	배심원이 그에게 유죄 **버:딕트** 를 내렸다.	평결
01 71	oriental	**오:리엔틀** 문명과 서양 문명은 정말 다르다.	동양의
01 72	plentiful	정부는 **플렌티플** 한 식량 공급을 전망했다.	풍부한
01 73	unfold	외국인 여행객이 서울 지도를 **언포울드** 했다.	펴다
01 74	abruptly	길을 가다가 **어브럽틀리** 멈춰서 뒤를 돌아봤다.	갑자기
01 75	reflective	거리청소부는 항상 **리플렉티브** 한 옷을 입는다.	반사하는
01 76	fervor	그는 청중 앞에서 **퍼:버** 를 갖고 연설을 했다.	열정
01 77	consecutive	그는 **컨세큐티브** 한 7일 동안 학교를 결석했다.	연이은
01 78	heresy	처음에 그의 이론은 **헤러시** 로 생각되었다.	이단
01 79	futile	그를 설득하려던 모든 노력이 **퓨:타일** 되었다.	소용없는
01 80	mutual	사람 관계에는 **뮤:츄얼** 의 신뢰가 중요하다.	서로의

01 81	propriety	상황에 대한 표현의 **프러프라이어티** 가 의문이다.	적절성
01 82	superfluous	종교에 대한 논쟁은 **수:퍼:플루어스** 하다.	불필요한
01 83	hustle	군인들이 사람들을 좁은 방으로 **허슬** 했다.	밀치다
01 84	interpretation	시에 대한 그의 **인터프리테이션** 은 독특하다.	해석
01 85	ultimately	그들은 **얼티밀리** 떠나지 않기로 결정했다.	결국
01 86	recur	그는 어릴 때의 행복한 시절을 **리커:** 했다.	회상하다
01 87	idyllic	난 **아이딜릭** 삶을 위해 농촌으로 이사했다.	목가적인
01 88	shrivel	비닐봉지가 불 속에서 급속히 **쉬리블** 했다.	쪼그라지다
01 89	replenish	그녀는 차에 기름을 좀 더 **리플레니쉬** 했다.	보충하다
01 90	massive	**매시브** 한 네 개의 기둥이 천장을 떠받치고 있다.	거대한
01 91	decline	그녀는 그의 초대를 정중히 **디클라인** 했다.	거절하다
01 92	capsize	강한 파도와 바람이 배를 **캡사이즈** 했다.	뒤집다
01 93	grainy	**그레이니** 한 밀가루를 믹서로 곱게 갈았다.	입자가 거친
01 94	secluded	용의자는 **시클루:디드** 한 방으로 끌려갔다.	외딴
01 95	thoroughly	상대는 나의 계획을 **써:럴리** 알고 있었다.	완전히
01 96	equable	그는 겸손하고 **에쿼블** 한 성격을 가졌다.	차분한
01 97	sagacious	그가 **서게이셔스** 하다면, 충고를 따를 것이다.	현명한
01 98	circumstantial	수사관은 **서:컴스탠셜** 한 증거만 가지고 있다.	정황적인
01 99	classify	그녀는 책들을 장르별로 **클래서파이** 했다.	분류하다
02 00	bias	대부분은 미혼모에 대해 **바이어스** 를 가지고 있다.	편견

Review Test

choir	fuss	podium	fervor	errant
replenish	sojourn	oriental	ponderous	heresy
indulgence	unearth	blatant	consecutive	exhale
bystander	comparable	forearm	offense	thoroughly
ratio	idyllic	audit	dismay	uncertain
afflict	enthusiasm	ultimately	bias	abruptly
incident	integral	bishop	normally	seriousness
conspiracy	pound	mutual	embed	considerably
genealogy	connote	empathize	dispute	classify
unsuitable	shrivel	equable	decline	massive
compliant	grainy	geologic	reflective	unfold
recur	sagacious	terrain	antique	evaluation
interpretation	reminiscence	hustle	overwhelm	rampage
superfluous	naval	exceptional	unnoticed	capsize
institute	preclusion	futile	treatment	vivacious
productive	battleship	secluded	anthropology	flatly
spectacle	invalid	deviation	dejected	plentiful
expanse	internalize	advanced	inherit	subconscious
dissatisfaction	circumstantial	implement	gut	comprehend
eradicate	ruthless	verdict	subtract	propriety

02 01	modernization	재래시장의 **마더나이제이션** 를 위해 노력했다.	현대화
02 02	hybrid	노새는 수탕나귀와 암말의 **하이브리드** 다.	잡종
02 03	untimely	**언타임리** 한 서리가 농작물을 완전히 망쳤다.	때 이른
02 04	vocal	그녀는 **보우클** 의 노래와 연주 모두를 잘한다.	목소리의
02 05	annoying	그의 갑작스러운 방문은 정말 **어노이잉** 했다.	짜증스러운
02 06	linger	그녀의 향수 냄새가 방에 아직도 **링거** 한다.	머무르다
02 07	firsthand	목격자가 **퍼스트핸드** 목격한 것을 설명했다.	직접
02 08	artifact	고고학자는 조선왕조의 **아:터팩트** 를 발견했다.	공예품
02 09	defuse	우리는 긴장감을 **디:퓨즈** 하기 위해서 웃었다.	진정시키다
02 10	destitute	그는 돈도 없이 **데스터투:트** 한 생활을 했다.	궁핍한
02 11	urgency	지진 현장의 구호 활동은 **어:전시** 한 문제이다.	긴급
02 12	plausible	그의 계획은 내게 꽤 **플로:저블** 하게 들린다.	그럴듯한
02 13	sidewalk	**사이드워:크** 를 걷던 여자가 차도로 걸었다.	인도
02 14	ingredient	요리사가 큰 솥에 **인그리:디언트** 를 넣고 있다.	재료
02 15	embargo	미국 정부는 무기 수출에 **엠바:고우** 를 내렸다.	금지
02 16	synonym	**시너님** 이란 비슷한 의미를 지닌 단어를 가리킨다.	동의어
02 17	momentous	NASA는 화성에서 **모우멘터스** 한 발견을 했다.	중대한
02 18	short-tempered	나의 숏: **템퍼드** 결정이 우리 사업을 망쳤다.	성미 급한
02 19	outmoded	그녀의 옷들은 해지고 **아웃모우디드** 하다.	시대에 뒤쳐진
02 20	innumerable	그는 결석을 위해 **이누:머러블** 한 핑계를 댔다.	수많은

02 21	reluctance	그녀는 그의 청혼을 **릴럭턴스** 없이 수락했다.	꺼림
02 22	outlook	내년의 한국경제 **아울룩** 은 조금 긍정적이다.	전망
02 23	worn-out	칫솔의 모가 오래 써서 완전히 **원-아웃** 되었다.	닳아 해진
02 24	allegory	독재자는 개그맨의 **앨러고리** 를 금지했다.	풍자
02 25	hypnosis	자기 **히프노우시스** 는 효과적인 훈련이다.	최면
02 26	expire	그의 임기는 내년에 **익스파이어** 될 것이다.	만기가 되다
02 27	compound	과학자는 **컴파운드** 를 성분별로 분해했다.	화합물
02 28	responsibility	국민을 보호하는 것은 정부의 **리스판서빌러티** 다.	책임
02 29	optic	그는 **앞:틱** 신경을 다쳐서 잘 안 보인다	시력의
02 30	warship	바다에서 상선과 **워:쉽** 이 정면으로 충돌했다.	군함
02 31	immature	나는 그때 어리고 **이머츄어** 해서 잘 속았다.	미숙한
02 32	capability	그는 그 일을 처리할 **케이퍼빌러티** 가 전혀 없다.	능력
02 33	rationality	학회도 그의 주장의 **래셔낼러티** 을 인정한다.	합리성
02 34	deviate	대화의 주제에서 **디:비에잍** 하지 않도록 노력했다.	벗어나다
02 35	provision	서울시는 신규 아파트의 **프러비젼** 을 발표했다.	공급
02 36	trivial	무엇이 중요하고 **트리비얼** 한지 결정해야 한다.	사소한
02 37	antonym	'들어가다'의 **앤터님** 은 '나가다'라고 할 수 있다.	반의어
02 38	associate	그는 봄 하면 벚꽃 축제를 **어소우쉬에잍** 한다.	연상하다
02 39	accord	협상 중이던 두 나라가 **어코:드** 에 도달했다.	합의
02 40	alike	이 두 옷은 모양이 매우 **얼라익** 해 보인다.	비슷한

02 41	illegal	ㅣ 이제 소화전 옆에 주차하는 것은 **일리:글** 이다.	불법의
02 42	bygone	ㅣ 노예제도는 **바이곤:** 시대의 잘못된 제도였다.	지나간
02 43	lethal	ㅣ 테러리스트는 **리:쓸** 한 무기를 몰래 반입했다.	치명적인
02 44	syllable	ㅣ 그 영어단어의 강세는 첫 **실러블** 에 있다.	음절
02 45	attraction	ㅣ 난 그녀에게 한눈에 **어트랙션** 을 강하게 느꼈다.	끌림
02 46	bruise	ㅣ 나도 모르게 싸움 후에 팔에 **브루:즈** 가 생겼다.	타박상
02 47	stunning	ㅣ 그녀는 결혼식에서 **스터닝** 한 드레스를 입었다.	아주 멋진
02 48	stride	ㅣ 군인들이 무리 지어 넓은 홀을 **스트라이드** 했다.	성큼성큼 걷다
02 49	fineness	ㅣ 그녀는 선물 받은 금반지의 **파인니스** 를 검사했다.	순도
02 50	bizarre	ㅣ 이 호수에서는 **비자:** 한 현상이 많이 일어난다.	기이한
02 51	indulge	ㅣ 그는 취미에 **인덜쥐** 해서 일을 전혀 안 한다.	마음껏 하다
02 52	obsess	ㅣ 너는 다이어트에 **업세스** 될 필요가 없다.	사로잡다
02 53	efficient	ㅣ 사장은 다행히도 **이피션트** 한 비서를 채용했다.	유능한
02 54	artificial	ㅣ 이 **아터피셜** 장미는 꼭 살아있는 것 같다.	인공의
02 55	endurable	ㅣ 다행히도 그 고통은 **인듀어러블** 만 했다.	참을 수 있는
02 56	litter	ㅣ 위험하게 그는 차도에서 **리터** 를 주웠다.	쓰레기
02 57	illogical	ㅣ 그녀는 거미에 대해 **일라:쥐클** 공포가 있다.	터무니없는
02 58	barometer	ㅣ 여론조사 결과는 현재 여론의 **버라:미터** 이다.	지표
02 59	annals	ㅣ **애늘즈** 는 연도별로 정리한 기록물이다.	연대기
02 60	ascertain	ㅣ 경찰은 용의자의 집 주소를 **애서테인** 했다.	알아내다

02 61	penalize	법을 위반하는 사람은 **피:널라이즈** 된다.	처벌하다
02 62	motivation	영어를 배울 때 **모우터베이션** 가 중요하다.	동기부여
02 63	necessity	등산을 갈 때 물은 **너세서티** 중의 하나다.	필수품
02 64	quicken	그가 다가오자 그녀의 심장이 **퀴큰** 했다.	빨라지다
02 65	leftover	간식으로 **렢트오우버** 한 닭고기를 먹었다.	먹다 남은
02 66	ineffective	이 두통약은 **이니펙티브** 하다고 판명되었다.	효과가 없는
02 67	anguish	그는 애완견의 죽음에 **앵귀쉬** 를 느꼈다.	괴로움
02 68	transport	트럭이 차를 항구로 **트랜스포:트** 하고 있다.	수송하다
02 69	shameful	길에 침을 뱉는 것은 **쉐임플** 한 행동이다.	부끄러운
02 70	furthermore	그는 힘이 세다. **퍼:더모:어**, 그는 똑똑하다.	뿐만 아니라
02 71	helpless	인간은 자연재해 앞에 **헬플러스** 한 존재다.	무력한
02 72	scheme	적군을 공격하려던 **스킴:** 은 결국 실패했다.	계획
02 73	ultraviolet	보이지 않는 빛은 **얼트러바이얼맅** 과 적외선이다.	자외선
02 74	certify	도장은 서류를 **서:티파이** 하는 표시이다.	증명하다
02 75	adrift	돛단배가 3일 동안 바다를 **어드리프트** 했다.	표류하는
02 76	unreasonable	식당이 청구한 요금은 **언리:즈너블** 하게 많았다.	불합리한
02 77	endowment	그녀는 매달 양로원에 **인다우먼트** 를 낸다.	기부금
02 78	coolant	**쿨:런트** 는 승용차의 엔진 온도를 낮춰 준다.	냉각수
02 79	urbane	그 노신사는 **어:베인** 하고 현명한 사람이다.	세련된
02 80	dedication	그의 성공은 열정과 **데디케이션** 의 결과다.	헌신

02 81	pertain	그의 행동은 교장으로 **퍼:테인** 하지 않는다.	어울리다
02 82	carnivorous	사자 같은 **카니버러스** 동물은 고기를 먹는다.	육식의
02 83	underlying	과도한 빚이 그 사건의 **언더라이잉** 원인이다.	근본적인
02 84	alter	우린 홍수로 여행을 급하게 **얼:터** 하기로 결정했다.	바꾸다
02 85	fortress	적군들이 **포:트러스** 를 공격하기 시작했다.	요새
02 86	rationalize	그는 지각을 **래셔널라이즈** 하는 이유를 말했다.	합리화하다
02 87	laughter	나의 웃긴 이야기에 그는 **래프터** 가 터졌다.	웃음
02 88	exasperate	떠든 학생이 선생님을 **이그재스퍼레잍** 하게 했다.	화나게 하다
02 89	utilize	지구는 태양을 에너지원으로 **유:털라이즈** 한다.	활용하다
02 90	deflect	대변인은 기자의 질문을 **디플렉트** 하려고 했다.	피하다
02 91	prolong	심장 수술이 그의 생명을 **프러롱:** 했다.	연장하다
02 92	erosion	이 계곡은 빙하의 **이로우젼** 으로 형성됐다.	침식
02 93	nationwide	신인가수가 **네이션와이드** 로 관심을 끌었다.	전국적으로
02 94	ignorant	그는 **이그너런트** 해서 글자를 읽을 줄 모른다.	무식한
02 95	counteract	의사가 감염에 **카운터액트** 할 방법을 찾았다.	대응하다
02 96	concentration	그녀는 **칸:슨트레이션** 해서 수학 문제를 풀었다.	집중
02 97	confiscation	경찰은 총기류의 **칸피스케이션** 을 지시했다.	몰수
02 98	circumstance	난 지금의 **서:컴스탠스** 에도 그녀를 믿는다.	상황
02 99	breakage	유리병은 항상 **브레이키쥐** 의 위험이 있다.	파손
03 00	bloody	수사관은 현장에서 **블러디** 한 칼을 찾았다.	피투성이의

23

defuse	ignorant	ascertain	deflect	sidewalk
warship	bygone	confiscation	ineffective	ingredient
concentration	bloody	circumstance	modernization	deviate
exasperate	destitute	linger	compound	bruise
synonym	lethal	erosion	reluctance	stunning
carnivorous	plausible	rationalize	rationality	worn-out
annoying	necessity	pertain	optic	ultraviolet
indulge	alike	antonym	penalize	hybrid
breakage	litter	prolong	momentous	fineness
fortress	embargo	urbane	capability	allegory
urgency	outlook	barometer	endurable	motivation
counteract	provision	stride	quicken	immature
associate	illegal	trivial	transport	attraction
coolant	endowment	artificial	scheme	firsthand
dedication	certify	artifact	innumerable	alter
nationwide	anguish	laughter	leftover	helpless
expire	hypnosis	accord	outmoded	shameful
adrift	short-tempered	obsess	responsibility	efficient
annals	unreasonable	illogical	utilize	vocal
furthermore	untimely	bizarre	underlying	syllable

03 01	fort	l 두 나라의 군대는 **포:트** 를 차지하기 위해 싸웠다.	l 요새
03 02	shudder	l 피해자는 가해자의 이름만 들어도 **셔더** 한다.	l 몸을 떨다
03 03	tenure	l 그가 대통령으로 **테니어** 하는 기간은 내년에 끝난다.	l 재임
03 04	loath	l 그는 자기 잘못을 인정하기를 **로우쓰** 했다	l ~하길 싫어하는
03 05	outstretch	l 난 팔을 **아웃스트레취** 해서 그녀에게 걸어갔다.	l 펴다
03 06	Saturn	l 태양계에서 목성만이 **새턴:** 보다 더 크다.	l 토성
03 07	usage	l 인터넷 **유:시쥐** 은 점점 편리해지고 있다.	l 사용
03 08	symptom	l 콧물과 재채기는 감기의 초기 **심텀** 이다.	l 증상
03 09	forefather	l 우리는 명절날 **포:파:더** 의 무덤을 찾아간다	l 조상
03 10	development	l 한국은 놀랄 만한 **디벨럽먼트** 를 이루었다.	l 발전
03 11	faultless	l 그녀는 **폴을:러스** 한 완벽한 모범생이다.	l 결점이 없는
03 12	generator	l **줴너레이터** 가 고장이 나서 정전이 되었다.	l 발전기
03 13	collective	l 그는 시골의 **컬렉티브** 한 농장에서 생활했다.	l 집단의
03 14	formulate	l 정부는 이재민을 위한 정책을 **포:뮬레잍** 했다.	l 만들어내다
03 15	fatten	l 농부는 채소를 기르고 가축을 **팯은** 한다.	l 살찌우다
03 16	amicable	l 두 나라는 **애미커블** 한 합의에 도달했다.	l 우호적인
03 17	downpour	l 징검다리가 **다운포:어** 로 씻겨 내려갔다.	l 폭우
03 18	frantic	l 유명 가수의 노래에 청중은 **프랜틱** 이 되었다.	l 미친 듯한
03 19	kidnap	l 어제 유괴범이 어린아이를 **키드냎** 했다.	l 납치하다
03 20	latitude	l 나는 경도와 **라터투:드** 를 지도에 표시했다.	l 위도

03 21	ethnic	중동에서 **에쓰닉** 분쟁이 전쟁으로 발전했다.	민족의
03 22	gunpowder	병사들이 포탄에 **건파우더** 를 가득 채웠다.	화약
03 23	demonstrator	경찰은 데**먼스트레이터** 에게 경고를 했다.	시위자
03 24	symbolize	하트 손 모양은 사랑을 **심벌라이즈** 한다.	상징하다
03 25	contemplation	그녀는 음악을 들으며 **칸:텀플레이션** 에 잠겨 있다	사색
03 26	physically	그는 힘든 노동 때문에 **피지클리** 지쳐 있다.	육체적으로
03 27	solace	그녀에게 인생의 **살:러스** 는 딸과 아들이다.	위안
03 28	undertaker	**언더테이커** 가 그의 유골을 산에 매장했다.	장의사
03 29	skim	독수리가 물의 표면 위를 **스킴** 했다.	스치듯 지나가다
03 30	variability	요즈음 환율의 **베리어빌러티** 가 너무 크다.	변동성
03 31	typically	**티피클리** 부모님은 자녀들을 걱정한다.	일반적으로
03 32	woodland	나무들이 **우드런드** 에서 하늘 높이 자랐다.	삼림지대
03 33	glimmer	헨젤과 그레텔은 **글리머** 하는 불빛을 발견했다.	깜박이다
03 34	sway	나뭇가지들이 강한 바람에 **스웨이** 했다.	흔들리다
03 35	gratitude	이 선물은 나의 **그래티투:드** 의 표시이다.	감사
03 36	surrogate	그들은 목사님을 **서러게일** 아버지로 여겼다.	대리의
03 37	immortal	사람의 신체는 죽지만 영혼은 **이모:틀** 한다.	죽지 않는
03 38	mislay	내가 열쇠를 **미스레이** 해서 찾을 수 없다.	잘못 두다
03 39	stuffy	그와는 서로 말이 안 통해서 **스터피** 하다.	답답한
03 40	dispense	화장품 회사가 거리에서 샘플을 **디스펜스** 했다.	나누어주다

03 41	bang	아기가 갑자기 피아노의 건반을 **뱅** 했다.	쾅 치다
03 42	automation	공장의 생산성을 위해 **오:터메이션** 은 필요하다.	자동화
03 43	complement	그는 그림을 추가해 설명을 **캄:플리멘트** 했다.	보완하다
03 44	elliptical	그녀의 얼굴은 계란처럼 **일맆티클** 한 모양이다.	타원형의
03 45	retard	폭우가 비행기의 도착을 **리타:드** 시켰다.	지연시키다
03 46	significant	발명가는 **시그니피컨트** 과학적 업적을 이뤘다.	중요한
03 47	investment	그는 주식 **인베스먼트** 로 많은 돈을 잃었다.	투자
03 48	reconvene	우리는 회의장에 **리:컨빈:** 하기로 동의했다.	다시 모이다
03 49	conference	직원들이 **칸:퍼런스** 를 위해 사무실에 모였다.	회의
03 50	faze	시험에서 떨어진 소식이 그를 **페이즈** 하게 했다.	당황시키다
03 51	vigorous	우리 할머니는 나이에 불구하고 **비거러스** 하다.	활발한
03 52	omnivore	**암:니보:어** 는 음식을 가리지 않고 다 먹는다.	잡식동물
03 53	inborn	헤라클레스는 **인본:** 한 힘과 능력이 있었다.	타고난
03 54	cosmos	우주선이 빛의 속도로 **카:즈머스** 를 여행했다.	우주
03 55	laboratory	나는 학교 **래브러토:리** 에서 샘플을 분석했다.	실험실
03 56	dictate	그녀는 선생님이 말한 것을 **딕테잍** 했다.	받아쓰기하다
03 57	establishment	실업자는 교육 **이스태블리쉬먼트** 에 등록했다.	기관
03 58	illuminate	횃불이 벽에 걸린 그림을 **일루미네잍** 했다.	불을 비추다
03 59	shortcut	그는 목적지에 가는 **숄:컽** 을 잘 알고 있다.	지름길
03 60	adorable	이 귀엽고 **어도:러블** 한 작은 강아지를 봐라.	사랑스러운

0361	retention	회사의 면접 서류의 **리텐션** 기간은 5년이다.	보유
0362	superior	우리 제품이 경쟁사의 것보다 **수:피리어** 하다.	우수한
0363	lieutenant	군인이 **루:테넌트** 에서 대위로 진급했다.	중위
0364	mold	오래된 빵에 생긴 **모울드** 때문에 먹을 수가 없다.	곰팡이
0365	unprecedented	올여름의 더위는 **언프레시덴티드** 한 날씨였다.	전례가 없는
0366	ridicule	정치인들이 대중의 **리디큘:** 의 대상이 되었다.	조롱
0367	referee	**레퍼리:** 는 상대 팀에게 골킥을 선언했다.	심판
0368	extravagant	비싼 옷을 산 후 **익스트래비건트** 로 느꼈다.	낭비하는
0369	deform	잘못된 자세가 그의 척추를 **디폼:** 했다.	변형시키다
0370	humiliating	축구팀은 어제 **휴:밀리에이팅** 패배를 겪었다.	면목 없는
0371	perplexity	난처한 상황에 **퍼플렉시티** 해서 머리를 긁었다.	당혹감
0372	detachment	그녀는 그의 질문에 **디태취먼트** 하게 대답했다.	무심함
0373	respondent	내 질문에 답한 **리스판:던트** 는 한 명뿐이었다.	응답자
0374	vaguely	나는 어렸을 때의 일을 아직 **베이글리** 기억한다.	어렴풋이
0375	vulnerable	내 컴퓨터는 바이러스 공격에 **벌너러블** 하다.	취약한
0376	pilgrimage	성직자들이 예루살렘으로 **필그리미쥐** 를 갔다.	성지순례
0377	multitude	광장에는 **멀티투:드** 의 비둘기가 모여 있다.	다수
0378	generation	**줴너레이션** 간에 좋아하는 음악이 다르다.	세대
0379	sew	그는 찢어진 옷을 직접 **소우** 해서 입는다.	바느질하다
0380	bureau	그 **뷰로우** 의 서랍은 쉽게 열리고 닫힌다.	책상

03 81	fictional	사극은 재미를 위해 **픽셔늘** 한 장면이 들어간다.	허구적인
03 82	disdain	그는 나의 조언을 **디스데인** 하더니 실패했다.	무시하다
03 83	realistic	이상적이 아닌 **리:얼리스틱** 한 목표를 세워라.	현실적인
03 84	regress	나이가 들수록 신체가 **리그레스** 하는 것 같다.	퇴보하다
03 85	pinch	엄마가 아기의 볼을 손으로 살짝 **핀취** 했다.	꼬집다
03 86	distinguish	넌 옳고 그름을 **디스팅귀쉬** 할 수 있는 나이다.	구별하다
03 87	immense	알렉산더는 **이멘스** 한 제국의 통치자였다.	엄청난
03 88	assistant	나의 **어시스턴트** 는 밤낮으로 나를 도왔다.	조수
03 89	premonition	축구시합에 대한 나의 **프러:머니션** 은 적중했다.	예감
03 90	improvise	요리사는 맛있는 잡채를 **임프러바이즈** 했다.	즉석으로 만들다
03 91	geographical	조류학자가 새의 **쥐:어그래피컬** 분포를 연구했다.	지리적인
03 92	indebted	학생이 선생님에게 깊이 **인데티드** 했다.	감사하는
03 93	solidify	도공이 선풍기로 도자기를 **설리디파이** 했다.	굳히다
03 94	cancerous	환자는 수술로 **캔서러스** 종양을 제거했다.	암에 걸린
03 95	intoxicate	소주와 맥주는 사람을 쉽게 **인탁시케잇** 한다.	취하게 하다
03 96	twilight	박쥐는 **트와일라잇** 무렵부터 날아다닌다.	황혼
03 97	intense	그는 넘어진 후 무릎에 **인텐스** 고통을 느꼈다.	강렬한
03 98	Mediterranean	**메디터레이니언** 의 기후는 덥고 건조하다.	지중해의
03 99	radiant	그녀는 얼굴에 **레이디언트** 한 미소를 머금었다.	빛나는
04 00	amass	그는 해외 무역으로 큰 재산을 **어매스** 했다.	모으다

Review Test

solace	collective	ridicule	deform	conference
variability	retard	bang	adorable	indebted
bureau	reconvene	disdain	mold	fictional
multitude	symptom	vaguely	fatten	gratitude
ethnic	pinch	referee	cosmos	formulate
investment	elliptical	amass	sew	radiant
gunpowder	faze	mislay	demonstrator	skim
extravagant	dispense	automation	realistic	respondent
omnivore	vigorous	geographical	premonition	faultless
detachment	perplexity	tenure	amicable	woodland
unprecedented	stuffy	pilgrimage	dictate	vulnerable
kidnap	immortal	shortcut	symbolize	development
loath	complement	Saturn	lieutenant	usage
cancerous	humiliating	distinguish	shudder	fort
generator	solidify	typically	outstretch	establishment
superior	twilight	forefather	intense	sway
physically	inborn	intoxicate	contemplation	downpour
frantic	undertaker	Mediterranean	significant	assistant
improvise	illuminate	surrogate	regress	retention
immense	generation	latitude	glimmer	laboratory

04 01	sighting	오늘 신문의 헤드라인은 "UFO **사이팅**" 이었다.	목격
04 02	compelling	아직 그가 범인이라는 **컴펠링** 한 증거가 없다.	강력한
04 03	deputy	오늘은 부회장이 회장의 **데퓨티** 로 회의를 주관했다.	대리인
04 04	advertisement	난 신문에 신제품 **애드버타이즈먼트** 를 실었다.	광고
04 05	citizenship	그는 **시티즌쉽** 을 얻기 위해 큰 돈을 투자했다.	시민권
04 06	nutrient	**누:트리언트** 결핍으로 성장에 문제가 생겼다.	영양소
04 07	predecessor	**프레더세서** 대통령과 현직 대통령이 만났다.	전임자
04 08	abstain	그는 반장선거에서 **업스테인** 하기로 결심했다.	기권하다
04 09	incidentally	**인서데늘리,** 너는 로다주에 대한 소식을 들었니?	그건 그렇고
04 10	voiceless	대통령은 국민의 **보이슬러스** 한 외침을 들었다.	무언의
04 11	chuckle	그들은 옷차림이 이상한 사람을 보고 **처클** 했다.	킬킬 웃다
04 12	embrace	신랑이 신부를 청중 앞에서 **임브레이스** 했다.	포옹하다
04 13	outstand	그의 빨간 옷은 군중 속에서 **아웃스탠드** 한다.	눈에 띄다
04 14	laborious	나는 **러보:리어스** 한 박사과정을 무사히 마쳤다.	힘든
04 15	prospective	그녀는 **프러스펙티브** 의 남편을 위해 기도했다.	장래의
04 16	necessarily	배운 사람이 **네서세럴리** 똑똑한 것은 아니다.	반드시
04 17	extension	정부는 무역협정의 **익스텐션** 을 위해 협의를 했다.	연장
04 18	derivative	"happiness"는 "happy"의 **디리버티브** 다.	파생어
04 19	interruption	그는 동생들의 **인터럽션** 없이 공부에 집중했다.	방해
04 20	backbone	바른 자세를 위해서 **백보운** 을 똑바로 펴라.	척추

04 21	revoke	교장은 부정 입학한 학생의 입학을 **리보욱** 했다.	취소하다
04 22	depression	심한 **디프레션** 때문에 자살하는 사람이 있다.	우울증
04 23	astronomer	**어스트라:너머** 는 별들의 생성과정을 연구한다.	천문학자
04 24	atmosphere	공장의 검은 연기는 **앹머스피어** 를 오염시킨다.	대기
04 25	mournful	그녀는 **몬:풀** 한 장면을 보고 눈물을 흘렸다.	슬퍼하는
04 26	contempt	그는 게으른 사람을 **컨템트** 하는 눈으로 봤다.	경멸
04 27	poll	정부는 새로운 정책에 대해 **포울** 을 제안했다.	여론조사
04 28	stutter	그는 너무 당황해서 **스터터** 하길 시작했다.	말을 더듬다
04 29	exhaustion	그녀는 힘든 업무로 **이그조스쳔** 해서 쓰러졌다.	탈진
04 30	nonsense	그가 말하는 것은 거짓말이고 **난:센스** 다.	허튼소리
04 31	segregation	링컨은 인종 **세그리게이션** 을 없애려고 했다.	차별
04 32	famine	아프리카에서는 **패민** 으로 많은 사람이 죽는다.	기근
04 33	bondage	아군의 포로는 적군의 **반:디쥐** 에서 탈출했다.	구속
04 34	needless	말을 **니:들러스** 하게도, 나는 너를 정말 사랑한다.	불필요한
04 35	depress	정부의 집값 정책이 아파트 가격을 **디프레스** 했다.	떨어뜨리다
04 36	grill	요리사가 **그릴** 위에서 소고기를 요리했다.	석쇠
04 37	enact	국회는 새로운 교통 법규를 **인액트** 했다.	제정하다
04 38	heartland	미국과 러시아가 서로의 **할:랜드** 를 공격했다.	심장부
04 39	rainforest	**레인포리슽** 에서는 식물들이 빨리 자란다.	열대우림
04 40	biography	난 에디슨의 **바이아그러피** 를 재미있게 읽었다.	전기

04 41	hypocritical	히퍼크리티컬 한 종교인 때문에 편견이 생긴다.	위선의
04 42	pleasantly	우린 식사를 하면서 플레즌틀리 이야기했다.	즐겁게
04 43	precision	미국은 이라크에 프리시젼 폭격을 가했다.	정밀
04 44	smuggle	그들은 마약을 비행기로 스머글 하려다 걸렸다.	밀수하다
04 45	overrule	그는 일방적으로 합의를 오우버룰: 했다.	뒤엎다
04 46	apparatus	뇌사자가 생명유지 애퍼래터스 에 의존했다.	장치
04 47	proponent	그녀는 악법 폐지의 프러포우넌트 였다.	지지자
04 48	flaw	그가 만든 기계에는 치명적 플로: 가 있었다.	결함
04 49	distinct	인공지능 로봇은 디스팅트 한 장점들이 많다.	분명한
04 50	vaccination	그녀는 병원에서 홍역 백서네이션 을 맞았다.	예방접종
04 51	comparative	그의 주식 투자는 컴패러티브 실패로 끝났다.	비교적
04 52	environmental	인바이런멘틀 변화는 동물에게도 영향을 준다.	환경의
04 53	oracle	사제는 아폴로 신전에서 오:러클 을 구했다.	신탁
04 54	overtime	공장은 오우버타임 을 일주일에 한 번은 한다.	잔업
04 55	beguile	그는 사람들을 비가일 해서 자기 뜻대로 했다.	구슬리다
04 56	affirmation	목격자는 그의 범죄에 대해 애퍼메이션 을 했다.	확인
04 57	candidate	그는 대통령 캔디데잇 로 나섰지만 실패했다.	후보자
04 58	nerve	곰의 출현에 사냥꾼의 너:브 가 긴장했다.	신경
04 59	misguide	선생님이 학생들을 미스가이드 할 일은 없다.	잘못 이끌다
04 60	jurisdiction	이 지역은 텍사스의 쥬리스딕션 아래 있다.	관할권

04 61	adherent	그 후보자는 많은 **애드**히**런트** 를 가지고 있다.	지지자
04 62	prudent	그녀는 투표할 때마다 매우 **프루:든트** 해진다.	신중한
04 63	philosophical	인생이란 무엇인지 **필러사:피클** 한 질문을 했다.	철학의
04 64	afterlife	종교인들은 일반적으로 **애프터라이프** 를 믿는다.	사후세계
04 65	meltdown	그는 친구의 배신으로 정신적 **멜다운** 에 빠졌다.	붕괴
04 66	endanger	화산 폭발로 동물들이 **인데인져** 하게 되었다.	위험하게 하다
04 67	cripple	그는 교통사고로 인해 한쪽 다리가 **크리플** 되었다.	불구로 만들다
04 68	adequate	그는 리더로서 **애디퀄** 자격을 가졌다.	충분한
04 69	aristocracy	**애리스타:크러시** 에는 공작과 백작이 있다.	귀족
04 70	outwit	그는 체력에서 경쟁자를 매우 **아웉윝** 한다.	한 수 앞서다
04 71	heartbreaking	이별은 모든 사람에게 **핱:브레이킹** 한 일이다.	가슴 아픈
04 72	frequency	CCTV 설치 후 범죄의 **프리:퀀시** 가 감소했다.	빈도
04 73	remains	그는 피자의 **리:메인즈** 를 포장해서 가져갔다.	나머지
04 74	probability	지진이 발생할 **프라:버빌러티** 는 매우 높다.	확률
04 75	calamity	올해는 가뭄과 홍수의 **컬래미티** 가 많았다	재난
04 76	circumference	우리 마을의 호수 **서컴퍼런스** 는 2km 이다.	둘레
04 77	precisely	그녀는 영어단어를 **프리사이슬리** 발음했다.	정확히
04 78	lump	그는 점토 **럼프** 로 도자기를 만들었다.	덩어리
04 79	incurrence	나는 그녀에게 재산상의 **인커:런스** 에 사과했다.	손해를 입음
04 80	extent	이번 지진피해의 **엑스텐드** 가 얼마인지 모른다.	규모

04 81	fracture	ㅣ사고로 오른쪽 다리의 **프랙쳐** 가 매우 심각하다.	ㅣ골절
04 82	urinate	ㅣ병원에서 종이컵에 **유러네잍** 해서 가져왔다.	ㅣ소변을 보다
04 83	doctrine	ㅣ목사가 교회에서 매주 **닥:트린** 을 설교한다.	ㅣ교리
04 84	barley	ㅣ나는 밀과 **발:리** 를 구분하는 것이 어렵다.	ㅣ보리
04 85	heiress	ㅣ내 친구는 호텔 **에레스** 와 결혼하는 것이 꿈이다.	ㅣ상속녀
04 86	glut	ㅣ신규주택의 **글렅** 이 아파트 가격을 하락시켰다.	ㅣ과잉
04 87	bilateral	ㅣ그 계약은 **바이래터럴** 합의로 즉시 취소됐다.	ㅣ쌍방의
04 88	distract	ㅣ운전하는 동안 나를 **디스트랙트** 하지 마라.	ㅣ산만하게 하다
04 89	resilience	ㅣ그 선수는 부상 후 빠른 **리질리언스** 를 보였다.	ㅣ회복력
04 90	lunge	ㅣ사냥개가 사슴한테 빠르게 **런쥐** 했다.	ㅣ달려들다
04 91	tension	ㅣ미국과 북한 사이의 **텐션** 이 높아지고 있다	ㅣ긴장상태
04 92	empirical	ㅣ내 이론은 **임피리클** 한 증거로 증명되었다.	ㅣ경험적인
04 93	domesticate	ㅣ개와 고양이는 **더메스티케잍** 된 동물이다.	ㅣ길들이다
04 94	complicate	ㅣ쓸데없는 참견이 일을 **캄:플리케잍** 하고 있다	ㅣ복잡하게 하다
04 95	fundamental	ㅣ근면과 성실은 성공의 **펀더멘틀** 한 법칙이다	ㅣ근본적인
04 96	undaunted	ㅣ그는 반대에도 불구하고 **언돈:티드** 한 것 같다.	ㅣ흔들림 없는
04 97	downturn	ㅣ경제의 **다운턴:** 이 계속되면 실업이 증가한다.	ㅣ하락
04 98	ember	ㅣ잿더미 속의 **엠버** 로 산불이 다시 발생했다.	ㅣ타다 남은 불씨
04 99	substance	ㅣ모양은 다르지만, 얼음과 물은 같은 **섭스턴스** 다.	ㅣ물질
05 00	horrific	ㅣ**허리픽** 범죄로 주민들이 불안에 떨고 있다.	ㅣ끔찍한

Review Test

lump	advertisement	frequency	laborious	predecessor
heiress	abstain	extent	heartland	smuggle
distinct	bilateral	revoke	extension	proponent
necessarily	heartbreaking	apparatus	incidentally	lunge
downturn	outwit	precisely	overtime	pleasantly
nerve	horrific	contempt	prospective	domesticate
urinate	adherent	embrace	aristocracy	chuckle
overrule	resilience	doctrine	beguile	sighting
adequate	meltdown	calamity	vaccination	segregation
hypocritical	backbone	flaw	famine	empirical
incurrence	biography	glut	precision	remains
affirmation	oracle	depress	exhaustion	outstand
endanger	probability	fundamental	compelling	circumference
atmosphere	derivative	comparative	environmental	nutrient
nonsense	complicate	deputy	undaunted	voiceless
stutter	cripple	poll	enact	rainforest
bondage	jurisdiction	afterlife	grill	fracture
candidate	philosophical	interruption	tension	substance
depression	mournful	misguide	needless	prudent
barley	citizenship	distract	astronomer	ember

05 01	parachute	군인들이 **패러슈:트** 를 타고 뛰어내렸다.	낙하산
05 02	cynicism	저자는 독자들의 **시너시즘** 한 반응에 당황했다.	냉소
05 03	peel	그녀는 사과를 **필:** 하고 네모나게 썰었다.	껍질을 벗기다
05 04	elicit	경찰은 범인으로부터 자백을 **일리싯** 했다.	이끌어내다
05 05	conventional	그들은 경복궁에서 **컨벤셔늘** 한 결혼식을 했다.	전통적인
05 06	zeal	그는 꿈을 이루기 위해서 **질:** 을 가지고 공부했다.	열의
05 07	submit	숙제를 제때에 **서브밑** 하지 않으면 낙제가 된다.	제출하다
05 08	dissect	나는 생물 수업시간에 잠자리를 **다이섹트** 했다.	해부하다
05 09	surgical	간호사가 **서:쥐클** 도구인 칼과 바늘을 준비했다.	수술의
05 10	nevertheless	그녀는 예쁘다. **네버더레스** 나는 그녀가 싫다.	그렇기는 하지만
05 11	threefold	올해는 과자 매출이 **쓰리:포울드** 로 상승했다.	3배의
05 12	commit	우리 중에 범죄를 **커미트** 한 사람이 있다.	저지르다
05 13	elimination	미세먼지의 **일러미네이션** 덕분에 공기가 좋아졌다.	제거
05 14	apprentice	그녀는 미장원에서 **어프렌티스** 로 일하고 있다.	견습생
05 15	mechanic	**미캐닉** 이 자동차 엔진을 완전히 분해했다.	정비공
05 16	bass	이 강에서는 숭어보다 **베스** 가 더 잘 잡힌다.	농어
05 17	excursion	어린이날 아이들은 대공원으로 **엑스커:젼** 을 갔다.	소풍
05 18	attribute	나는 그의 성공의 근면이라고 **어트리뷰:트** 한다.	~의 결과로 보다
05 19	uncomfortable	이 바지는 작아서 입기에 **언컴퍼블** 하다.	불편한
05 20	propagate	재채기가 전염병을 **프라퍼게잍** 할 수 있다.	전파하다

05 21	underground	난 지상보단 **언더그라운드** 주차장에 주차한다.	지하의
05 22	proceed	우린 계획된 대로 사업을 **프로우시:드** 할 것이다.	진행하다
05 23	entertain	능숙한 MC는 손님을 **엔터테인** 하는 법을 안다.	접대하다
05 24	combination	청동은 구리와 주석이 **캄:비네이션** 한 합금이다.	결합
05 25	inhabit	무수한 박테리아가 우리 입에 **인해빝** 하고 있다.	거주하다
05 26	reproduce	저자의 허락없이 **리:프러두:스** 하는 것은 불법이다.	복사하다
05 27	manuscript	편집자가 저자의 **매뉴스크맆트** 를 검토했다.	원고
05 28	rot	여름에는 음식이 금방 **라:트** 하기 쉽다.	썩다
05 29	senile	할아버지가 **시:나일** 나서 같은 말을 반복했다.	망령 난
05 30	specialty	이 성형외과는 비만 치료가 **스페셜티** 이다.	전공
05 31	stalk	고구마의 **스토:크** 는 식용으로 사용된다.	줄기
05 32	engagement	오늘 친구와 저녁 **인게이쥐먼트** 가 있다.	약속
05 33	prognosis	한국경제에 대한 **프라:그노우시스** 는 매우 좋다.	예측
05 34	commerce	부산은 **카:머:스** 와 공업이 같이 발달했다.	상업
05 35	predicate	그에 대한 소문은 근거가 없다고 **프레디컽** 되었다.	단정하다
05 36	compact	큰 것보다는 **캄:팩트** 한 카메라를 선호한다	소형의
05 37	conjunction	그는 친구와 **컨정션** 해서 사업에서 성공했다.	협력
05 38	ordeal	그녀는 전쟁이란 **오:딜** 에서 살아남았다.	시련
05 39	underestimate	상대방을 **언더에스티메잍** 하면 질 수 있다.	과소평가하다
05 40	elastic	이 고무장갑은 **일래스틱** 해서 잘 늘어난다.	탄력 있는

05 41	congest	명절에 도로는 많은 차로 **컨줴슽** 되었다.	혼잡케 하다
05 42	orator	**오:레이터** 가 연설을 하려고 무대에 올랐다.	연설가
05 43	heedful	그는 다른 사람의 충고에 **히:드플** 하는 편이다.	주의 깊은
05 44	intermediate	회색은 검정과 흰색의 **인터미:디엍** 의 색깔이다.	중간의
05 45	anguished	부인은 남편의 죽음으로 앵**귀쉬트** 한 날을 보냈다.	고뇌에 찬
05 46	hindsight	**하인드사잍** 해보니, 내가 잘못 알고 있었다.	뒤늦은 깨달음
05 47	egotism	사회생활에서 지나친 **이:거티즘** 은 관계를 망친다.	이기주의
05 48	contradictory	창과 방패는 **칸:트러딕터리** 한 대표적 예다.	모순되는
05 49	foliage	울창한 **포울리쥐** 가 강한 햇빛을 막아준다.	나뭇잎
05 50	gamble	나는 **갬블** 할 때마다 많은 돈을 잃었다.	도박하다
05 51	dehumanize	가난과 재난은 사람을 **디:휴머나이즈** 한다.	인성을 파괴하다
05 52	attentively	학생들이 교수의 강의를 **어텐티블리** 해서 들었다.	신경 써서
05 53	jobless	경제 부흥으로 쟈**블:러스** 한 사람이 감소했다.	실직 상태의
05 54	prerequisite	건강과 경제적 부는 행복의 **프리:레쿼짙** 다.	전제조건
05 55	withdraw	그는 회장직에서 **위드드로:** 하길 결심했다.	물러나다
05 56	compassionate	우리 어머니는 노숙자에게 **컴패셔닡** 했었다.	자비로운
05 57	humanitarian	한국은 북한에 **휴매니테리언** 한 원조를 제공했다.	인도주의적인
05 58	regardless	가격에 **리가:들러스** 내가 원하는 걸 사고 싶다.	상관없이
05 59	refinement	이 모델은 이전 모델을 **리파인먼트** 한 제품이다.	개선
05 60	guild	상인들이 상호 이익을 위해 **길드** 를 만들었다.	조합

05 61	underline	l 선생님이 중요한 문장에 **언더라인** 하라고 했다.	l 밑줄을 긋다
05 62	vendor	l 학교 앞의 **벤더** 는 떡볶이와 튀김을 팔고 있다.	노점상
05 63	implementation	l 새 정책의 **임플러멘테이션** 을 모두에게 알렸다.	실행
05 64	diplomat	l 그녀는 **디플러맽** 으로 중국을 공식 방문했다.	외교관
05 65	assess	l 상사는 나의 발표능력을 높게 **어세스** 했다.	평가하다
05 66	hinder	l 공사 소음이 그들의 연극 공연을 **힌더** 했다.	방해하다
05 67	region	l 이 **리:젼** 은 날씨가 좋아서 농사를 짓기에 좋다.	l 지역
05 68	compatibility	l 이 프로그램은 **컴패터빌러티** 의 문제가 있다.	호환성
05 69	gobble	l 배고픈 거지가 음식을 쉴 새 없이 **가:블** 했다	l 게걸스럽게 먹다
05 70	sloping	l 전통적인 한옥은 **슬로우핑** 지붕을 가지고 있다	경사진
05 71	tedious	l 그의 연설은 너무 길어서 **티:디어스** 했다.	지루한
05 72	diarrhea	l 나는 상한 음식을 먹고 **다이어리:어** 를 했다.	설사
05 73	perspiration	l 그는 운동 후에 많은 **퍼:스퍼레이션** 을 흘린다.	땀
05 74	plunder	l 해적이 보물을 가져가려고 마을을 **플런더** 했다	약탈하다
05 75	legible	l 복사된 문서가 좀 희미하지만 **레져블** 하다.	읽을 수 있는
05 76	residential	l 상업 건물은 **레지덴셜** 지역에선 금지되어 있다.	주거의
05 77	tariff	l 수입하는 자동차에 붙는 **태러프** 는 세금이다.	관세
05 78	aspiring	l **애스파이어링** 한 음악가는 연습을 열심히 한다.	l ~의 꿈을 가진
05 79	disrupt	l 열심히 공부하는 친구를 **디스럽트** 하지 마라.	방해하다
05 80	indicative	l 취업률 증가는 경제 회복의 **인디커티브** 징후다.	l ~을 보여주는

05 81	anticipate	난 부모님의 반대를 **앤티**서페잍 하지 못했다	예상하다
05 82	found	그는 반도체를 만드는 공장을 파**운드** 했다	설립하다
05 83	fingerprint	경찰은 유리잔의 **핑거프린트** 를 채취했다.	지문
05 84	encode	이 프로그램은 로그인 정보를 **엔코우드** 한다.	암호화하다
05 85	tumultuous	어제 신입회원은 **투:멀츄어스** 환영식을 치렀다.	떠들썩한
05 86	solely	성공과 실패는 **소울리** 자신에게 달려 있다.	오로지
05 87	pavement	넓은 차도 옆에 좁은 **페이브먼트** 가 있다.	인도
05 88	circuit	차단기가 안전을 위해 전기 **서:킽** 을 차단했다.	회로
05 89	nitrogen	**나이트러젼** 은 공기 중의 80%를 구성한다.	질소
05 90	attendant	그는 우리 가게에서 가장 성실한 **어텐던트** 다.	종업원
05 91	torment	내가 어릴 때 겪은 **토:멘트** 를 이해하지 못한다.	고통
05 92	snap	강한 바람에 나뭇가지가 둘로 **스냎** 했다.	탁 부러지다
05 93	spare	그녀는 손님을 위해 **스페어** 음식을 준비했다.	여분의
05 94	ecology	지구온난화가 북극의 **이칼:러쥐** 를 파괴한다.	생태계
05 95	exclamation	그의 연설은 청중의 **엑스클러메이션** 을 끌어냈다.	감탄사
05 96	reshuffle	청와대는 내각을 **리:셔플** 한다고 발표했다.	개편하다
05 97	collaboration	그는 수지와 **컬래버레이션** 으로 노래를 만들었다.	공동작업
05 98	stability	정치 **스터빌러티** 와 발전은 국민의 소망이다.	안정성
05 99	protest	새로운 계획에 **프로우테슽** 해도 이미 늦었다.	반대하다
06 00	criticize	평론가가 정치인을 신랄하게 **크리티사이즈** 했다.	비난하다

diarrhea	elicit	solely	apprentice	stalk
reproduce	intermediate	compatibility	dehumanize	attendant
residential	entertain	underground	anticipate	egotism
specialty	compact	combination	guild	surgical
ecology	nevertheless	zeal	predicate	stability
pavement	attentively	senile	collaboration	legible
reshuffle	underestimate	spare	prerequisite	gamble
assess	ordeal	conjunction	conventional	anguished
jobless	tedious	attribute	engagement	plunder
perspiration	underline	inhabit	exclamation	commit
submit	aspiring	withdraw	mechanic	propagate
orator	prognosis	criticize	protest	indicative
threefold	tumultuous	manuscript	vendor	peel
elastic	parachute	proceed	disrupt	circuit
rot	found	hindsight	sloping	region
commerce	fingerprint	hinder	heedful	nitrogen
encode	diplomat	refinement	dissect	cynicism
bass	contradictory	excursion	torment	elimination
regardless	congest	humanitarian	implementation	tariff
uncomfortable	gobble	compassionate	snap	foliage

06 01	beeline	그는 학교 끝나자마자 집에 **비:라인** 으로 갔다.	직선
06 02	sustain	물은 생명을 **서스테인** 하기 위한 필수품이다.	유지하다
06 03	coordination	직장에선 **코우오:디네이션** 과 협력이 요구된다.	조정
06 04	meteor	**미:티어** 가 지구에 떨어져서 분화구를 만들었다.	운석
06 05	fragility	도자기는 **프러쥘러티** 가 있어서 조심히 다룬다.	부서지기 쉬움
06 06	goodness	그는 타고난 **구드너스** 로 어려운 사람을 도와준다.	선량함
06 07	lust	그녀의 권력에 대한 **러스트** 는 두려울 정도다.	욕망
06 08	scant	용의자는 **스캔트** 한 증거 때문에 풀려났다	부족한
06 09	spoilage	방부제는 음식의 **스포일리쥐** 를 막는 물질이다.	부패
06 10	intermittent	**인터미턴트** 소나기가 와서 우산을 가져갔다.	간헐적인
06 11	allot	회사는 신규 사업에 많은 돈을 **얼랕:** 했다.	할당하다
06 12	facility	많은 체육 **퍼실리티** 가 지진으로 파괴되었다.	시설
06 13	antidepressant	난 우울증 때문에 **앤타이디프레슨트** 복용한다.	항우울제
06 14	faint	토르는 다락방에서 **페인트** 한 소리를 들었다.	희미한
06 15	ward	전염병 때문에 그는 격리 **워:드** 에 수용되었다.	병동
06 16	acidity	레몬의 **어시디티** 는 생각만 해도 침이 고인다.	신맛
06 17	presumption	네가 말한 우주이론은 **프리점션** 에 불과하다.	추정
06 18	extract	기계가 옥수수로부터 기름을 **엑스트랙트** 한다	추출하다
06 19	sob	그는 친구의 사망 소식에 **사:브** 하기 시작했다.	흐느껴 울다
06 20	domestic	나는 **더메스틱** 여행과 해외여행 둘 다 좋다.	국내의

06 21	unfair	그는 새로운 법이 약자에게 **언페어** 라고 말한다.	불공평한
06 22	nostril	이상한 냄새가 계속 내 **나:스트럴** 을 간지럽혔다.	콧구멍
06 23	supervisor	공장의 모든 책임을 **수:퍼바이저** 가 맡고 있다.	관리자
06 24	technical	심각한 **테크니클** 문제 때문에 실험은 취소되었다.	기술적인
06 25	pragmatism	이상주의와 **프래그매티즘** 은 철학의 한 종류다.	실용주의
06 26	disruptive	선생님은 수업 중 **디스럽티브** 한 학생을 꾸짖었다.	지장을 주는
06 27	activation	기계의 **액터베이션** 코드는 제품에 포함되어 있다.	활성화
06 28	cryptic	탐험가는 **크립틱** 한 편지를 풀기 위해 연구했다.	수수께끼 같은
06 29	pit	마당에 꽃을 심으려고 삽으로 **핕** 을 팠다.	구덩이
06 30	fluent	그는 영어뿐만 아니라 중국어도 **플루:언트** 하다.	유창한
06 31	preserve	독도를 **프리저:브** 하기 위한 운동이 일어났다.	지키다
06 32	renovate	그는 낡은 집을 새로 **레너베잍** 하고 싶어 한다.	개조하다
06 33	streak	눈물 한 **스트맄:** 이 그녀의 뺨을 타고 흘러내렸다.	줄무늬
06 34	illegible	내가 쓴 글씨는 거의 **일레줘블** 수준의 악필이다.	읽기 어려운
06 35	identifiable	그녀는 빨간 옷으로 쉽게 **아이덴티파이어블** 한다.	알아볼 수 있는
06 36	sullen	그의 **설런** 한 표정이 그가 기분 나쁜 것을 말한다.	뚱한
06 37	secondhand	나는 **세컨드핸드** 의 책방에서 희귀한 책을 샀다.	중고의
06 38	digestive	인체의 **다이줴스티브** 기관에는 입, 위 등이 있다.	소화의
06 39	challenging	신규 프로젝트는 그에게 매우 **챌린쥥** 하다.	도전의식을 불러일으키는
06 40	meek	그녀의 애완견은 양만큼이나 **미:크** 하다.	온순한

06 41	coachman	ㅣ길에서 **코우취먼** 이 마차를 능숙하게 몰았다.	ㅣ 마부
06 42	dignity	ㅣ난 파티에서 **디그니티** 를 지키려고 화를 참았다.	ㅣ 품위
06 43	impersonal	ㅣ학교에서 체벌은 **임퍼:서늘** 한 교육적 방법이다.	ㅣ 비인간적인
06 44	lavatory	ㅣ1층과 2층에 욕실과 **래버토:리** 가 따로 있다.	ㅣ 화장실
06 45	butcher	ㅣ**부쳐** 가 큰 칼로 돼지고기를 잘라서 팔았다.	ㅣ 정육점주인
06 46	clause	ㅣ단어는 구 또는 **클라:즈** 로 확장이 될 수 있다.	ㅣ 절
06 47	suffrage	ㅣ선거에 **서프리쥐** 을 가지는 나이는 19세 이하다.	ㅣ 투표권
06 48	impending	ㅣ동물들을 보면 화산 폭발이 **임펜딩** 하게 느껴진다.	ㅣ 임박한
06 49	federal	ㅣ**페더럴** 정부는 텍스와 다른 주에 돈을 분배했다.	ㅣ 연방제의
06 50	unwritten	ㅣ우리 회사는 6시엔 퇴근한다는 **언릳은** 규칙이 있다.	ㅣ 불문의
06 51	apt	ㅣ해외여행으로 외국 문화에 영향받기 **앺트** 하다.	ㅣ ~하기 쉬운
06 52	fallacy	ㅣ컴퓨터는 항상 정확하다고 믿는 것은 **팰러시** 이다.	ㅣ 틀린 생각
06 53	irresponsible	ㅣ장군의 **이리스판:서블** 한 결정의 결과는 참혹했다.	ㅣ 무책임한
06 54	sterile	ㅣ중동의 **스테럴** 한 땅에서는 식물이 자라지 않는다.	ㅣ 메마른
06 55	corrosion	ㅣ금속은 물과 습기로 쉽게 **커로우젼** 이 발생한다.	ㅣ 부식
06 56	identity	ㅣ슈퍼맨은 그녀에게 결국 **아이덴터티** 를 밝혔다.	ㅣ 신원
06 57	stationary	ㅣ궁수가 **스테이셔네리** 한 과녁에 화살을 쐈다.	ㅣ 정지된
06 58	benevolence	ㅣ그녀의 한없는 **버네벌런스** 가 악인을 변화시켰다.	ㅣ 자비심
06 59	mossy	ㅣ담쟁이덩굴이 **모:시** 한 성벽 위로 뻗어 올라갔다.	ㅣ 이끼가 낀
06 60	orderly	ㅣ도착한 승객은 **오:덜리** 한 모습으로 배에서 내렸다.	ㅣ 질서 있는

06 61	reactivate	북한은 핵시설을 **리액티베잍** 하려고 했다.	재가동하다
06 62	accompany	나는 친구를 **어컴퍼니** 해서 공원에 놀러 갔다.	동반하다
06 63	previously	**프리:비어슬리** 우린 매일 아침 신문을 봤다.	이전에
06 64	admiration	그는 **애드머레이션** 하며 피카소의 그림을 봤다.	감탄
06 65	significantly	그와 나는 **시그니피컨리** 나이 차이가 난다.	상당히
06 66	familiarity	나는 그를 처음 봤지만 **퍼밀리애러티** 를 느꼈다.	익숙함
06 67	overseas	우리 가족은 연휴에 **오우버시:즈** 여행을 계획했다.	해외의
06 68	legitimate	이제 마피아도 **리쥐티밑** 사업을 해야 살아남는다	합법적인
06 69	sleet	갑자기 내린 **슬리:트** 로 도로가 미끄럽다.	진눈깨비
06 70	reminisce	우리는 가끔 어린 시절에 대해 **레미니스** 한다.	회상하다
06 71	abandonment	애완견의 **어밴던먼트** 는 사회적 문제가 되었다.	버림
06 72	indifference	사랑의 반대는 증오가 아닌 **인디퍼런스** 이다.	무관심
06 73	deserved	그는 잘못에 대한 **디저:브드** 한 벌을 받았다.	응당한
06 74	hostage	미국은 **하:스티쥐** 를 구하려고 특수부대를 보냈다.	인질
06 75	aboriginal	그는 아프리카의 **애버리쥐늘** 언어를 알고 있다.	원주민의
06 76	drowsy	**드라우지** 한 운전자가 휴게소에서 휴식을 취했다.	졸리는
06 77	vacillate	난 다른 사람 말을 듣고 **배설레잍** 해서 취소했다.	마음이 흔들리다
06 78	trace	사냥개가 노루의 **트레이스** 를 따라서 쫓아갔다.	흔적
06 79	distraction	공부에 집중할 때 TV는 **디스트랙션** 이 된다.	방해물
06 80	pessimistic	내 상사는 새로운 사업에 대해 **페시미스틱** 이다.	비관적인

Step 05

06 81	insolent	인**설런트** 한 학생이 나가면서 문을 쾅 닫았다.	버릇없는
06 82	ensue	그녀의 인사 후에 청중의 큰 박수가 **인수:** 했다.	뒤따르다
06 83	absurd	그는 종종 **앱서:드** 한 말을 해서 오해를 샀다.	터무니없는
06 84	workout	힘들게 **워크아웉** 한 후에 나는 갈증을 느꼈다.	운동
06 85	overlap	수학과 물리는 **오우버랲** 되는 부분이 많다.	겹치다
06 86	inactivity	진화에 대한 **인액티비티** 으로 산불이 더 커졌다.	나태함
06 87	improvement	대회 참가로 실력에 큰 **임프루:브먼트** 가 있었다.	향상
06 88	harness	그녀의 말은 **하:니스** 를 벗으려고 몸부림쳤다.	마구
06 89	impassive	내 개그에 그의 **임패시브** 한 표정은 당황스럽다.	무표정한
06 90	offspring	내 할머닌 많은 **오:프스프링** 을 낳고 돌아가셨다.	자식
06 91	inaccessible	폭설 때문에 현재 우리 마을은 **인액세서블** 하다.	접근하기 어려운
06 92	fertility	옛날엔 똥과 오줌이 땅의 **퍼틸러티** 를 증가시켰다.	비옥함
06 93	premature	난 그 선수의 은퇴가 **프리:머츄어** 라고 생각한다.	시기상조의
06 94	unstained	밖에서 열심히 놀았지만 내 옷은 **언스테인드** 다.	깨끗한
06 95	inflame	범인의 잔인한 살인은 국민을 **인플레임** 하게 했다.	격분시키다
06 96	indigent	시에서는 **인디전트** 한 사람에게 쉼터를 제공한다.	궁핍한
06 97	construction	**컨스트럭션** 근로자가 벽돌과 시멘트를 운반했다.	건설
06 98	flammable	휘발유와 같은 **플래머블** 물질은 쉽게 불이 붙다.	가연성의
06 99	impatiently	난 **임페이션리** 영화가 시작하길 기다렸다.	조바심이 나서
07 00	anecdote	강연자가 재밌는 자신의 **애닉도웉** 를 소개했다.	일화

Review Test

previously	coachman	disruptive	inactivity	indigent
technical	impersonal	presumption	admiration	fertility
secondhand	impassive	digestive	vacillate	insolent
hostage	pragmatism	streak	drowsy	inflame
federal	deserved	nostril	reminisce	unfair
irresponsible	reactivate	dignity	ensue	identifiable
absurd	preserve	accompany	identity	sullen
indifference	premature	corrosion	significantly	inaccessible
improvement	sleet	trace	orderly	aboriginal
sob	scant	impending	cryptic	butcher
supervisor	challenging	meteor	fallacy	sustain
beeline	fluent	intermittent	lust	distraction
pessimistic	meek	faint	workout	harness
offspring	renovate	construction	domestic	apt
clause	flammable	facility	activation	anecdote
acidity	antidepressant	stationary	goodness	extract
sterile	coordination	fragility	mossy	impatiently
legitimate	abandonment	overseas	illegible	ward
suffrage	spoilage	unwritten	familiarity	pit
lavatory	unstained	overlap	allot	benevolence

07 01	inflexible	그녀는 정말 **인플렉**서블 하고 고집이 너무 세다.	융통성 없는
07 02	enforce	정부는 반대가 있었지만, 법규를 **인포:스** 했다.	실시하다
07 03	eyeball	망막은 **아이볼:** 의 가장 뒤쪽에 있는 막이다.	안구
07 04	oblong	그의 안경은 거의 창문처럼 **아:블롱:** 모양이다.	직사각형의
07 05	conqueror	전쟁 후에 새로운 **캉:커러** 가 나라를 통치했다.	정복자
07 06	drudgery	주부는 매일 가정의 **드러쥐리** 를 반복한다.	고된 일
07 07	ownership	은행과 세입자 둘 다 집의 **오우너쉽** 을 주장했다.	소유권
07 08	illusory	포켓몬 세계는 현실이 아닌 **일루:져리** 세상이다.	환상에 불과한
07 09	extinct	공룡은 오래전에 **익스팅트** 한 거대 동물이다.	멸종된
07 10	capricious	날씨가 비가 오다 안오다 해서 **커프리셔스** 하다.	변덕스러운
07 11	Neptune	태양계의 8번째 행성 **넵튠:** 은 천왕성 다음이다.	해왕성
07 12	exterminate	난 벌레를 **엑스터:미네일** 위해 살충제를 썼다.	전멸시키다
07 13	ulcer	**얼서** 는 내장 조직에 구멍이 생기는 병이다.	궤양
07 14	expel	군인들이 적군을 공격해서 완전히 **엑스펠** 했다.	내쫓다
07 15	hoarse	그의 목소리는 잦은 연설로 **호:스** 해졌다.	목이 쉰
07 16	missionary	그는 선교를 위해 **미셔네리** 로 중국에 파견되었다.	선교사
07 17	interchange	우린 크리스마스 날 선물을 **인터췌인쥐** 했다.	교환하다
07 18	preoccupy	그녀는 퀼트에 **프리아:큐파이** 되어 퀼트만 한다.	마음을 빼앗다
07 19	journalist	**져널리스트** 가 신문에 특종 기사를 썼다.	기자
07 20	linguist	내가 아는 **링귀스트** 는 4개의 언어를 알고 있다.	언어 능한 사람

07 21	realty	나는 **리:얼티** 중에서 상가를 전문적으로 중개한다.	부동산
07 22	cohere	**코우히어** 한 이야기는 읽고 이해하기 쉽다.	일관성이 있다
07 23	electronics	그는 반도체와 같은 **일렉트라:닉스** 를 전공했다.	전자공학
07 24	marsh	**마:쉬** 에서 빠진 말이 빠져나오지 못했다.	습지
07 25	anthem	성가대는 교회에서 **앤썸** 을 합창했다.	찬송가
07 26	gracious	수녀가 아이들에게 항상 **그레이셔스** 했다.	상냥한
07 27	mechanism	노인의 회중시계의 **메커니즘** 은 매우 복잡하다.	기계장치
07 28	interfere	다른 사람의 결정에 **인터피어** 하고 싶지 않다.	간섭하다
07 29	partial	난 그 주제에 대해 **파:셜** 한 지식만 가지고 있다.	부분적인
07 30	therein	그는 거짓말을 잘한다. **데어인** 분쟁의 원인이 있다.	그 안에
07 31	merchandise	그녀는 다양한 **머:천다이즈** 를 예쁘게 진열했다.	상품
07 32	haven	우리 집은 가족에게 편안한 **헤이븐** 이다.	안식처
07 33	tyrant	**타이런트** 는 국민에게 표현의 자유를 억압했다.	독재자
07 34	announce	그는 요한슨과의 결혼을 친척에게 **어나운스** 했다.	발표하다
07 35	Catholicism	그녀는 **커쌀러시즘** 라서 일요일에 성당에 간다.	천주교
07 36	patch	파란 하늘에 하얀 구름 **패취** 가 떠다닌다.	조각
07 37	biased	신문에 따라서 **바이어스드** 된 기사를 썼다.	편향된
07 38	persuasion	난 판매원의 **퍼스웨이젼** 에 속아서 물건을 샀다.	설득
07 39	weird	너의 헤어스타일은 좀 **위어드** 하지만 멋지다.	기이한
07 40	royalty	모든 **로이얼티** 가 왕의 생일에 왕궁에 모였다.	왕족

07 41	wrench	ㅣ경찰관은 범인의 팔을 등 뒤로 **렌취** 했다.	ㅣ 비틀다
07 42	material	ㅣ점토, 벽돌, 시멘트 같은 **머티리얼** 로 집을 짓는다.	ㅣ 재료
07 43	dazzle	ㅣ내 손전등의 강한 빛이 그의 눈을 **대즐** 했다.	ㅣ 눈부시게 하다
07 44	tolerable	ㅣ편두통은 전혀 **탈:러러블** 한 고통이 아니다.	ㅣ 견딜만한
07 45	lush	ㅣ백두산은 **러쉬** 한 나무들로 덮여 있었다.	ㅣ 우거진
07 46	reunion	ㅣ난 졸업 후 처음으로 고등학교 **리:유니언** 에 갔다.	ㅣ 동창회
07 47	signature	ㅣ사장은 최종 계약서에 **시그니쳐** 를 했다.	ㅣ 서명
07 48	vaporize	ㅣ나뭇잎의 이슬이 햇빛으로 **베이퍼라이즈** 했다	ㅣ 증발하다
07 49	miraculous	ㅣ비행기사고에서 그가 산 것은 **머래큘러스** 하다.	ㅣ 기적적인
07 50	digit	ㅣ번호 750은 3개의 **디짙** 으로 이루어져 있다.	ㅣ 숫자
07 51	commonplace	ㅣ한국에서 해외여행은 이제 **카:먼플레이스** 해졌다.	ㅣ 아주 흔한
07 52	shameless	ㅣ난 돈을 달라는 그의 **쉐임러스** 한 요구에 놀랐다.	ㅣ 뻔뻔한
07 53	manifest	ㅣ그는 음식에 대한 불만족을 **매니페스트** 했다.	ㅣ 나타내다
07 54	wring	ㅣ그녀는 세탁한 옷을 꽉 **링** 해서 물기를 짰다.	ㅣ 비틀어 짜다
07 55	endow	ㅣ그는 매년 양로원에 쌀과 돈을 **인다우** 했다.	ㅣ 기부하다
07 56	infliction	ㅣ교육을 위해 육체적 **인플릭션** 을 줄 것인가?	ㅣ 고통
07 57	cognition	ㅣ그의 설명은 현실 **카:그니션** 부족을 드러냈다.	ㅣ 인식
07 58	billionaire	ㅣ난 쇼핑몰 사업에 성공해서 **빌리어네어** 가 되었다	ㅣ 억만장자
07 59	solemnity	ㅣ전우의 장례식은 **설렘너티** 속에서 거행되었다.	ㅣ 침통함
07 60	climax	ㅣ드라마는 점점 **클라이맥스** 를 향해 달려갔다.	ㅣ 절정

07 61	depletion	무분별한 개발이 자원의 **디플리:션** 을 가져왔다.	고갈
07 62	oblige	세금 납부는 모든 국민이 **어블라이쥐** 로 한다.	의무로 하다
07 63	forsake	그는 가족을 **포세익** 할 정도로 무책임했다.	버리다
07 64	grudge	난 **그러쥐** 때문에 그에게 복수하려고 했다.	원한
07 65	imprisonment	도둑은 법정에서 **임프리즌먼트** 을 선고받았다.	투옥
07 66	adjustment	시계가 틀려서 시간 **애져슽먼트** 가 필요하다.	조정
07 67	rebellion	정부를 반대하는 **리벨리언** 이 전국에서 일어났다.	반란
07 68	outcast	그녀는 친구가 없어서 **아웉캐슽** 처럼 느껴졌다.	따돌림 된 사람
07 69	explicit	학교에는 지켜야 할 **엑스플리싵** 한 규칙이 있다.	분명한
07 70	aggressive	저 개는 **어그레시브** 해서 사람을 보면 짖는다.	공격적인
07 71	multiple	판매원이 **멀티플** 한 방법으로 고객을 설득한다.	다수의
07 72	heroine	남자 주인공과 **헤로우인** 이 모두 유명 배우다.	여자 주인공
07 73	heatstroke	더운 날씨에 운동해서 **힡:스트로욱** 에 걸렸다.	일사병
07 74	mutually	우리는 **뮤:츄얼리** 만족이 되는 합의점을 찾았다.	서로
07 75	furrow	나는 소를 이용해서 밭에 **퍼:로우** 를 만들었다.	고랑
07 76	translator	그는 무역을 위해 영어 **트랜슬레이터** 가 필요하다.	통역사
07 77	evaporation	햇빛이 접시 물의 **이배퍼레이션** 을 일으켰다.	증발
07 78	hallucination	난 머리를 다친 후 **헐루:시네이션** 을 봤다.	환영
07 79	nocturnal	부엉이는 밤에 활동하는 **낙:터늘** 새의 일종이다.	야행성의
07 80	blender	모든 음식 재료를 **블렌더** 에 넣고 섞어라.	믹서기

07 81	drench	운동 후 몸이 땀으로 완전히 **드렌취** 되었다.	흠뻑 적시다
07 82	juror	법정에서 **져러** 는 범인의 주장을 인정하지 않았다.	배심원
07 83	cringe	무자비한 주인 앞에서 노예들이 잔뜩 **크린쥐** 했다.	웅크리다
07 84	hypocrite	친구가 알고 보니 나를 속인 **히퍼크릳** 이었다.	위선자
07 85	pending	내가 신청한 특허가 특허청에 **펜딩** 하고 있다.	대기하는
07 86	contentious	한국에서 사형제도는 **컨텐셔스** 한 주제다.	논쟁이 될
07 87	legislation	**레쥐슬레이션** 개정은 국회의 승인이 필요하다.	법률
07 88	soothe	그녀는 우는 아이를 **수:드** 하려고 노력했다.	달래다
07 89	meager	이 작은 영어사전은 **미:거** 한 어휘를 담고 있다.	빈약한
07 90	devastating	어제 일본에 **데버스테이팅** 한 지진이 발생했다.	파괴적인
07 91	grateful	그녀는 너의 도움에 깊이 **그레잇플** 했다.	감사하는
07 92	animosity	난 나를 비난한 사람에 대해 **애니마:서티** 이 있다.	적대감
07 93	interpret	그녀는 영어 시간에 영어문장을 **인터:프릳** 했다	해석하다
07 94	enclosure	그는 동물원의 **엔클로우져** 에서 낙타를 만졌다.	울타리 친 장소
07 95	diverse	그는 해외여행 하면서 **다이버:스** 한 경험을 했다.	다양한
07 96	Antarctic	**앤탁틱** 과 북극 지역 모두 얼음으로 덮여 있다.	남극지역
07 97	stuck	그는 자신만의 세계에 **스턱** 해서 밖에 안 나간다.	갇힌
07 98	incapacity	그는 **인커패서티** 해서 회사에서 해고되었다.	무능력
07 99	ensure	KTX 열차는 정해진 시간의 도착을 **인슈어** 한다.	보장하다
08 00	radioactive	핵폭탄은 **레이디오우액티브** 물질을 방출한다.	방사성의

cringe	exterminate	Catholicism	oblong	hallucination
climax	mechanism	oblige	drench	reunion
capricious	announce	incapacity	hypocrite	grudge
forsake	radioactive	heatstroke	outcast	multiple
anthem	journalist	ownership	translator	mutually
depletion	ensure	patch	tyrant	tolerable
extinct	inflexible	miraculous	cohere	adjustment
billionaire	wring	drudgery	weird	conqueror
heroine	wrench	commonplace	dazzle	legislation
enforce	lush	explicit	haven	infliction
material	juror	signature	therein	realty
merchandise	illusory	hoarse	digit	interfere
evaporation	diverse	preoccupy	partial	pending
meager	interpret	Antarctic	endow	furrow
stuck	electronics	shameless	contentious	aggressive
missionary	vaporize	interchange	manifest	persuasion
eyeball	blender	marsh	solemnity	linguist
Neptune	nocturnal	imprisonment	grateful	gracious
expel	ulcer	soothe	enclosure	cognition
rebellion	biased	animosity	devastating	royalty

08 01	extinguish	소방관들이 불을 **익스팅귀쉬** 하려고 노력했다.	불을 끄다
08 02	matriarchy	**메이트리아:키** 에선 여자가 공동체의 리더였다.	모계사회
08 03	diagnosis	그는 정밀 **다이어그노우시스** 로 암이 발견되었다.	진단
08 04	agonize	우리는 미래에 대해서 항상 **애거나이즈** 한다.	고민하다
08 05	declaration	토머스 제퍼슨이 미국 독립 **데클러레이션** 을 썼다	선언문
08 06	confirm	나는 피자 주문을 **컨펌:** 하려고 식당에 전화했다.	확인하다
08 07	analyze	심리학자가 범인의 동기를 **애널라이즈** 했다.	분석하다
08 08	sanction	유엔은 북한에 대해 금융과 무역 **생션** 을 내렸다.	제재
08 09	sensationalize	기자가 연예인의 결혼을 **센세이셔널라이즈** 했다	선정적으로 쓰다
08 10	shabby	그의 양복과 구두는 오래 되서 **섀비** 해 보였다.	다 낡은
08 11	dietary	의사가 살찐 사람의 **다이어테리** 습관을 연구했다.	식사의
08 12	bough	나무꾼이 **바우** 를 잘라서 임시 움막을 만들었다.	큰 나뭇가지
08 13	surgery	그는 의사에게 성형 **서:져리** 후 부작용을 물었다.	외과수술
08 14	scaredy-cat	난 개를 무서워할 정도로 **스케어디 캣** 이었다.	겁쟁이
08 15	convenient	신용카드가 현금보다 훨씬 **컨비:니언트** 하다.	편리한
08 16	dishonesty	그는 **디스아너스티** 해서 나는 그를 믿지 않는다.	부정직
08 17	telling	권투선수가 상대방에게 **텔링** 한 일격을 가했다.	효과적인
08 18	sperm	난자와 **스펌:** 이 만나서 수정이 되고, 임신이 된다.	정자
08 19	phantom	난 꿈에서 돌아가신 아버지의 **팬텀** 을 봤다.	유령
08 20	attest	변호인은 그의 무죄를 **어테스트** 하려고 노력했다.	증명하다

08 21	representation	석양에 대한 그의 **레프리젠테이션** 은 훌륭하다.	묘사
08 22	loyalty	나라에 **로이얼티** 와 부모에 효도는 중요한 가치다.	충성
08 23	abatement	해열제를 먹어도 체온에 **어베잍먼트** 가 없다.	감소
08 24	dissonance	**디서넌스** 한 합창단의 노래는 듣기에 끔찍했다.	불협화음
08 25	deficient	올해는 강우량이 **디피션트** 해서 작물이 안 자란다.	부족한
08 26	ecological	습지의 **에컬라:쥐클** 균형을 위해 외래종은 잡았다.	생태계의
08 27	epidemic	**에피데믹** 에 걸린 사람들이 병원에 격리되었다.	유행병
08 28	meritorious	그는 **메리토:리어스** 한 행동으로 표창장을 받았다.	칭찬할 만한
08 29	interact	우린 일상에서 다양한 사람과 **인터액트** 하고 있다.	소통하다
08 30	sturdy	이 성은 **스터:디** 한 성벽을 덕분에 난공불락이다.	튼튼한
08 31	acceptance	그는 학교로부터 입학을 위한 **액셒턴스** 를 받았다.	수락
08 32	stitch	그녀는 천을 자른 후 **스티취** 해서 옷을 만들었다.	바느질하다
08 33	venomous	**베너머스** 한 뱀이 그의 발을 물어서 죽다 살았다.	독이 있는
08 34	frustrated	그는 낮은 수학 점수에 **프러스트레이티드** 했다.	좌절감을 느끼는
08 35	linguistic	영어 못하면 해외에서 **링귀스틱** 장벽을 경험한다.	언어의
08 36	rotten	**라:튼** 한 음식을 잘못 먹고 심한 배탈이 났다.	썩은
08 37	constrict	새 옷이 세탁 후에 **컨스트릭트** 해서 작아졌다.	수축하다
08 38	wane	요즘 그녀의 인기가 예전보다는 **웨인** 하고 있다.	시들해지다
08 39	amoral	노예제도는 현대사회에서 **애모:럴** 한 제도이다.	비도덕적인
08 40	equilibrium	정부는 수요와 공급의 **이퀼리브리엄** 을 유지한다.	평형

08 41	ban	세계는 생화학 무기를 **밴** 하기로 동의했다.	금지하다
08 42	curtail	신혼부부가 비용을 **커:테일** 할 방법을 찾고 있다.	축소시키다
08 43	adept	그녀는 드럼을 연주하는데 꽤 **어뎁트** 하다.	능숙한
08 44	messy	그는 **메시** 한 방을 청소기로 깨끗이 청소했다.	엉망인
08 45	detector	건설업자가 화재 **디텍터** 를 천장에 설치했다.	탐지기
08 46	astronaut	**애스트러널:** 은 우주를 탐험하는 과학자이다.	우주비행사
08 47	portable	나는 데이터를 **포:터블** 한 USB 장치에 저장했다.	휴대용의
08 48	brisk	**브리슥** 한 발걸음은 옆 사람도 활기차게 만든다.	활기찬
08 49	sneer	그녀는 나의 새해 다이어트 목표를 **스니어** 했다.	비웃다
08 50	preside	오늘 밤 모임은 부의장이 **프리자이드** 할 것이다.	사회를 보다
08 51	retort	그는 내 의견에 대해서 곧바로 **리토:트** 했다.	대꾸하다
08 52	dominance	대기업이 점점 더 시장 **다머넌스** 를 확대했다.	지배
08 53	withered	목수가 정원의 **위더드** 한 나무를 베어 버렸다.	말라 죽은
08 54	apathy	유권자들이 정치에 대해 **애퍼씨** 을 나타낸다.	무관심
08 55	thorough	전문가는 그 주제에 대해 **써:로우** 한 지식이 있다.	빈틈없는
08 56	incline	해안가는 바다 쪽으로 약간 **인클라인** 해져 있다.	기울이다
08 57	decade	**데케이드** 동안 아무도 챔피언의 기록을 못 깼다.	10년
08 58	fortify	우리는 공격에 대비해서 마을을 **포:티파이** 했다.	요새화하다
08 59	possess	그녀는 5대의 스포츠카를 **퍼제스** 하고 있다.	소유하다
08 60	slant	지진으로 우리 집이 한쪽으로 **슬랜트** 했다.	기울어지다

08 61	matchmaker	난 **매취메이커** 통해서 지금의 배우자를 만났다.	중매쟁이
08 62	conclusion	토론의 **컨클루:젼** 이 어떻게 될지 아무도 모른다.	결론
08 63	enclose	그는 정원 주위를 가시덤불로 **인클로우즈** 했다.	둘러싸다
08 64	virulent	그녀는 대장암이라는 **비럴런트** 한 병에 걸렸다.	치명적인
08 65	artisan	그는 도자기 **아:터즌** 에게 인정받은 실습생이다.	장인
08 66	bitterness	"좋은 약은 입에 **비터니스** 가 있다"는 속담이 있다.	쓴 맛
08 67	blare	경찰차가 도주 차량을 향해 경적을 **블레어** 했다.	쾅쾅 울리다
08 68	hopeful	성실한 청년의 미래는 매우 **호웊플** 하게 보였다.	희망찬
08 69	competitive	우리와 **컴페터티브** 회사가 같은 제품을 만들었다.	경쟁을 하는
08 70	discourage	어려운 수학 문제가 그를 **디스커:리쥐** 하게 했다.	좌절시키다
08 71	bead	그녀의 **비:드** 목걸이가 흔들리면서 쨍그랑거렸다.	구슬
08 72	deployment	장군은 군대의 새로운 **디플로이먼트** 를 결정했다.	배치
08 73	captivity	그는 포로로 잡혀서 감옥에 **캪티비티** 가 되었다.	감금
08 74	penetrate	이 총알은 철판도 쉽게 **페니트레잍** 할 수 있다.	관통하다
08 75	statistics	정부는 실업률 **스터티스틱스** 를 매달 발표한다.	통계
08 76	assistance	내가 어려울 때 너의 **어시스턴스** 는 정말 고맙다.	도움
08 77	compass	항해를 위한 필수 준비물은 지도와 **컴퍼스** 다.	나침반
08 78	dumbly	그는 깜짝 놀라서 한동안 **덤리** 그녀를 응시했다.	말없이
08 79	heartily	나는 **할:을리** 그녀의 의견에 동의한다.	진심으로
08 80	uphold	우리는 전통을 **엎호울드** 할 책임이 있다.	유지하다

08 81	ransom	회장을 납치한 범인은 막대한 **랜섬** 을 요구했다.	몸값
08 82	generosity	신부의 **줴너라:서티** 가 마침내 범인을 변화시켰다.	너그러움
08 83	intensive	환자는 밤낮없이 **인텐시브** 한 치료를 받았다.	집중적인
08 84	embarrassed	솔직히 난 그의 돌발 질문에 **임배러슫** 했다.	당황한
08 85	anarchy	당나라는 왕이 죽은 후 **애너키** 상태가 이어졌다.	무정부상태
08 86	unrelenting	난 업무로 상사로부터 **언릴렌팅** 압박을 받고 있다.	끊임없는
08 87	monotony	여행은 일상의 **머나:터니** 를 깨는 좋은 방법이다.	단조로움
08 88	threshold	그는 서두르다 **쓰레쇼울드** 에 걸려서 넘어졌다.	문지방
08 89	frontier	미국은 캐나다와의 **프런티어** 에 장벽을 설치했다.	국경
08 90	inhibition	처음 만난 우린 게임을 통해 **인히비션** 을 풀었다.	어색함
08 91	insurmountable	"우리에게 **인서마운터블** 문제란 없다"고 말했다.	극복할 수 없는
08 92	inoculate	엄마는 아기에게 소아마비를 **이나:큘레잍** 했다.	예방 접종하다
08 93	trustworthy	그는 말과 행동이 **트러슫워:디** 할 만큼 성실하다.	믿을 수 있는
08 94	extremist	우리는 정치적 **익스트리:미슫** 를 경계해야 한다.	극단주의자
08 95	adverse	난 한 팔을 못 쓰는 **애드버:스** 한 조건에서 싸웠다.	불리한
08 96	indispensable	요리에 소금과 설탕은 **인디스펜서블** 한 재료다.	필수적인
08 97	unpredictable	최근 기상청도 **언프리딕터블** 한 날씨가 이어졌다.	예측이 어려운
08 98	alteration	집 인테리어가 전체적인 **올:터레이션** 이 필요하다.	변화
08 99	composite	인터넷에는 웃긴 **컴파:짙** 사진이 많이 있다.	합성의
09 00	disorderly	술집이 취객의 난동 때문에 **디스오:덜리** 한 상태다.	무질서한

trustworthy	sensationalize	blare	intensive	declaration
bead	shabby	decade	composite	representation
epidemic	discourage	frontier	analyze	stitch
hopeful	meritorious	confirm	sneer	adept
equilibrium	bitterness	adverse	dumbly	unrelenting
generosity	diagnosis	sturdy	possess	messy
competitive	ransom	enclose	incline	inoculate
dominance	alteration	detector	interact	compass
dietary	virulent	inhibition	ecological	acceptance
agonize	constrict	astronaut	venomous	monotony
retort	dishonesty	rotten	statistics	phantom
fortify	penetrate	slant	threshold	uphold
indispensable	extinguish	sanction	matriarchy	ban
bough	sperm	wane	convenient	deployment
captivity	amoral	surgery	loyalty	extremist
linguistic	dissonance	insurmountable	artisan	withered
curtail	preside	frustrated	portable	anarchy
assistance	apathy	conclusion	scaredy-cat	abatement
unpredictable	attest	heartily	deficient	disorderly
thorough	telling	embarrassed	brisk	matchmaker

09 01	recreation	ㅣ 이 펜션에는 탁구장등 **레크리**에**이션** 시설이 많다.	ㅣ 오락
09 02	constantly	ㅣ 영어를 잘하려면 **칸:스턴리** 영어를 연습해야 한다.	ㅣ 끊임없이
09 03	fairness	ㅣ 신문사는 기사의 **페어니스** 를 위해 노력한다.	ㅣ 공정성
09 04	cooperate	ㅣ 삼성과 애플이 **코우아퍼레잍** 하기로 약속했다.	ㅣ 협력하다
09 05	maze	ㅣ 쥐가 복잡한 **메이즈** 를 쉽게 빠져나갔다.	ㅣ 미로
09 06	claimant	ㅣ 회사는 보험 **클레이먼트** 에게 돈을 송금했다.	ㅣ 청구인
09 07	righteousness	ㅣ 검찰의 역할은 사회 **라이쳐스니스** 의 구현이다	ㅣ 정의
09 08	elude	ㅣ 용의자가 감쪽같이 경찰을 **일루:드** 했다.	ㅣ 피하다
09 09	forthwith	ㅣ 불법 체류자는 **포:쓰위쓰** 본국으로 돌아가야 한다.	ㅣ 당장
09 10	outrageous	ㅣ 커피값이 10만 원이라니 **아웉레이져스** 하다.	ㅣ 터무니없는
09 11	optimal	ㅣ 우리는 **앞터멀** 결과를 위해 열심히 훈련했다.	ㅣ 최선의
09 12	majesty	ㅣ 왕이 **매져스티** 를 가지고 신하들 앞을 걸어갔다.	ㅣ 장엄함
09 13	separation	ㅣ 국민은 정치와 종교의 **세퍼레이션** 을 요구했다	ㅣ 분리
09 14	superb	ㅣ 한글은 세계에서 **수:퍼:브** 한 문자로 인정되었다.	ㅣ 최고의
09 15	rage	ㅣ 친구가 너무 늦어서 그녀의 **레이쥐** 가 폭발했다.	ㅣ 분노
09 16	currency	ㅣ 한국은행은 10만 원권 **커:런시** 를 발행했다.	ㅣ 화폐
09 17	chore	ㅣ 주부들도 일상의 **쵸:어** 로 쉴 틈 없이 바쁘다.	ㅣ 잡일
09 18	anesthetic	ㅣ 의사가 수술 전 환자에게 **애너스쎄틱** 을 났다.	ㅣ 마취제
09 19	devote	ㅣ 그녀는 고아들을 위해서 자신의 삶을 **디보웉** 했다.	ㅣ 헌신하다
09 20	receipt	ㅣ 나는 식사비를 계산한 후 **리:시:트** 를 받았다.	ㅣ 영수증

Step 02

09 21	manipulate	마녀는 주문으로 사람을 **머니**퓰**레잍** 할 수 있다.	조종하다
09 22	parameter	함수문제에서는 **퍼래**미터 이해하는 것이 중요하다.	매개변수
09 23	painkiller	간호사가 두통 환자에게 페**인킬러** 를 주사 났다.	진통제
09 24	increasingly	사람들이 **인크리**:**싱리** 핸드폰에 의존하고 있다.	점점 더
09 25	alert	군인은 적 공격에 대비해 항상 **얼러**:**트** 하고 있다.	경계하는
09 26	unfortunate	그는 외톨이로 **언포**:**쳐닡** 한 어린 시절을 보냈다.	불행한
09 27	sabotage	테러리스트가 휴전 회담을 새**버타**:**쥐** 했다.	방해하다
09 28	starvation	아프리카의 아이들은 **스타**:**베이션** 으로 고생한다.	굶주림
09 29	repress	그녀는 그에 대한 사랑의 감정을 **리프레스** 했다.	억누르다
09 30	pedestrian	트럭이 인도를 걷고 있던 **퍼데스트리언** 을 쳤다.	보행자
09 31	obesity	현대인은 **오비**:**시티** 로 많은 성인병에 걸린다.	비만
09 32	tolerance	그는 나의 실수에 대해 **탈**:**러런스** 를 베풀었다.	관용
09 33	psychiatrist	미친 남자는 **사이카이어트리슽** 에게 보내졌다.	정신과 의사
09 34	spur	대대적 할인이 소비자의 구매 욕구를 **스퍼**: 했다.	자극하다
09 35	milestone	구청은 등산객을 위해 **마일스토운** 을 세웠다.	이정표
09 36	infancy	그녀는 **인펀시** 를 지나서 걸음마를 할 나이다.	유아기
09 37	stricken	그는 위장병으로 매일 **스트리컨** 하고 있다.	고통받는
09 38	pharmacist	약국에서 **파**:**머시슽** 가 처방전대로 약을 지었다.	약사
09 39	murderer	경찰에 붙잡힌 **머**:**더러** 는 범행을 순순히 자백했다.	살인자
09 40	guilt	사건 현장의 지문은 그가 **길트** 라는 증거이다.	유죄

09 41	violate	나는 교통 법규를 **바이얼레잍** 해서 벌금을 냈다.	위반하다
09 42	feature	그는 일요신문에 실린 **피:쳐** 기사를 읽었다.	특집
09 43	oratory	그 정치인의 **오:러토리** 은 청중을 감동하게 했다.	웅변술
09 44	transfusion	수술 중에 **트랜스퓨:젼** 이 환자 목숨을 살렸다.	수혈
09 45	flutter	깃대에 달린 태극기가 바람에 **플러터** 했다.	펄럭이다
09 46	reconcile	서로 싸운 두 사람을 **레컨사일** 할 방법을 찾았다.	화해시키다
09 47	aggression	폭력적 영상물에 노출되면 **어그레션** 이 높아진다	공격성
09 48	architecture	난 대학에서 집을 짓는 **아:키텍쳐** 을 전공했다.	건축학
09 49	actual	나는 그의 **액츄얼** 의 목소리를 들은 적이 없다.	실제의
09 50	electron	그는 병원균을 **일렉트란** 현미경으로 확대했다.	전자
09 51	analogy	그는 인간의 뇌를 컴퓨터에 **어낼러쥐** 해서 말했다.	비유
09 52	inevitably	회사의 적자는 **인에비터블리** 해고로 이어졌다.	불가피하게
09 53	unilateral	난 합의가 아닌 **유:니래트럴** 결정을 인정 못 한다.	일방적인
09 54	stately	군인들이 **스테잍리** 한 걸음걸이로 행진했다.	위풍당당한
09 55	breakdown	오늘 내 트럭이 **브레익다운** 나서 배달을 못했다.	고장
09 56	patiently	성도들이 목사님의 설교를 **페이션리** 들었다.	끈기 있게
09 57	adoptive	그의 **어답:티브** 한 부모님은 친부모보다 잘했다.	입양의
09 58	legally	청소년은 **리:걸리** 음주와 흡연이 금지되어 있다.	법률적으로
09 59	interactive	교수와 학생이 **인터액티브** 한 토론을 벌였다.	상호적인
09 60	hydrant	소방관들이 **하이드런트** 에 호스를 연결했다.	소화전

09 61	combustible	난로 옆에 **컴버스터블** 물건을 두지 마라.	불이 잘 붙는
09 62	productively	난 소중한 시간을 **프러덕티블리** 활용했다.	생산적으로
09 63	appraise	감정사가 다이아몬드의 가치를 **어프레이즈** 했다.	평가하다
09 64	sentiment	일본에 대한 한국인의 **센티먼트** 가 안 좋다.	감정
09 65	suitable	공장장은 공장 짓기에 **수:터블** 장소를 찾았다.	적합한
09 66	austere	수도승의 **오:스티어** 한 삶은 본받을 만하다.	소박한
09 67	populate	원래 이 섬엔 원주민들이 **파:퓰레잇** 하고 있었다.	거주하다
09 68	enrollment	**인로울먼트** 기간 안에 입학신청서를 내주세요.	등록
09 69	permeate	옆 사람의 담배 냄새가 내 옷에 **퍼:미에잇** 했다.	스며들다
09 70	orchard	농부들이 **오:쳐드** 에서 빨간 사과를 따고 있다.	과수원
09 71	controversy	갑작스러운 행사 취소는 **칸:트러버:시** 를 일으켰다.	논란
09 72	warmhearted	그녀는 **웜하티드** 해서 다른 사람을 잘 돌본다.	마음이 따뜻한
09 73	avoidance	오해의 **어보이던스** 를 위해 난 모임에 안 간다.	회피
09 74	qualify	한국팀은 월드컵 결승전을 위해 **퀄:러파이** 됐다.	자격을 얻다
09 75	bearer	나는 사망 소식을 전하는 **베러** 가 되기 싫다.	운반인
09 76	animate	마법사가 나무로 된 피노키오에게 **애니메잇** 했다.	생기를 넣다
09 77	cub	암사자가 **컵** 을 지키려고 표범에게 으르렁거렸다.	동물의 새끼
09 78	ashamed	나는 기말시험에서 컨닝한 것을 **어쉐임드** 했다.	부끄러운
09 79	slit	오락기에 있는 **슬릿** 에 500원 동전을 넣으세요.	좁고 긴 구멍
09 80	repeatedly	그는 녹음기처럼 **리피:틷리** 같은 말을 중얼거렸다.	반복해서

09 81	overactive	너의 주장은 **오우버**액**티브** 한 상상력일 뿐이다.	활동이 지나친
09 82	layout	그녀는 봄이라서 집안 가구의 **레**이아웃 을 바꿨다.	배치
09 83	expectation	투표결과는 내 **엑스펙테이션** 과 다르지 않았다.	예상
09 84	neglected	아동협회는 **니글렉티드** 된 아이들을 돌봐준다.	방치된
09 85	seabed	잠수부가 깊은 **시:베드** 에서 난파선을 발견했다.	해저
09 86	intellect	천재는 뛰어난 **인털렉트** 의 소유자를 가리킨다.	지적능력
09 87	diversion	공사 때문에 우린 **다이버:젼** 의 길로 갔다.	우회로
09 88	consultant	그녀는 회사를 위해 조언하는 경영 **컨설턴트** 다.	상담사
09 89	outlet	그녀의 넘치는 끼를 위한 **아울렡** 은 댄스였다.	배출수단
09 90	unlikely	그는 정말 노력했지만, 성공을 **언라이클리** 하다.	할 것 같지 않은
09 91	commonly	요즈음 버스 승객들은 **카:먼리** 교통카드를 쓴다.	보통
09 92	anonymous	자선단체에 **어나:니머스** 기부자가 돈을 기부했다.	익명의
09 93	overpopulation	중국은 **오우버파퓰레이션** 의 부작용을 걱정한다.	인구과밀
09 94	aesthetic	그녀는 **에스쎄틱** 감각을 살려 리모델링을 했다.	미적인
09 95	fume	오래된 경유차가 해로운 **퓸:** 을 내뿜었다.	연기
09 96	probe	우주탐사선이 화성의 흙과 공기를 **프로우브** 했다.	조사하다
09 97	gorgeous	유명 여배우의 드레스는 정말 **고:져스** 했다.	아주 멋진
09 98	wretched	난 돈이 하나도 없어서 **레취드** 하게 느껴졌다.	비참한
09 99	guardian	어린아이는 **가:디언** 이 그를 보호한다고 믿는다.	수호자
10 00	mull	판사가 증거를 **멀** 한 후 피고인에게 판결을 내렸다.	심사숙고하다

alert	austere	slit	orchard	spur
interactive	chore	consultant	unfortunate	cub
violate	infancy	expectation	reconcile	oratory
warmhearted	devote	qualify	psychiatrist	elude
cooperate	legally	populate	recreation	probe
majesty	unlikely	fairness	claimant	flutter
anonymous	inevitably	anesthetic	avoidance	transfusion
aggression	pharmacist	currency	electron	separation
appraise	hydrant	milestone	suitable	actual
patiently	increasingly	feature	productively	painkiller
optimal	repress	enrollment	commonly	breakdown
intellect	layout	seabed	unilateral	receipt
righteousness	sentiment	guardian	parameter	mull
stately	outlet	animate	neglected	adoptive
superb	architecture	diversion	wretched	aesthetic
bearer	analogy	outrageous	pedestrian	gorgeous
combustible	sabotage	maze	repeatedly	controversy
permeate	stricken	guilt	fume	obesity
murderer	rage	forthwith	constantly	tolerance
starvation	ashamed	manipulate	overpopulation	overactive

고등 수능 영단어 5000

영어단어장
2장

1001
~
2000
단어

00 01	reflex	그녀는 날아오는 공에 대한 **리:플렉스** 가 빨랐다.	반사행동
00 02	gallantry	왕자는 지혜와 **갤런트리** 로 괴물과 싸웠다.	용감함

1_ 예문 속의 영어 발음을 읽어본다
2_ 원어민 소리를 들으면서 따라 읽어본다
3_ 영어단어와 한글 발음을 보면서 읽어본다
4_ 영어단어만 보고 읽어본다
5_ 원어민 음성만 들으면서 따라 말해본다
6_ 리뷰 테스트의 100단어를 읽어본다

1_ 단어의미를 보면서 한글 예문을 읽는다
2_ 한글 예문을 보면서 의미를 되새겨 본다
3_ 한글의미를 보면서 영어단어를 말해본다
4_ 영어단어를 보면서 의미를 말해본다
5_ 원어민 음성 들으면서 의미를 말해본다
6_ 리뷰 테스트의 100단어 의미를 말해본다

영어단어를 잘 외우려면 두 가지를 명심하라!

1_ 단어의 발음을 잘 읽으려고 노력하라!
　　그래서 한글로 발음을 쓴 절대적 이유다

2_ 단어의 의미를 잘 느끼려고 노력하라!
　　그래서 한글로 예문을 쓴 절대적 이유다

10 01	account	ᅵ 나는 은행에서 내 **어카운트** 에 돈을 입금했다.	ᅵ	계좌
10 02	minority	ᅵ 다수의 의견과 **마이노:러티** 의 의견이 충돌했다.	ᅵ	소수
10 03	spendthrift	ᅵ 그는 **스펜쓰리프트** 라서 저축을 할 수 없다.	ᅵ 돈이 헤픈 사람
10 04	sparse	ᅵ 난 머리숱이 **스파:스** 해서 곧 대머리가 될 것 같다.	ᅵ	드문
10 05	rely	ᅵ 아이들은 부모님에게 전적으로 **릴라이** 한다	ᅵ	의존하다
10 06	edible	ᅵ 이 나무의 열매는 **에더블** 하니 맘껏 먹어라.	ᅵ	먹을 수 있는
10 07	sarcastic	ᅵ 그녀는 내 그림을 보고 **사:캐스틱** 하기 시작했다.	ᅵ	빈정대는
10 08	condemn	ᅵ 죄는 **컨뎀** 하지만 범인은 **컨뎀** 하지 말라고 한다	ᅵ	비난하다
10 09	subterfuge	ᅵ 그는 **섭터퓨:쥐** 를 써서 시험을 통과했다가 걸렸다.	ᅵ	속임수
10 10	obvious	ᅵ 그가 범인이라는 **아:비어스** 한 증거가 발견되었다.	ᅵ	분명한
10 11	bribe	ᅵ 그는 정치인에게 **브라입** 을 주고 공사를 따냈다.	ᅵ	뇌물
10 12	pang	ᅵ 신부님의 설교에 살인자는 양심의 **팽** 을 느꼈다.	ᅵ	고통
10 13	mathematics	ᅵ 나는 **매써매틱스** 시간에 미분과 적분을 배웠다.	ᅵ	수학
10 14	ornament	ᅵ 그는 영어사전을 **오:너먼트** 처럼 가지고 다닌다.	ᅵ	장식품
10 15	warrant	ᅵ 새로운 기계를 도입하면서 **워:런트** 를 요구했다.	ᅵ	보증서
10 16	upright	ᅵ 우리는 바람에 넘어진 의자를 **엎라잎** 세웠다.	ᅵ	똑바른
10 17	rodent	ᅵ 고슴도치와 다람쥐는 **로우든트** 의 일종이다.	ᅵ	설치류
10 18	honored	ᅵ 내가 올림픽 우승을 하다니 정말 **아너드** 한 일이다.	ᅵ	명예로운
10 19	senator	ᅵ 공화당의 **세너터** 가 대통령 후보로 지명되었다.	ᅵ	상원의원
10 20	preheat	ᅵ 쿠키를 굽기 전에 오븐을 **프리:히:트** 하세요.	ᅵ	예열하다

10 21	tangle	곱슬머리는 서로 **탱글** 하는 경향이 있다.	엉키다
10 22	flicker	전등이 갑자기 **플리커** 해서 내가 직접 교환했다.	깜박거리다
10 23	obstruct	피의자들이 증거인멸로 수사를 **업스트럭트** 했다.	방해하다
10 24	anticlockwise	열쇠를 **앤티클락와이즈** 방향으로 돌리면 열린다.	시계반대 방향의
10 25	diseased	독감으로 병원이 **디지:즈드** 한 사람들로 가득했다.	병에 걸린
10 26	depreciate	자동차는 내가 사자마자 **디:프리쉬에잍** 시작한다.	가치가 하락하다
10 27	diagnose	의사가 입원한 응급환자를 **다이어그노우스** 했다.	진단하다
10 28	paddle	해적들이 **패들** 로 조각배를 몰고 있었다.	노
10 29	hub	한국은 세계 금융과 통신의 **허브** 가 될 것이다.	중심지
10 30	fortitude	순교자는 마지막까지 **포:터투:드** 를 보여주었다.	용기
10 31	grace	발레리나가 **그레이스** 를 가지고 춤을 췄다.	우아함
10 32	sanitary	이 식당은 주방을 **세너테리** 한 상태로 유지한다.	위생적인
10 33	solemn	군인의 장례식이 **살:럼** 분위기에서 진행되었다.	엄숙한
10 34	extraction	치과의사가 충치의 **엑스트랙션** 을 순식간에 했다.	뽑아냄
10 35	stimulation	그의 성공 이야기는 내게 **스티뮬레이션** 이 되었다.	자극
10 36	juvenile	중학생이면 어린아이가 아니라 **쥬버나일** 이다.	청소년
10 37	claim	상대 선수는 심판이 불공평하다고 **클레임** 했다	주장하다
10 38	offensive	갑자기 식당에서 **어펜시브** 한 냄새가 났다.	불쾌한
10 39	technology	요즘 나오는 차에는 첨단 **테크날러쥐** 가 적용된다.	기술
10 40	precipitation	비와 눈과 우박 모두 **프리시피테이션** 에 포함된다.	강수량

10 41	nobility	루이 14세 왕은 모든 **노우빌러티** 를 불러들였다.	귀족
10 42	deplore	그녀는 친한 친구의 죽음을 **디플로:어** 했다	한탄하다
10 43	continental	그 지질학자는 **칸티넨틀** 이동설을 믿었다.	대륙의
10 44	trillion	하늘에는 1 **트릴리언** 이상의 별이 있다고 한다.	1조
10 45	interpersonal	카네기 처세술은 **인터퍼:서늘** 기술을 말하고 있다.	대인관계의
10 46	malcontent	**맬컨텐트** 는 잘해줘도 계속 불평을 늘어놓는다.	불만인 사람
10 47	fragment	그는 깨진 유리 **프래그먼트** 에 손가락을 베었다.	파편
10 48	apex	그는 결국 에베레스트산의 **에이펙스** 에 도달했다.	꼭대기
10 49	renounce	북한은 반드시 핵무기 개발을 **리나운스** 해야 된다.	포기하다
10 50	amusement	그녀는 나의 가벼운 농담에 **어뮤:즈먼트** 를 느꼈다.	즐거움
10 51	apprehend	경찰이 범인을 **애프리헨드** 하는 데 성공했다.	체포하다
10 52	elderly	그는 버스에서 **엘덜리** 신사에게 자리를 양보했다.	연세가 드신
10 53	scribble	이름을 **스크리블** 하면 남들이 알아보기가 어렵다.	휘갈겨 쓰다
10 54	drool	강아지가 맛있는 냄새를 맡자 **드룰:** 했다.	침을 흘리다
10 55	assert	그녀는 도둑질을 절대 하지 않았다고 **어서:트** 했다.	주장하다
10 56	detour	도로 공사 때문에 우리는 **디:투어** 로 갔다.	우회로
10 57	exalt	영화평론가가 그 영화를 굉장히 **이그졸:트** 했다.	칭송하다
10 58	landfill	청소부들이 엄청난 쓰레기를 **랜필** 에 묻었다.	쓰레기매립지
10 59	implicate	그는 범죄에 **임플리케잇** 된 것을 부인했다.	연루되다
10 60	invoke	난 너의 노력에 신의 축복이 있기를 **인보욱** 한다.	기원하다

10 61	dullness	공부의 최대 적은 어려움과 **덜니스** 다.	지루함
10 62	glimpse	자동차를 타고 가면서 옛친구를 **글림스** 했다.	힐끗 봄
10 63	tenacious	그 기자는 특종을 찾는데 **터네이셔스** 했다	집요한
10 64	intern	나는 방학 동안 구청에서 **인턴:** 으로 일했다.	교육 실습생
10 65	vex	그의 계속되는 부탁은 나를 **벡스** 하게 한다	짜증나게 하다
10 66	prodigal	그녀는 술로 **프라:디글** 하는 남편과 매일 싸운다.	낭비하는
10 67	granted	**그랜티드,** 공부란 즐거운 일은 아니지만 해야 한다.	맞아
10 68	decadent	대주교는 **데커던트** 사회의 종말을 경고했다.	타락한
10 69	dominion	황제는 성들에 대해서 **더미니언** 을 가진다.	지배권
10 70	condense	화학자가 실험실에서 수증기를 물로 **컨덴스** 했다.	응축시키다
10 71	precondition	승진을 위한 **프리컨디션** 은 외국어 능력이다.	전제조건
10 72	antipathy	무례한 행동은 친구들에게 **앤티퍼씨** 를 일으킨다.	반감
10 73	essentially	성선설이란 인간은 **이센셜리** 선하다는 이론이다.	근본적으로
10 74	blast	군인들이 이번 폭탄 **블래슽** 으로 크게 다쳤다.	폭발
10 75	demonstrate	과학자가 실험으로 새 이론을 **데먼스트레잍** 했다.	입증하다
10 76	fore	승객들이 좀비를 피해 기차의 **포:어** 쪽으로 모였다.	앞의
10 77	wedge	돌의 균열에 **웨쥐** 를 박아서 잘게 쪼갰다.	쐐기
10 78	unanimity	국회는 **유:너니머티** 로 법률을 통과시켰다.	만장일치
10 79	slither	방울뱀이 먹이를 향해 슬그머니 **슬리더** 했다.	미끄러지다
10 80	alienation	난 친구로부터 **에일리어네이션** 의 느낌을 받았다.	소외

10 81	passionate	청중은 그의 **패**셔닡 한 연설에 감동했다.	열정적인
10 82	momentum	구르던 돌이 **모우**멘텀 을 받자 더 빨리 굴렀다.	탄력
10 83	negligible	판매에서 택배비는 네**글**리져블 할 수 없는 돈이다.	무시할 정도의
10 84	sneaky	**스니:키** 한 사기꾼이 감쪽같이 속임수를 썼다.	교활한
10 85	allure	그녀는 타고난 **얼루어** 를 가진 연예인이다.	매력
10 86	complication	당뇨병의 대표적 **캄**플리케**이션** 은 눈의 실명이다.	합병증
10 87	resent	그녀는 평론가의 신랄한 비평에 **리**젠트 했다.	분개하다
10 88	amiable	내 이상형은 에**미어블** 하고 잘 생긴 남자다.	정감 있는
10 89	harmless	이 뱀은 독이 없어서 물어도 **함:**러스 하다.	해가 없는
10 90	extremely	이번 겨울은 찬 공기 때문에 **익스트림:리** 춥다.	극도로
10 91	rekindle	그의 막말이 그녀의 분노를 **리:킨들** 했다.	다시 불붙이다
10 92	reasonable	난 식당 음식 가격이 **리:즈너블** 해서 자주 간다.	적정한
10 93	estate	그는 주식보다 **이스**테일 에 돈을 투자했다.	토지
10 94	chronically	도로가 1차선이라 **크라:니클리** 정체가 심하다.	만성적으로
10 95	tin	청동은 구리와 **틴** 의 합금인 금속이다.	주석
10 96	execute	군중은 살인자를 **엑시큐:트** 하라고 요구했다.	처형하다
10 97	instructive	난 재미도 있고 **인스트럭티브** 한 책을 찾았다.	교육적인
10 98	grilled	그는 **그릴드** 새우와 오징어를 안주로 먹었다.	그릴에 구운
10 99	quest	과학자는 새로운 지식을 위한 **퀘스트** 를 계속했다.	탐구
11 00	bemoan	유가족이 그의 갑작스러운 죽음을 **비모운** 했다.	한탄하다

subterfuge	bemoan	sneaky	precipitation	vex
paddle	rodent	passionate	condemn	precondition
sparse	intern	nobility	reasonable	instructive
account	rely	tin	dominion	deplore
execute	extraction	detour	flicker	exalt
chronically	sanitary	solemn	slither	extremely
edible	complication	rekindle	tangle	spendthrift
blast	estate	claim	alienation	continental
prodigal	upright	stimulation	bribe	resent
offensive	apprehend	senator	pang	fortitude
fore	assert	obvious	trillion	diseased
fragment	tenacious	wedge	essentially	condense
quest	elderly	preheat	sarcastic	unanimity
landfill	dullness	implicate	drool	hub
allure	diagnose	honored	malcontent	negligible
warrant	scribble	anticlockwise	apex	depreciate
obstruct	mathematics	technology	harmless	momentum
antipathy	invoke	glimpse	minority	granted
ornament	decadent	grace	amiable	grilled
renounce	amusement	interpersonal	juvenile	demonstrate

11 01	enroll	그녀는 취업을 위해 실업자 교육에 **엔로울** 했다	등록하다
11 02	solvent	페인트는 휘발유라는 **살:번트** 에서 잘 녹는다.	용제
11 03	insight	철학자는 인간에 대한 날카로운 **인사잍** 가 있다.	통찰력
11 04	personnel	사장이 임금 인상에 관해 **퍼:서넬** 과 면담을 했다.	직원들
11 05	nun	신부와 **넌** 이 성당에서 예배를 드리고 있다.	수녀
11 06	desertification	**디저:티피케이션** 을 막기 위해 나무를 심었다.	사막화
11 07	resemblance	그들은 쌍둥이지만 **리젬블런스** 가 전혀 없다.	비슷함
11 08	manufacturer	유통업체가 **매뉴팩쳐러** 에 과자를 주문했다.	제조사
11 09	philosophy	**필라:서피** 란 인간의 정신을 연구하는 학문이다.	철학
11 10	govern	현 대통령은 국가를 민주적으로 **거번** 했다.	통치하다
11 11	stance	정부 정책에 대해 정치인이 **스탠스** 을 밝혔다.	입장
11 12	prophesy	점쟁이가 나의 운명을 미리 **프라:퍼시** 했다.	예언하다
11 13	colleague	내 **칼:리그** 는 회사에서 제일 일을 잘한다.	동료
11 14	exceed	그의 성취는 우리 기대를 훨씬 **익시:드** 했다.	초과하다
11 15	punctuate	작가는 마침표와 쉼표를 **펑츄에잍** 하는 법을 안다.	구두점을 찍다
11 16	brook	아이들이 숲속 **브룩** 에서 가재와 물고기를 잡았다.	개울
11 17	reproach	난 그의 게으름과 무성의를 **리프로우취** 했다.	비난하다
11 18	mighty	헐크는 차를 던질 만큼 **마이티** 한 거인이다.	힘센
11 19	organize	재난위원회는 긴급 구조팀을 **오거나이즈** 했다.	조직하다
11 20	fateful	그날 파티에서 두 남녀의 만남은 **페잍플** 이었다.	운명적인

11 21	supreme	육군참모총장은 육군에서 **수:프림:** 의 지휘관이다.	최고의
11 22	flex	수영하기 전 팔과 다리를 충분히 **플렉스** 해야 한다.	몸을 풀다
11 23	mistrust	우리는 절도사건 때문에 서로를 **미스트러슽** 했다.	의심하다
11 24	projection	경제성장률이 정부의 연초의 **프러젝션** 과 비슷하다.	예상
11 25	comprehension	중학생이 영어 시간에 **캄:프리헨션** 시험을 봤다.	이해력
11 26	refrigerate	신선도를 위해서 우유를 **레프리져레잍** 했다.	냉장하다
11 27	prosperity	국가의 **프라:스페러티** 는 경제와 정치에 달렸다.	번영
11 28	librarian	도서관 **라이브레리언** 이 나에게 책을 대출해 줬다.	사서
11 29	convenience	당신이 **컨비니언스** 한 시간에 전화를 해주세요.	편리
11 30	posterity	우린 **파:스테러티** 를 위해 문화유산을 보전한다.	후세
11 31	entreat	포로가 적군에게 풀어달라고 **엔트리:트** 했다.	간청하다
11 32	skepticism	난 이번 군사작전에 대해 **스켑터시즘** 이 들었다.	회의
11 33	demerit	그의 계획에는 장점도 있고 **디메맅** 도 있다	단점
11 34	prompt	이 쇼핑몰의 장점은 상품의 **프람:트** 한 배달이다.	즉각적인
11 35	auditory	헬렌은 시각과 **오:더토리** 의 문제가 있었다.	청각의
11 36	whine	아기가 넘어진 다음, 아프다고 **와인** 하고 있다.	징징거리다
11 37	sodium	고혈압 환자는 **소우디엄** 섭취를 조심해야 한다.	나트륨
11 38	eyesore	신데렐라는 계모에게 **아이소:어** 처럼 취급받았다.	보기 싫은 것
11 39	physical	이 일은 정신적, **피지클** 노력 모두를 요구한다.	육체의
11 40	severity	평화의 소중함은 전쟁의 **서베러티** 을 겪으면 안된다.	혹독함

11 41	shrine	순례자는 예루살렘의 **쉬라인** 를 방문할 것이다.	성지
11 42	charlatan	그는 **샬:러턴** 의사에게 성형수술을 받고 고생했다.	허풍선이
11 43	affirmative	그녀는 내 청혼에 **어퍼:머티브** 한 반응을 보였다.	긍정의
11 44	flourish	석유발굴로 한국경제가 **플러:리쉬** 하길 바란다	번성하다
11 45	crater	화산 폭발로 산 정상에 **크레이터** 가 생겼다.	분화구
11 46	sift	그녀는 잃어버린 반지를 위해 흙을 **시프트** 했다.	체로 거르다
11 47	vegetation	산 언덕이 울창한 **베져테이션** 으로 뒤덮여 있다.	초목
11 48	piteous	구호단체는 **피티어스** 한 피난민에게 담요를 주었다.	불쌍한
11 49	recollect	그녀는 나의 이름을 간신히 **레:컬렉트** 했다.	기억해내다
11 50	unrest	정치의 **언레슽** 은 경제의 **언레슽** 으로 이어진다.	불안
11 51	accumulation	그는 사업 성공으로 재산을 **어큐뮬레이션** 했다.	축적
11 52	void	마음의 **보이드** 을 채울 수 있는 것은 사랑이다.	공백
11 53	equality	공평 사회는 기회의 **이콸러티** 를 보장해야 한다.	평등
11 54	grimace	그는 불쾌하고 역겨운 냄새에 **그리머스** 했다.	얼굴을 찡그리다
11 55	mature	그녀는 나이에 비해서 행동이 **머쳐** 해 보인다.	성숙한
11 56	recession	장기 **리세션** 때문에 실업자가 대량 발생했다.	불황
11 57	postmark	우체국은 각 편지에 **포우스마:크** 를 찍는다.	소인
11 58	thunderbolt	나는 썬**더보울트** 맞은 나무로 도장을 만들었다.	벼락
11 59	railing	한강 다리의 **레일링** 에서 누군가 자살하려고 했다.	난간
11 60	radical	옛날에 지구가 돈다는 것은 **래디컬** 한 사상이었다.	급진적인

11 61	tyranny	국민이 **티러니** 에 맞서 싸워서 자유를 쟁취했다.	독재
11 62	repel	우리는 적을 **리펠** 위해 새로운 전략이 필요하다.	물리치다
11 63	designated	그는 데**지그네이티드** 타자로서 홈런을 쳤다.	지정된
11 64	employee	고용주는 **임플로이이** 에게 매달 월급을 지급한다.	종업원
11 65	compartment	흡연은 정해진 **컴파:트먼트** 에서만 허락된다.	구획
11 66	verify	경찰은 범인의 이름을 **베러파이** 하는 데 성공했다.	확인하다
11 67	fatality	이번 테러로 인한 **퍼탤러티** 는 50명이 넘는다.	사망자
11 68	midst	유명 가수가 군중의 **미스트** 에서 노래를 불렀다.	한가운데
11 69	transit	석유를 배로 **트랜짙** 하는 데 막대한 비용이 든다.	수송
11 70	providence	순교자는 본인의 죽음을 **프라비던스** 로 생각한다.	신의 섭리
11 71	implicit	군인은 국가를 위해 **임플리싵** 충성을 맹세했다.	절대적인
11 72	assertion	그의 근거 없는 **어서:션** 은 완전히 무시되었다.	주장
11 73	scrutiny	경찰은 사고에 대해 **스크루:티니** 하는 중이다.	정밀조사
11 74	screech	목격자는 자동차 브레이크의 **스크리:취** 를 들었다.	날카로운 소리
11 75	impatient	급한 볼일 있는 난 느린 버스에 **임페이션트** 했다.	안달하는
11 76	perilous	옆은 낭떠러지인 이 등산로는 매우 **페릴러스** 하다.	위험한
11 77	pathetic	난 굶고 있는 **퍼쎄틱** 한 아이에게 먹을 것을 줬다.	불쌍한
11 78	unstable	화학 용액들이 **언스테이블** 하니 주의해서 다뤘다.	불안정한
11 79	captivate	관중은 그녀의 살사 춤에 완전히 **캡터베잍** 되었다.	매혹하다
11 80	lodge	차를 빼야 할지 몰라서 차 키를 **라쥐** 에 맡겼다.	관리실

11 81	noticeable	그의 염색한 빨간 머리는 **노우티서블** 했다.	눈에 띄는
11 82	haunt	폐허가 된 성에 유령이 가끔 **혼:트** 한다고 한다.	귀신이 나타나다
11 83	irritating	도서실에서 키보드 소리는 이**러테이팅** 한 소리다.	짜증나게 하는
11 84	souvenir	난 여행을 가면 **수:버니어** 가게에서 특산물을 산다.	기념품
11 85	lateral	교도관은 범죄자의 정면과 래**터럴** 모습을 찍었다.	측면의
11 86	consequently	오늘 난 늦잠을 잤다. 칸**서퀜틀리** 난 학교에 늦었다.	결과적으로
11 87	evacuation	태풍으로 주민에게 **이배큐에이션** 명령이 내려졌다.	대피
11 88	resistant	소방관은 불에 **리지스턴트** 한 재질로 옷을 만든다.	~에 잘 견디는
11 89	rhetoric	난 그녀에게 아첨하려고 온갖 레**터릭** 을 늘어놨다.	미사여구
11 90	habitual	그녀는 남편의 **허비츄얼** 한 음주를 걱정했다.	습관적인
11 91	pollute	자동차의 배기가스가 공기를 **펄루:트** 한다.	오염시키다
11 92	uneven	건설업체가 **언이:븐** 한 비포장도로를 편평하게 했다.	울퉁불퉁한
11 93	recipient	택배 물건이 **리시피언트** 에게 정확히 배달되었다.	수령인
11 94	microbial	현미경으로 **마이크로우비얼** 의 움직임을 관찰했다.	미생물의
11 95	interrupt	내가 공부하는 동안 남동생이 계속 **인터럽트** 했다.	방해하다
11 96	inquire	난 중개인에게 아파트 시세에 대해 **인콰이어** 했다.	묻다
11 97	dissipation	운동에너지는 어느 정도 열로 **디서페이션** 을 한다.	소멸
11 98	fridge	그녀는 신선한 과일과 우유를 **프리쥐** 에 보관한다.	냉장고
11 99	attribution	드래곤은 원래 불의 **애트러뷰:션** 을 가지고 있다.	속성
12 00	deathbed	모든 가족이 아버지의 마지막 데**쓰베드** 를 지켰다.	임종

Review Test

impatient	deathbed	employee	sodium	thunderbolt
assertion	prophesy	haunt	perilous	colleague
supreme	exceed	verify	repel	manufacturer
midst	implicit	resemblance	interrupt	prosperity
piteous	compartment	postmark	grimace	punctuate
charlatan	transit	brook	nun	affirmative
mistrust	reproach	crater	whine	rhetoric
providence	inquire	screech	physical	eyesore
lateral	stance	resistant	noticeable	flourish
pollute	personnel	radical	attribution	severity
posterity	uneven	evacuation	lodge	insight
unrest	solvent	fatality	shrine	microbial
skepticism	organize	comprehension	projection	sift
mature	pathetic	captivate	accumulation	entreat
dissipation	philosophy	irritating	convenience	fridge
railing	auditory	librarian	unstable	desertification
recipient	vegetation	prompt	demerit	recollect
scrutiny	designated	souvenir	govern	enroll
consequently	flex	recession	tyranny	habitual
equality	mighty	fateful	void	refrigerate

12 01	vanguard	장군이 용감하게 **뱅가:드** 에 서서 적과 싸웠다.	선봉
12 12	abstract	그의 계획은 아직 구체적이 아닌 **앱스트랙트** 하다.	추상적인
12 03	confidential	첩자가 대사관에서 **칸:피덴셜** 서류를 몰래 훔쳤다.	비밀의
12 04	immovable	그녀는 우승한 이후 **이무:버블** 한 자신감을 가졌다.	확고한
12 05	territorial	중국과 일본 사이에 **테러토리얼** 분쟁이 발생했다.	영토의
12 06	acquired	경험을 통해 **어콰이어드** 된 지혜는 중요하다.	습득한
12 07	plead	범인은 재판관에게 자비를 **플리:드** 했다.	애원하다
12 08	supernatural	슈퍼맨은 **수:퍼내츄럴** 한 힘을 타고 났다.	초자연적인
12 09	fragrance	그녀는 장미 **프레이그런스** 나는 샴푸를 사용한다.	향기
12 10	pest	난 **페스트** 를 박멸하려고 해충 약을 방에 뿌렸다.	해충
12 11	mobility	탱크가 뛰어난 화력과 **모우빌리티** 을 자랑한다.	이동성
12 12	childhood	노년 시절의 사람은 **촤일드후드** 를 그리워한다.	어린 시절
12 13	pregnancy	내 아내는 **프레그넌시** 동안 입덧으로 고생했다.	임신
12 14	estuary	**에스츄어리** 는 강과 바다가 만나는 넓은 곳이다.	강어귀
12 15	devour	거지가 남이 남긴 음식을 **디바:우어** 했다.	게걸스레 먹다
12 16	amenity	미장원과 가게는 기본적인 **어메너티** 중 하나다.	생활 편의시설
12 17	erratic	장마철에는 날씨가 **이래틱** 해서 우산을 휴대한다.	변덕스러운
12 18	prehistory	**프리:히스트리** 란 기록된 정보가 없는 역사다.	선사시대
12 19	particle	이 진공청소기는 먼지 **파:티클** 를 잘 흡입한다.	입자
12 20	persistent	그의 성공의 절대 요인은 **퍼시스턴트** 한 노력이다.	끈질긴

12 21	hospitable	우리는 낯선 사람들에게도 매우 **하**스피터블 했다.	친절한
12 22	periphery	놀이공원 **퍼리**퍼리 에 높은 건물들이 지어졌다.	주변
12 23	premise	그의 이론은 잘못된 **프레**미스 에서 시작됐다.	전제
12 24	bureaucrat	검찰이 정부의 **뷰러크뤳** 을 부패혐의로 조사했다.	관료
12 25	obnoxious	그녀의 향수는 **업낙**셔스 냄새가 나서 코를 막았다.	아주 불쾌한
12 26	swipe	야구선수가 방망이로 야구공을 **스와잎** 했다.	후려치다
12 27	asteroid	**애**스터로이드 의 충돌로 공룡이 멸종했다고 한다.	소행성
12 28	profession	그는 의사라는 **프러페션** 에 대해서 대단히 만족한다.	직업
12 29	shipwreck	선원들은 구명보트를 타고 제때 **슆렉** 을 탈출했다.	난파선
12 30	differentiate	이성과 감성이 인간을 짐승과 **디퍼렌쉬에잍** 한다.	구별하다
12 31	defensible	그가 도둑질한 것은 **디펜**서블 못할 정도로 나쁘다.	옹호할 수 있는
12 32	rigor	피난민은 집도 없이 겨울의 **리거** 을 견뎌내야 했다.	혹독함
12 33	abort	종교는 임산부가 **어보:트** 하는 걸 금지하는 편이다.	낙태시키다
12 34	malnutrition	과도한 다이어트는 **맬누:트리션** 을 일으킬 수 있다.	영양실조
12 35	ratify	국회는 미국과의 자유무역협정을 **래티파이** 했다.	승인하다
12 36	unwary	**언웨리** 한 민수는 길을 걷다 웅덩이에 빠졌다.	부주의한
12 37	cluster	한 **클러스터** 의 구경꾼들이 그의 주위에 모였다.	무리
12 38	logic	내 생각에 그의 우주생성이론은 **라쥑** 이 부족하다.	논리
12 39	claw	독수리가 강한 **클로:** 로 다람쥐를 낚아챘다.	발톱
12 40	nourishment	엄마의 모유는 아기에게 **너:리쉬먼트** 를 제공한다.	영양분

12 41	misery	그 정치가는 타국에서 미**저리** 를 참으며 살았다.	비참함
12 42	format	난 어르신을 위한 **포:맷** 으로 큰 책을 출간했다.	형식
12 43	fraudulent	그는 주식에서 **프로:줄런트** 정보에 속아 파산했다.	사기의
12 44	modifier	부사는 형용사와 동사를 꾸며주는 모**디파이어** 다.	수식어
12 45	monarch	아서는 귀족에 의해 절대적 **마:너크** 로 추대되었다.	군주
12 46	spontaneously	빌 게이츠는 **스판:테이니어슬리** 전 재산을 기부했다.	자발적으로
12 47	commend	모든 사람이 그의 기부에 대해서 **커멘드** 했다.	칭찬하다
12 48	enlarge	노인이 돋보기로 작은 글자를 **인라:쥐** 했다.	확대하다
12 49	prior	파티 입장을 위해서는 **프라이어** 승인이 필요하다.	사전의
12 50	plight	그는 여권을 잃어버려 공항에서 **플라잍** 에 처했다.	곤경
12 51	erode	오랜 세월 비바람에 성당이 **이로우드** 되었다.	침식시키다
12 52	hopelessly	이제 희망이 없다고 그는 **호우플리슬리** 말했다.	절망적으로
12 53	household	그녀가 **하우스호울드** 의 경제를 책임지고 있다.	가정
12 54	bliss	가족의 **블리스** 를 위해서 아빠와 엄마가 노력했다.	행복
12 55	solitude	난 혼자 **살러투:드** 를 즐기는 대신 모임에 갔다.	고독
12 56	diffuse	빨리 소문을 **디퓨:즈** 하는데 SNS가 자주 활용된다.	확산시키다
12 57	revolt	거리의 **리보울트** 는 군대에 의해서 곧 진압되었다.	폭동
12 58	boastful	그녀는 마라톤 우승에 대해서 **보우스플** 한다.	자랑하는
12 59	terribly	내가 불편을 끼친 것에 대해 **테러블리** 미안했다.	대단히
12 60	foothold	암벽등반가는 절벽에서 **풀호울드** 를 확보했다.	발 디딜 곳

12 61	cruise	l 거대한 여객선이 해안선을 따라 **크루:즈** 했다.	l 순항하다
12 62	judicious	l 그는 새로운 사업에 **쥬디셔스** 한 접근을 했다.	l 신중한
12 63	ordain	l 교황은 그를 차기 추기경으로 **오:데인** 했다.	l 임명하다
12 64	legislate	l 국회는 음주운전을 금하는 법을 **레쥐슬레잍** 했다.	l 법률을 정하다
12 65	competence	l 그는 지도자로서의 **캄:피턴스** 을 가지고 있다.	l 능력
12 66	remarkably	l 이 시계는 **리마:커블리** 정확한 것으로 유명하다.	l 매우
12 67	accumulate	l 그는 부동산 투자로 재산을 **어큐:뮬레잍** 했다.	l 축적하다
12 68	convergent	l 그들의 의견은 토론 후 동의로 **컨버:젼트** 했다.	l 한 점에 모이는
12 69	refreshment	l 나는 손님에게 간단한 **리프레쉬먼트** 를 제공했다.	l 다과
12 70	periodic	l 정수기에 대해서 **피리아:딕** 한 점검이 이루어진다.	l 주기적인
12 71	nominal	l 그는 **나:미늘** 한 황제였고 실질적인 힘은 없었다.	l 이름뿐인
12 72	luminescent	l 반딧불이는 밤에 **루:머네슨트** 하는 생물이다.	l 발광하는
12 73	duchess	l 켄트 공작과 **더쳐스** 가 왕과 왕비를 만나러 왔다.	l 공작부인
12 74	friction	l 물체 간의 **프릭션** 으로 물체는 정지하게 된다.	l 마찰
12 75	prejudice	l 우리는 흑인에 대해서 **프레쥬디스** 가 있다.	l 편견
12 76	oversee	l 지자체는 대통령선거를 공정하게 **오우버시:** 했다.	l 감독하다
12 77	noiseless	l 도서관은 공부하는 학생들로 **노이즐러스** 였다.	l 소음이 없는
12 78	straightforward	l 졸업증명서는 **스트레잍포:워드** 절차로 발급된다.	l 간단한
12 79	alienate	l 그의 독선적인 행동은 추종자를 **에일리어네잍** 했다.	l 멀어지게 하다
12 80	affinity	l 수의사는 애완견에 대해 **어피니티** 를 가지고 있다.	l 호감

12 81	trainee	외국인이 산업 **트레이니:** 로 공장에서 일했다.	연수생
12 82	institution	이 학원은 교육 **인스티투:션** 에 등록되어 있다.	협회
12 83	triplicate	그녀는 계약 서류를 **트리플러케잍** 준비했다.	3통
12 84	intensify	지난밤 폭설로 교통체증이 **인텐서파이** 되었다.	강화하다
12 85	eruption	화산의 **이렆션** 과 함께 용암이 하늘로 솟구쳤다.	폭발
12 86	assimilation	신입생이 우리 모임에 빠르게 **어시멀레이션** 했다.	동화
12 87	reception	우리는 신입회원을 위해서 **리셒션** 을 열었다.	환영회
12 88	cease	소대장이 병장에게 사격을 **시:스** 하라고 명령했다.	그만두다
12 89	shortcoming	그는 말을 더듬는 **숄:커밍** 을 장점으로 활용했다.	단점
12 90	mode	심리학자는 범죄자의 행동 **모우드** 을 연구했다.	방식
12 91	portrait	그는 기업인의 **포:트맅** 을 전문으로 그리는 화가다.	초상화
12 92	stack	우린 무너진 벽돌 **스택** 에서 생존자를 찾았다.	더미
12 93	forth	주인을 보자 개가 꼬리를 **포:쓰** 와 뒤로 흔들었다.	앞으로
12 94	interstice	소나무가 바위 사이의 **인터스티스** 에서 자랐다.	작은 틈
12 95	cogent	검사는 법정에서 **코우젼트** 한 증거를 제시했다.	설득력 있는
12 96	mollify	그의 열정적인 연설은 성난 군중을 **말러파이** 했다.	진정시키다
12 97	basin	그녀는 머리를 감기 위해 **베이슨** 에 물을 받았다.	대야
12 98	resignation	그는 **레지그네이션** 서류를 인사과에 제출했다.	사직
12 99	draft	나는 계약서 **드래프트** 를 검토한 후 수정했다.	초안
13 00	luxury	명품과 **럭셔리** 의 생활은 젊은 사람을 타락시킨다.	사치

Review Test

prejudice	ordain	cluster	monarch	abort
resignation	judicious	luminescent	erode	differentiate
revolt	shortcoming	pest	prior	interstice
format	hopelessly	periodic	amenity	nourishment
devour	boastful	affinity	cogent	claw
household	draft	abstract	legislate	bureaucrat
stack	friction	bliss	convergent	eruption
shipwreck	luxury	fraudulent	profession	enlarge
commend	vanguard	malnutrition	persistent	refreshment
pregnancy	asteroid	cruise	estuary	nominal
alienate	mode	trainee	noiseless	straightforward
prehistory	reception	modifier	spontaneously	plead
periphery	basin	hospitable	territorial	diffuse
remarkably	unwary	erratic	oversee	duchess
defensible	obnoxious	foothold	accumulate	swipe
fragrance	assimilation	immovable	logic	misery
confidential	intensify	ratify	mollify	terribly
plight	portrait	triplicate	mobility	premise
forth	competence	childhood	institution	rigor
supernatural	acquired	particle	cease	solitude

13 01	mainland	테러범이 미국의 메**인랜드** 를 자살 공격했다.	본토
13 12	forerunner	그 가수는 현대 대중음악의 포**:러너** 라 불린다.	선구자
13 03	phobia	그녀는 높은 장소에 대한 포**우비어** 가 있다.	공포증
13 04	aviation	**에이비**에이션 산업에는 비행기 제작도 포함된다.	항공
13 05	intimidating	불량배가 **인티미데이팅** 한 태도로 시민을 협박했다.	겁을 주는
13 06	unbearable	난 **언베어러블** 한 두통 때문에 진통제를 먹었다.	견딜 수 없는
13 07	unconscious	응급실에 있던 환자가 갑자기 **언칸:셔스** 되었다.	의식을 잃은
13 08	martial	그는 도장에서 쿵푸와 같은 **마:셜** 기술을 익혔다.	싸움의
13 09	presentation	그녀는 고객들에게 신제품 **프리:젠테이션** 을 했다.	발표
13 10	murmur	그는 그녀의 귀에 대고 작은 목소리로 **머:머** 했다.	속삭이다
13 11	consistency	그의 근면함은 언제나 **컨시스턴시** 가 있다.	한결같음
13 12	effectiveness	그 약의 **이펙티브니스** 은 먹어 본 사람이 말한다.	효과적임
13 13	culminate	그의 주식 투자는 결국 파산으로 **컬머네잍** 했다.	~로 끝이 나다
13 14	encroach	적군이 인접한 영토를 무단으로 **인크로우취** 했다.	침해하다
13 15	brace	그는 차 사고로 목을 다쳐서 목 **브레이스** 를 했다.	버팀대
13 16	condolence	난 장례식에서 유가족에게 **컨도울런스** 를 표했다.	조의
13 17	magnification	곤충은 현미경으로 **매그너피케이션** 해서 관찰한다.	확대
13 18	promptly	소방차가 5분 만에 **프람:플리** 화재현장에 도착했다.	신속히
13 19	whereabouts	검찰은 CCTV로 범인의 **웨러바우츠** 를 파악했다.	소재
13 20	wholesome	요리사가 호**울섬** 재료로 웰빙 음식을 만들었다.	건강에 좋은

13 21	combustion	이번 산불은 바람의 자연적인 **컴버스쳔** 이었다.	연소
13 22	solidification	**설리더피케이션** 이란 액체가 고체로 변하는 것이다.	응고
13 23	ideological	우리는 자본주의란 **아이디얼라쥐컬** 정체성이 있다.	이념적인
13 24	proceeds	가수는 이번 공연의 **프로우시:즈** 을 모두 기부했다.	수익금
13 25	wasteful	나는 옷에 **웨이스플** 하는 바람에, 저축을 못 했다.	낭비하는
13 26	membrane	세포는 **멤브레인** 을 통해 영양분을 전달받는다.	세포막
13 27	temptation	흡연과 도박의 **템테이션** 에 넘어가선 안 된다.	유혹
13 28	truce	전쟁 중이던 두 나라는 마침내 **트루:스** 을 맺었다.	휴전
13 29	unfairly	직장에서 **언페얼리** 대우를 받았다고 불평했다.	불공평하게
13 30	destined	그 커플은 처음부터 헤어질 **데스틴드** 이었다.	~할 운명인
13 31	fling	마을 주민들은 무서운 괴물을 향해 돌을 **플링** 했다.	던지다
13 32	pollinate	벌들이 사과 꽃을 **팔:러네잍** 해야 열매가 열린다.	수분시키다
13 33	outdo	그는 복싱에서 힘과 기술로 경쟁자를 **아웉두:** 했다.	능가하다
13 34	ecstasy	그는 백두산의 웅장한 경치에 **엑스터시** 를 느꼈다.	황홀경
13 35	alternate	운전기사는 **올:터네잍** 한 시스템으로 운전을 했다.	번갈아 나오는
13 36	ripple	잔잔한 호수에 돌을 던지니 **리플** 이 발생했다.	잔물결
13 37	favorably	그의 책들은 독자들에게 **페이버러블리** 평가되었다.	호의적으로
13 38	measles	내 아들은 소아과에서 **미:즐즈** 예방 주사를 맞았다.	홍역
13 39	poverty	난 열심히 일해서 **파버티** 을 벗어나서 부유해졌다.	빈곤
13 40	derive	그는 독서로부터 즐거움과 지식을 **디라이브** 한다.	얻다

13 41	intrusion	그는 무단 **인트루:젼** 을 알리는 경보기를 설치했다.	침입
13 42	stern	그는 마음씨 좋지만 실수에 대해선 매우 **스턴:** 하다	엄격한
13 43	flatten	건설 인부가 불도저로 도로를 **플랱은** 했다.	납작하게 만들다
13 44	poetry	진달래꽃이란 **포우트리** 는 이별의 아픔을 담았다.	시
13 45	delegate	그녀는 야당의 **델리게잍** 로 국회에서 연설했다.	대표자
13 46	expand	청소년 수련원은 농구장등 시설을 **엑스팬드** 했다.	확장하다
13 47	register	부모님이 출생신고를 주민센터에서 **레쥐스터** 했다.	신고하다
13 48	flipper	오리의 발에는 **플리퍼** 가 있어서 헤엄치기 쉽다.	물갈퀴
13 49	architect	그 **아:커텍트** 가 서울의 최고층 빌딩을 건설했다.	건축가
13 50	fascinating	난 졸업파티에서 **패서네이팅** 한 여자를 만났다.	매력적인
13 51	rebound	축구공이 아쉽게도 골대를 맞고 **리바운드** 했다.	다시 튀다
13 52	catastrophic	로미오와 줄리엣은 **캐터스트라픽** 인 결말로 끝났다.	비극적인
13 53	preliminary	난 리모델링을 위해 **프릴리미네리** 견적을 받았다.	예비의
13 54	distinguished	그녀는 고고학 분야에서는 **디스팅귀쉴** 학자다.	뛰어난
13 55	harden	도공은 몇 번씩 열과 바람으로 도자기를 **하:든** 했다.	단단하게 하다
13 56	affection	불량 청소년의 근본적인 문제는 **어펙션** 의 결핍이다.	애정
13 57	efficacy	이 약초는 불면증에 놀라운 **에피커시** 가 있다.	효험
13 58	illusionist	**일루:져니슽** 가 관중 앞에서 마술을 부렸다.	마술사
13 59	overview	강사가 오늘 강의의 **오우버뷰:** 를 미리 나눠줬다.	개요
13 60	adore	종교인은 진심으로 부처와 예수를 **어도:어** 한다.	숭배하다

13 61	airy	우리 집 다락방은 작지만, 햇빛이 들고 **에리** 했다.		통풍이 잘되는
13 62	evident	그는 **에비던트** 증거에 절도죄를 순순히 자백했다.		분명한
13 63	diffident	그녀는 **디피던트** 하고 내성적인 성격이다.		소심한
13 64	inflate	나는 파티를 위해서 많은 풍선을 **인플레잍** 했다.		부풀리다
13 65	historic	시민단체는 **히스토:맄** 건물의 보전을 주장했다.		역사적인
13 66	banish	그 선비는 잘못해서 시골로 강제 **배니쉬** 되었다.		추방하다
13 67	grunt	그는 해야 할 일이 너무 많다고 항상 **그런트** 한다.		불평하다
13 68	sane	그가 **세인** 이라면, 내게 거짓말을 하지 않았을 것이다.		제정신의
13 69	opposite	그녀는 작별 인사 후 두말없이 **아퍼짙** 방향으로 갔다.		반대편의
13 70	virtually	포로송환 작전은 **버:츄얼리** 불가능하다고 말했었다.		사실상
13 71	aversion	그녀는 집에서 뱀을 키우는 것에 **어버:젼** 을 가졌다.		혐오감
13 72	humble	그는 **험블** 한 가문에서 태어나 당당히 성공했다.		비천한
13 73	applicable	이월상품에만 50% 할인이 **애플리커블** 되었다.		해당되는
13 74	embody	아폴로 우주선은 우주 탐험의 꿈을 **임바:디** 했다.		실현하다
13 75	willpower	운동선수가 **윌파우어** 를 가지고 고통을 이겨냈다.		의지력
13 76	furnishing	난 사무실에 필요한 **퍼:니슁** 을 온라인주문 했다.		비품
13 77	drastic	내 상사는 나의 **드래스틱** 한 추진력을 칭찬했다.		과감한
13 78	observant	범인은 경찰의 **업저:번트** 한 눈을 피하지 못했다.		주의 깊은
13 79	monumental	그는 **마:뉴멘틀** 한 나무를 청와대의 정원에 심었다.		기념비적인
13 80	disposable	우리 회사는 **디스포우저블** 컵의 사용을 제한한다.		일회용의

13 81	remorse	그는 자신의 잘못에 대해 깊은 **리모:스** 를 느꼈다.	후회
13 82	maximize	난 수익을 **맥서마이즈** 하려고 생산비용을 줄였다.	극대화하다
13 83	preparation	그는 기말시험에 대한 **프레퍼레이션** 으로 바쁘다.	준비
13 84	retrieve	집주인은 도둑맞은 고려청자를 **리트리:브** 했다.	회수하다
13 85	financial	그는 사업 실패로 **파이낸셜** 에 어려움을 겪고 있다.	재정의
13 86	literally	유령을 본 그녀는 **리터럴리** 숨이 멎는 것 같았다.	글자 그대로
13 87	savor	카레 과자가 진짜 카레와 비슷한 **세이버** 가 났다.	맛
13 88	session	신입 사원 연수 **세션** 동안 개인 활동은 금지다.	기간
13 89	folly	친구를 속이려고 했던 나의 **팔리** 가 부끄럽다.	어리석음
13 90	cue	배우들이 감독의 시작 **큐:** 에 연기를 시작했다.	신호
13 91	graduation	난 대학 **그래쥬에이션** 후 대학원에 진학했다.	졸업
13 92	ellipse	그녀의 얼굴 모양은 원이 아닌 **일맆스** 에 가깝다.	타원
13 93	revolting	**리보울팅** 한 냄새가 나서 모두 코를 손으로 막았다.	역겨운
13 94	tug	병사는 전차를 세우려고 말의 고삐를 **터그** 했다.	잡아당기다
13 95	restore	난 체력을 **리스토:어** 하려고 영양제를 먹었다.	회복시키다
13 96	coherence	그의 주장은 처음부터 끝까지 **코우히런스** 가 있다.	일관성
13 97	vitality	그녀의 몸짓에는 **바이탤러티** 과 열정이 가득하다.	활력
13 98	exhaust	그는 체력을 **이그조:스트** 했는지 축구 후 쓰러졌다.	다 소모하다
13 99	context	우린 **칸:텍스트** 을 통해 새 단어의 의미를 추측한다.	맥락
14 00	respire	산정상에선 공기가 적어서 **리스파이어** 하기 어렵다	호흡하다

folly	willpower	preparation	promptly	membrane
register	delegate	aversion	observant	proceeds
outdo	illusionist	combustion	applicable	evident
savor	session	vitality	whereabouts	financial
forerunner	destined	rebound	retrieve	tug
distinguished	literally	drastic	humble	furnishing
alternate	coherence	architect	derive	cue
presentation	historic	brace	martial	poverty
exhaust	truce	measles	harden	condolence
grunt	flipper	sane	encroach	wholesome
preliminary	magnification	pollinate	revolting	wasteful
solidification	monumental	ellipse	affection	overview
stern	adore	effectiveness	graduation	diffident
ripple	culminate	ideological	flatten	context
favorably	disposable	ecstasy	unbearable	restore
maximize	unfairly	intimidating	banish	consistency
aviation	intrusion	fascinating	remorse	fling
murmur	mainland	temptation	catastrophic	expand
poetry	virtually	embody	inflate	phobia
efficacy	opposite	airy	unconscious	respire

14 01	athletic	l 차범근 축구선수 가족은 **애쓸레틱** 능력이 뛰어났다.	l 운동 경기의
14 02	loophole	l 그 변호사는 법의 **루:프호울** 을 알고 잘 악용한다.	l 빠져나갈 구멍
14 03	vouch	l 삼성은 제품품질을 **바우취** 하는 보증서를 제공했다.	보증하다
14 04	archery	l 우리나라 궁수들은 **아:쳐리** 에 남다른 재능이 있다.	l 활쏘기
14 05	incarnate	l 그 동네 불량배는 거의 악마의 **인카:네일** 이었다.	l 인간모습을 한
14 06	velocity	l 우린 KTX 열차의 달리는 **벌라:서티** 를 측정했다.	속도
14 07	paradox	l 급할수록 돌아가라는 **패러닥:스** 는 유명한 말이다.	역설
14 08	overturn	l 갑작스런 초강력 회오리가 버스를 **오우버턴:** 했다.	뒤집다
14 09	awfully	l 너의 귀중한 시간을 방해해서 **오:플리** 미안하다.	몹시
14 10	absolution	l 추기경은 그의 절도죄를 **앱설루:션** 해주었다.	용서
14 11	heave	l 역도선수가 역기와 아령을 가뿐히 **히:브** 했다.	들어 올리다
14 12	tack	l 그는 사내게시판에 **택:** 으로 승진공고문을 붙였다.	압정
14 13	spacecraft	l 무인 **스페이스크래프트** 가 우주로 날아갔다.	우주선
14 14	restoration	l 박물관이 훼손된 유물의 **레스터레이션** 에 힘썼다.	복원
14 15	pernicious	l 신약은 위궤양이라는 **퍼니셔스** 부작용을 일으켰다.	치명적인
14 16	antecedent	l B.C.는 예수 **앤티시:든트** 의 역사를 의미한다.	이전의
14 17	misplace	l 나는 자주 안경을 **미스플레이스** 해서 잃어버린다.	잘못 두다
14 18	strengthen	l 우린 침략에 맞서 국방력을 **스트렝쓴** 해야 한다.	강하게 하다
14 19	inaugurate	l 그녀는 초대 여성 대통령으로 **이나:거레일** 되었다.	취임하게 하다
14 20	devoid	l 그는 유머가 전혀 **디보이드** 한 따분한 젊은이다.	～이 없는

14 21	sculpt	조각가는 대리석으로 인어를 **스컬트** 했다.	조각하다
14 22	cliche	그의 "불이야" 하는 **클리쉐이** 한 속임수에 안 속았다.	상투적 것
14 23	degenerate	물질만능주의는 청소년들을 **디줴너레잍** 하게 한다.	타락시키다
14 24	paste	도배사가 **페이슽** 을 벽지에 골고루 발랐다.	풀 반죽
14 25	definitely	선물을 보내다니, **데퍼닐리** 그는 그녀를 좋아한다.	틀림없이
14 26	proliferate	곰팡이는 습한 환경에서 빨리 **프러리퍼레잍** 한다.	확산되다
14 27	related	경찰은 두 살인사건이 **릴레이티드** 되어있다고 봤다.	관련된
14 28	innermost	그에 대한 그녀의 **이너모우슽** 한 감정은 사랑이다.	가장 사적인
14 29	demonstration	군대가 **데먼스트레이션** 을 강제로 해산시켰다.	시위
14 30	devise	난 그녀를 계획에 참여시킬 방법을 **디바이즈** 했다.	고안하다
14 31	perfection	그녀는 꼼꼼해서 **퍼펙션** 을 추구하는 성향이 있다.	완벽
14 32	ultimate	누가 이 경기의 **얼티밑** 승리를 거둘지 아직 모른다.	최후의
14 33	subdue	고도비만인 그는 식욕을 **섭듀:** 하려고 수술을 했다.	억제하다
14 34	toil	일도 공부도 **토일** 없이는 아무도 성공할 수 없다.	수고
14 35	impulsive	그녀는 그때의 **임펄시브** 한 결정을 후회했다.	충동적인
14 36	disguise	탐정은 가짜 안경과 수염으로 **디스가이즈** 했다.	변장하다
14 37	uproot	나쁜 습관을 **엎루:트** 하려면, 진짜 각오가 필요하다.	근절하다
14 38	nursing home	노래봉사단은 **너:싱 호움** 의 어르신들을 방문했다.	양로원
14 39	unanimous	내 제안은 회원의 **유내니머스** 찬성으로 통과되었다.	만장일치의
14 40	magnitude	일본에서 방금 **매그니튜:드** 8의 지진이 발생했다.	지진 규모

14 41	implore	그는 피해자에게 간절히 용서를 **임플로:어** 했다.	간청하다
14 42	collectively	중학생들이 **컬렉티블리** 경주로 수학여행을 갔다.	집합적으로
14 43	introductory	난 소설책을 사자마자 **인트러덕터리** 의 글을 읽었다.	서두의
14 44	Jupiter	**쥬:피터** 는 화성과 토성 사이의 행성이다.	목성
14 45	encouragement	감독이 선수들에게 **인커:리쥐먼트** 의 말을 했다.	격려
14 46	subsidize	피난민들은 정부로부터 약간 **섭시다이즈** 받았다.	보조금을 주다
14 47	intention	원래 공부 중인 너를 방해할 **인텐션** 은 전혀 없었다.	의향
14 48	prescient	국가의 멸망을 말한 그는 **프레시언트** 한 사람이다.	선견지명이 있는
14 49	component	현대자동차의 **컴포우넌트** 산업이 점점 번창했다.	부품
14 50	lame	새끼 양이 절벽에서 떨어진 후 **레임** 하며 걸었다.	절뚝거리는
14 51	whizz	자동차들이 고속도로에서 무섭게 **위즈** 했다.	붕 지나가다
14 52	lavish	부자들이 고급 주택에서 **라비쉬** 생활을 했다.	호화로운
14 53	amplify	더 이상의 논쟁은 오해를 **앰플러파이** 할 뿐이다.	확대하다
14 54	everlasting	진시황은 **에버래스팅** 한 생명을 위해 약을 찾았다.	영원한
14 55	deformation	잘못된 자세는 척추의 **디포:메이션** 을 일으킨다.	변형
14 56	singularly	백설왕자는 백설공주를 **싱규럴리** 보고 싶어 했다.	몹시
14 57	reduction	난 비용 **리덕션** 을 위해 중고품으로 구매했다.	축소
14 58	humiliate	그는 사람들 앞에서 친구를 **휴:밀리에일** 했다.	창피를 주다
14 59	conscious	기절했던 환자가 다행히 다시 **칸:셔스** 되었다.	의식이 있는
14 60	maneuver	그는 게임에서 여러 가지 **머누:버** 로 상대를 이겼다.	책략

14 61	substantially	자동차가 정면충돌로 서로 **섭스**탠**셜리** 부서졌다.	상당히
14 62	negate	실험의 결과는 그의 이론을 **니게일** 한 꼴이 됐다.	부정하다
14 63	immerse	난 흰색 천을 노란 염료가 담긴 통에 이**머:스** 했다.	담그다
14 64	mistreatment	헨젤은 마녀의 **미스트릳:먼트** 를 피해서 도망쳤다.	학대
14 65	acquit	그는 살인 혐의에 대해 대법원에서 **어퀱** 받았다.	무죄를 선언하다
14 66	productivity	회사는 **프라:덕**티**비티** 향상을 위해 로봇을 도입했다.	생산성
14 67	disinterested	그 심판은 **디스인터레스티드** 한 판정을 내렸다.	사심이 없는
14 68	objection	난 불성실한 그가 회장을 맡는 것에 **업젝션** 했다.	반대
14 69	wasteland	이주민들은 농사를 위해 **웨**이슬**랜드** 를 개간했다.	황무지
14 70	oblivious	그녀는 관중을 **어블리비어스** 하고 연주에 몰두했다.	의식하지 못하는
14 71	dwindle	이번 강제추방 조치로, 불법 체류자가 **드윈들** 했다.	감소하다
14 72	conquest	히틀러 독재자는 세계 **캉:퀘슽** 의 계획을 세웠다.	정복
14 73	determine	우리는 제비뽑기로 발표순서를 **디터:민** 했다.	결정하다
14 74	personality	그녀는 외향적이며 쾌활한 **퍼:서낼러티** 을 가졌다.	성격
14 75	horrible	난 잠을 자다가 **호:러블** 한 악몽을 꾸고 잠이 깼다.	무서운
14 76	underscore	그녀는 **언더스코어** 로 중요한 낱말을 강조했다.	밑줄
14 77	hindrance	석유값의 고공행진은 경제 회복에 **힌드런스** 가 됐다.	방해
14 78	cancellation	집을 산 사람이 계약 **캔설레이션** 에 위약금을 냈다.	취소
14 79	cosmic	천문학은 **카:즈믹** 의 생성과 소멸을 연구한다.	우주의
14 80	photocopy	난 논문심사를 위해 서류를 **포우토우카:피** 했다.	복사하다

14 81	oar	선수들이 구호에 맞춰 카누의 **오:어** 를 저었다.	노
14 82	grease	기계공은 자전거 체인에 **그리:스** 를 쳤다.	윤활유
14 83	shelter	구호물자가 **쉘터** 에 있는 수재민들에게 전달됐다.	피난처
14 84	somber	**삼버** 한 지하실에서는 물건을 잘 찾을 수 없었다.	어둠침침한
14 85	imaginable	그를 설득하려고 **이매쥐너블** 한 모든 방법을 썼다.	상상 가능한
14 86	real estate	그는 토지나 아파트 같은 **리얼 이스테잍** 을 샀다.	부동산
14 87	intimacy	식사는 어색함을 없애고 **인티머시** 를 쌓게 해준다.	친밀함
14 88	sympathy	난 범죄자에게는 **심퍼씨** 가 전혀 느껴지지 않는다.	동정심
14 89	logical	그녀는 무작정 비난하기보단 **라쥐컬** 한 주장을 폈다.	논리적인
14 90	discipline	교장은 엄격한 **디서플린** 을 조금 느슨하게 개정했다.	규율
14 91	stimulus	약한 전기 **스티뮬러스** 을 줘서 통증을 줄인다	자극
14 92	constitute	빈부 격차는 사회 문제가 **칸스터튜:트** 될 수 있다.	~이 되다
14 93	agonizing	그는 우승한 뒤 **애거나이징** 한 훈련을 떠올렸다.	고통스러운
14 94	queue	그녀는 입장권을 끊으려고 긴 **큐** 의 뒤에 섰다.	기다리는 줄
14 95	timber	**팀버** 로 지은 오두막은 화재에 매우 취약하다.	목재
14 96	foul	난 하수구의 **파울** 한 냄새 때문에 코를 막았다.	더러운
14 97	stingy	구두쇠 할아버지는 기부에 대해서 **스틴쥐** 했다.	인색한
14 98	disqualify	위원회는 선수를 약물남용으로 **디스콸러:파이** 했다.	자격을 박탈하다
14 99	contagious	그는 다른 사람에게서 **컨테이져스** 한 병에 걸렸다.	전염되는
15 00	lifelong	그녀는 나의 **라이프롱:** 의 친구이자 멘토였다.	일생의

mistreatment	constitute	disguise	personality	somber
vouch	inaugurate	shelter	devoid	horrible
awfully	lame	disinterested	encouragement	antecedent
Jupiter	conquest	velocity	wasteland	hindrance
productivity	innermost	archery	timber	implore
lavish	disqualify	oblivious	intention	loophole
restoration	absolution	pernicious	uproot	underscore
intimacy	paradox	definitely	determine	subsidize
acquit	photocopy	degenerate	singularly	negate
real estate	sympathy	oar	unanimous	dwindle
collectively	paste	perfection	queue	strengthen
grease	stingy	agonizing	introductory	athletic
amplify	cancellation	ultimate	cosmic	proliferate
sculpt	stimulus	substantially	logical	reduction
imaginable	toil	objection	deformation	spacecraft
misplace	whizz	magnitude	discipline	impulsive
maneuver	incarnate	humiliate	devise	subdue
everlasting	conscious	demonstration	immerse	cliche
tack	prescient	lifelong	component	nursing home
overturn	related	foul	contagious	heave

15 01	vacancy	ㅣ 인사부의 **베이컨시** 를 채울 신입사원을 채용했다.	ㅣ	공석
15 02	opponent	ㅣ 그는 평생 자신의 **어포우넌트** 를 마침내 이겼다.	ㅣ	상대
15 03	ecosystem	ㅣ 환경오염이 조류 **이코우시스텀** 를 파괴하고 있다.	ㅣ	생태계
15 14	detain	ㅣ 경찰은 음주 운전자를 유치장에 **디테인** 했다.	ㅣ	구금하다
15 05	inhibit	ㅣ 기독교는 성도의 흡연과 음주를 **인히빝** 한다.	ㅣ	금지하다
15 06	consecution	ㅣ 경찰은 최근 강력 범죄의 **칸서큐:션** 에 당황했다.	ㅣ	연속
15 07	treaty	ㅣ 이란과 이라크는 즉시 평화 **트리:티** 를 맺었다.	ㅣ	조약
15 08	accurately	ㅣ 목격자가 범인의 인상착의를 **애큐럴리** 말했다.	ㅣ	정확히
15 09	sensible	ㅣ 그가 계약을 취소한 것은 **센서블** 한 판단이었다.	ㅣ	합리적인
15 10	locally	ㅣ 마을 축제가 **로우컬리** 그리고 전국적으로 열린다.	ㅣ	지역적으로
15 11	recline	ㅣ 지하철에서 그녀는 그의 어깨에 **리클라인** 했다.	ㅣ	기대다
15 12	genius	ㅣ 그는 10살에 미적분을 계산한 수학 **쥐:니어스** 였다.	ㅣ	천재
15 13	copper	ㅣ 전기는 **카:퍼** 로 만든 전선을 통해서 잘 흐른다.	ㅣ	구리
15 14	viable	ㅣ 감옥에 갇혀서 **바이어블** 한 탈출 방법이 없었다.	ㅣ	실행 가능한
15 15	seduce	ㅣ 사기꾼이 청년이 도박에 빠지도록 **시두:스** 했다.	ㅣ	유혹하다
15 16	incorporated	ㅣ 그는 개인회사를 **인코:퍼레이티드** 회사로 확장했다.	ㅣ	주식회사의
15 17	daze	ㅣ 환자는 **데이즈** 한 상태로 창밖의 비를 바라봤다.	ㅣ	멍한 상태
15 18	gladiator	ㅣ 로마 황제는 **글래디에이터** 가 사자와 싸우게 했다.	ㅣ	검투사
15 19	optimistic	ㅣ 그는 사업에 비관적이다가 **앞터미스틱** 로 돌변했다.	ㅣ	낙천주의의
15 20	racial	ㅣ 다민족 국가인 미국에서 **레이셜** 차별은 큰 문제다.	ㅣ	인종의

15 21	comprise	위원회는 각 부서의 대표로 **컴프라이즈** 되었다.	구성되다
15 22	descent	비행기는 착륙을 위해 서서히 **디센트** 을 시작했다.	하강
15 23	classified	법원은 **클래서파이드** 의 정보를 공개하라고 했다.	기밀의
15 24	fascination	어린이는 레고 조립에 강한 **패서네이션** 을 느꼈다.	매력
15 25	fragile	도자기같은 **프래쟈일** 한 물품은 주의해서 다뤄라.	부서지기 쉬운
15 26	penetration	난 암실에 은박지로 빛의 **페너트레이션** 을 막았다.	관통
15 27	equation	수학 영재는 3차 **이퀘이젼** 을 쉽게 풀었다.	방정식
15 28	addict	마약 **애딕트** 는 마약 때문에 여러 번 감옥에 갔다.	중독자
15 29	semiconductor	삼성 **세미컨덕터** 회사는 공장 시설투자를 늘렸다.	반도체
15 30	insecticide	난 해충을 없애려고 **인섹터사이드** 를 풀에 뿌렸다.	살충제
15 31	spoil	그의 지각이 우리의 여행을 완전히 **스포일** 했다.	망치다
15 32	audible	그녀는 작게 속삭였지만 내 귀에는 **오:더블** 했다.	들리는
15 33	pester	아들이 나에게 용돈 달라고 계속 **페스터** 했다.	조르다
15 34	contamination	쓰레기 소각 때문에 대기 **컨태머네이션** 이 심각하다.	오염
15 35	conform	이 건물을 지을 때 시설규칙을 **컨폼:** 해서 지었다.	따르다
15 36	repressive	학생들이 **리프레시브** 한 정권에 맞서서 데모했다.	억압하는
15 37	desolate	사하라의 **데설릿** 한 사막에는 오직 모래뿐이었다.	황량한
15 38	dismiss	독재자는 국민의 투표권 요청을 **디스미스** 했다.	묵살하다
15 39	forfeiture	밀수된 물건들이 공항에서 바로 **포:피쳐** 당했다.	몰수
15 40	abolition	종교계는 사형제의 **애벌리션** 를 정부에 요구했다.	폐지

15 41	sin	난 물건을 훔치는 것 같은 **신** 을 저지른 적이 없다.	죄
15 42	daring	정말 데**어링** 한 죄수가 검문소를 통해서 달아났다.	대담한
15 43	exquisite	그는 엑**스퀴짙** 한 금속공예품을 기념품으로 샀다.	정교한
15 44	dehydrate	난 꽃장식을 위해서 장미를 **디하이드레잍** 했다.	건조시키다
15 45	affectionate	보모가 유치원 아이들에게 매우 **어펙셔닡** 했다.	다정한
15 46	deception	나는 사기꾼의 교묘한 **디셒션** 를 알아챘다.	사기
15 47	chunk	점원이 치즈 **청크** 를 비닐봉지에 담아서 팔았다.	덩어리
15 48	tag	그는 **태그** 에 있는 옷 가격을 보고 몹시 놀랐다.	꼬리표
15 49	scrap	그녀는 급하게 종이 **스크랲** 에 약속 장소를 적었다.	한 조각
15 50	incurable	그는 폐암 말기라는 **인큐러블** 한 병에 걸렸다.	불치의
15 51	scanty	사내회의는 **스캔티** 한 참석자 때문에 취소되었다.	부족한
15 52	bureaucracy	정부는 **뷰:라:크러시** 의 탁상행정을 없애려고 했다.	관료
15 53	insightful	수강생이 수학 강사에게 **인사잍펄** 한 질문을 했다.	통찰력 있는
15 54	ponder	그녀는 대학 졸업 후의 진로에 대해서 **판더** 했다.	숙고하다
15 55	hierarchical	**하이어라:키컬** 사회에서는 신분 상승이 불가능했다.	계급에 따른
15 56	preservation	야생동물 **프레저베이션** 을 위해 사냥이 금지됐다.	보존
15 57	hesitation	그는 조금의 **헤저테이션** 없이 손을 들고 질문했다.	망설임
15 58	credibility	판매원이 고객의 절대적 **크레더빌러티** 을 얻었다.	신뢰성
15 59	subdued	그는 여행이 취소되어 **섭두:드** 한 기분으로 일했다.	기분이 가라앉은
15 60	imply	너는 지금 그가 사기꾼이라고 **임플라이** 하는 거니?	의미하다

15 61	extravagance	그는 **익스트래비건스** 구입을 위해 돈을 낭비했다.	사치품
15 62	imperial	귀족들이 **임피리얼** 의 권위에 도전해 반역했다.	황제의
15 63	feeble	중증 심장병 환자의 맥박이 너무 **피:블** 했다.	연약한
15 64	commute	난 교외에 있는 회사를 전철로 **커뮤:트** 하고 있다.	통근하다
15 65	patronage	그는 자선단체에 아낌없는 **페이트러니쥐** 을 했다.	후원
15 66	metabolic	그녀는 **메터발릭** 의 장애로 과식을 항상 조심했다.	신진대사의
15 67	interweave	내 스웨터는 다양한 색깔 실이 **인터위:브** 되어있다.	섞어 짜다
15 68	prediction	분석가의 애플의 주가 **프리딕션** 은 정말 정확했다.	예측
15 69	possibility	중환자가 회복할 **파서빌러티** 는 매우 희박했다.	가능성
15 70	pope	바오로 **포웊** 은 추기경과 대주교를 임명했다.	교황
15 71	seismic	화산 폭발이 해저 **사이즈믹** 의 활동을 일으켰다.	지진의
15 72	darken	그녀는 기도회를 위해 전등을 끄고 방을 **다:컨** 했다.	어둡게 하다
15 73	hectic	나는 지난주에 출장 때문에 **헥틱** 한 시간을 보냈다.	정신없이 바쁜
15 74	suicide	**수:어사이드** 폭탄 테러범이 시내의 성당을 공격했다.	자살
15 75	stab	암살범이 단검으로 희생자의 복부를 **스탭** 했다.	찌르다
15 76	enormous	올해 우리는 가뭄으로 **이노:머스** 한 손해를 봤다.	거대한
15 77	subscriber	그녀는 우리 잡지사의 충성 **섭스크라이버** 이다.	가입자
15 78	object	이 현미경은 **어브젝트** 를 100배까지 확대한다.	물체
15 79	unfamiliar	그녀는 **언퍼밀리어** 한 외국 생활에 잘 적응했다.	익숙하지 않은
15 80	extrovert	**엑스트러버:트** 은 처음 본 사람과도 잘 어울린다.	사교적인 사람

15 81	indirect	광고협회는 방송에서의 **인디렉트** 광고를 규제했다.	간접적인
15 82	blacksmith	**블랙스미쓰** 가 대장간에서 철로 도끼를 만들었다.	대장장이
15 83	resolution	나는 올해 반드시 금연하기로 **레절루:션** 했다.	결심
15 84	notify	학교는 문자로 합격자 명단을 **노우티파이** 했다.	통지하다
15 85	odor	그는 옷의 고약한 **오우더** 때문에 탈취제를 뿌렸다.	냄새
15 86	dumbfounded	난 그의 황당한 대답에 한동안 **덤파운디드** 했다.	말문이 막힌
15 87	selectively	새로운 암치료제는 **설렉티블리** 암세포만을 죽인다.	선택적으로
15 88	depressed	그 광대는 **디프레슽** 한 군중의 기분을 확 바꿨다.	우울한
15 89	transact	난 온라인 쇼핑몰을 통해 물건을 **트랜잭트** 한다.	거래하다
15 90	annoyed	나는 신문기자의 집요한 질문에 **어노이드** 했다.	짜증이 난
15 91	heathen	목사님이 거리에서 **히:든** 에게 하나님을 전도했다.	비종교인
15 92	spectacular	산 정상에서 보는 경치는 **스펙태큘러** 했다.	장관의
15 93	anthropoid	원숭이, 고릴라, 인간은 모두 **앤써포이드** 이다.	유인원
15 94	corporate	대표이사는 **코:퍼맅** 의 이름변경을 제안했다.	회사의
15 95	opposition	국회의원의 절반이 이 법률에 **아:퍼지션** 를 표했다.	반대
15 96	consensus	회의 참석자들 사이에 **컨센서스** 가 이뤄졌다.	합의
15 97	pressing	그녀는 **프레싱** 한 용무로 미국으로 출장을 떠났다.	긴급한
15 98	conscientious	난 선생님에게 **칸:쉬엔셔스** 학생이라고 칭찬받았다.	성실한
15 99	technician	숙련된 **테크니션** 이 고장 난 컴퓨터를 고쳤다.	기술자
16 00	valor	정부는 군인들의 **밸러** 와 희생에 훈장을 수여했다.	용기

Review Test

anthropoid	prediction	exquisite	addict	enormous
annoyed	scrap	hierarchical	imply	depressed
conscientious	selectively	viable	copper	corporate
incorporated	sensible	conform	dumbfounded	scanty
gladiator	genius	consecution	semiconductor	desolate
valor	forfeiture	feeble	metabolic	comprise
accurately	technician	preservation	audible	vacancy
seismic	consensus	locally	heathen	notify
chunk	recline	resolution	pester	ponder
imperial	suicide	fascination	blacksmith	pope
insecticide	darken	hesitation	transact	dismiss
spoil	opponent	sin	subscriber	fragile
ecosystem	object	extrovert	insightful	racial
deception	treaty	hectic	contamination	detain
dehydrate	unfamiliar	penetration	seduce	subdued
repressive	daring	pressing	incurable	affectionate
daze	extravagance	classified	stab	inhibit
credibility	odor	bureaucracy	abolition	interweave
spectacular	opposition	patronage	optimistic	descent
indirect	tag	possibility	commute	equation

16 01	terrestrial	생물학자는 수중과 **테레스티리얼** 생물을 잘 안다.	육지의
16 02	aural	나이가 들면서, 들을 때 **오:럴** 기계의 도움을 받았다.	청각의
16 03	reflect	배우의 잘생긴 얼굴이 거울에 **리플렉트** 되었다.	반사하다
16 04	denunciation	전 세계는 테러범에 대한 **디넌시에이션** 을 발표했다.	맹비난
16 05	descendant	젊은 사장은 회사 설립자의 직계 **디센던트** 이다.	자손
16 06	refuge	정부가 마련한 **레퓨:쥐** 가 이재민으로 가득 찼다.	피난처
16 07	fleeting	인간의 삶은 **플리:팅** 하지만 죽음은 영원하다.	순식간의
16 08	nourish	농부는 사과나무가 잘 자라도록 **너:리쉬** 를 주었다.	영양분을 주다
16 09	postpone	우린 회의를 내일로 **포우스포운** 하기로 결정했다.	연기하다
16 10	detention	육군은 재판을 열 때까지 포로를 **디텐션** 에 처했다.	구금
16 11	unintentional	나는 **언인텐셔널** 하게 그의 발을 세게 밟았다.	고의가 아닌
16 12	splendid	나의 **스플렌디드** 의상을 보고 사람들이 부러워했다.	정말 멋진
16 13	prosperous	사우디아라비아는 석유 수출로 **프라스퍼러스** 했다.	번영한
16 14	grudgingly	꼬마는 엄마에게 **그러쥥리** 그의 잘못을 인정했다.	마지못해
16 15	sly	**슬라이** 한 사기꾼이 순진한 사람들을 속였다.	교활한
16 16	lease	아파트 집주인은 세입자와 2년 **리:스** 을 맺었다.	임대차계약
16 17	purge	난 나쁜 마음을 **퍼:쥐** 하기 위해 기도에 집중했다.	제거하다
16 18	linear	우리 집 벽지는 꽃이 아닌 **리니어** 디자인으로 되었다.	선으로 된
16 19	periodical	그 잡지사는 매월 초에 **피리아:디클** 을 발간했다.	정기간행물
16 20	academic	이 학급은 높은 **애커데믹** 의 성취를 보여주었다.	학업의

16 21	obstinate	그는 너무 **압**스터**닡** 해서 자기 생각만 주장했다.	고집 센
16 22	inedible	이 화려한 버섯은 독이 있어서 **인**에**더블** 했다.	먹을 수 없는
16 23	ecologist	**이칼:러쥐슽** 는 항상 자연보호의 중요성을 주장했다.	생태학자
16 24	masculine	그 배우는 근육질로 **매스큘린** 매력이 넘쳐흘렀다.	남자다운
16 25	durability	요즘은 가구의 **듀어러빌러티** 가 좋아서 오래 쓴다.	내구성
16 26	rapids	작은 배가 강의 **래피즈** 에 휩쓸려 전복되었다.	급류
16 27	delightful	난 무도회에서 친구와 **딜라잍플** 한 시간을 보냈다.	매우 기쁜
16 28	quartet	그는 **쿼:텔** 중의 일원으로 바이올린을 연주했다.	4중주
16 29	adaptive	우리의 눈은 어두운 곳에서 금방 **어댚티브** 했다.	적응할 수 있는
16 30	applicant	올해 입학 **애플리컨트** 가 인공지능학과에 몰렸다.	신청자
16 31	reciprocal	우리는 **리시프러클** 협의 후에 사업을 중단했다.	상호간의
16 32	fetter	그는 종교의 관습에 **페터** 되어 행동의 자유가 없다.	족쇄를 채우다
16 33	bedridden	그 환자는 사고로 척추를 다친 후 **베드릳은** 했다.	몸져누운
16 34	awful	난 아직도 지진의 **오:플** 한 공포를 잊을 수 없다.	끔찍한
16 35	arithmetic	그는 초등학교에서 **어리쓰머틱** 과 국어를 배웠다.	산수
16 36	industrious	**인더스트리어스** 한 대리가 과장으로 승진되었다.	근면한
16 37	spawn	연어는 **스폰:** 하러 가을에 태어난 강으로 돌아온다.	알을 낳다
16 38	neighboring	홍역이 빠르게 **네이버링** 마을로 전염되었다.	이웃한
16 39	blood vessel	**블러드 베슬** 이 막히면 심근경색이 발생한다.	혈관
16 40	psychologist	**사이칼:러쥐슽** 가 병동의 정신이상자와 상담했다.	심리학자

16 41	recognition	최신 AI 스피커는 음성 **레커그니션** 이 뛰어나다.	인식
16 42	flake	검사원이 범죄현장의 옷감 **플레익** 을 검사했다.	조각
16 43	puzzled	내가 인사를 하자 그는 **퍼즐드** 한 표정을 지었다.	어리둥절한
16 44	regulate	단속반이 소화전 옆의 주차를 **레귤레잍** 했다.	단속하다
16 45	apprehension	우린 **애프리헨션** 를 가지고 투표결과를 지켜봤다.	염려
16 46	figurative	그의 서정시는 **피규러티브** 한 표현들이 많이 있다.	비유적인
16 47	unethical	코끼리사냥은 비도덕이고 **언에씨클** 한 행동이다.	비윤리적인
16 48	faraway	우리는 **파:러웨이** 한 무인도로 여행을 갔다.	멀리 떨어진
16 49	agenda	이번 회의의 **어젠더** 에는 실업 문제가 포함되었다.	안건
16 50	prohibit	국가는 청소년에게 술 판매를 **프러히빝** 했다	금지하다
16 51	persuasive	판매원의 능숙한 설명은 **퍼스웨이시브** 했다.	설득력 있는
16 52	constrained	난 진실을 말하도록 **컨스트레인드** 하게 느꼈다.	강요된
16 53	isolation	그는 무인도에서 **아이설레이션** 되어서 살았다.	고립
16 54	stagger	술에 취한 남자가 도로에서 위험하게 **스태거** 했다.	비틀거리다
16 55	cordial	신입 사원은 회사원들의 **코:졀** 한 환영을 받았다.	다정한
16 56	disclose	그는 상대방의 숨겨진 과거를 **디스클로우즈** 했다.	폭로하다
16 57	approximate	난 결혼하는데 필요한 **어프락서밑** 한 돈을 따져봤다.	대략의
16 58	exile	그 독재자는 물러난 후 정치적 **엑자일** 을 요청했다.	망명
16 59	morale	회사는 직원의 **머랠** 을 높이려고 보너스를 생각했다.	의욕
16 60	shortlist	심사위원이 문학상을 수여할 **숕:리슽** 을 작성했다.	최종 명단

16 61	induce	설계사는 고객이 보험을 계약하도록 **인듀스** 했다.	유도하다
16 62	placebo	**플러시:보우** 효과인지 난 비타민을 먹고 병이 나았다.	가짜 약
16 63	doze	그녀는 버스에서 **도우즈** 하다 목적지를 지나쳤다.	졸다
16 64	reasoning	코난은 대단한 **리:즈닝** 의 힘을 가진 탐정이다.	추론
16 65	discharge	부장은 뇌물죄로 자리에서 **디스챠:쥐** 되었다.	해고하다
16 66	capitalize	모든 문장의 첫 글자를 **캐피털라이즈** 해야 한다.	대문자로 쓰다
16 67	vastly	이 학원은 최근 교육의 질이 **배슬리** 개선되었다.	대단히
16 68	habitat	무분별한 벌목으로 동물의 **해비탵** 이 줄어들었다.	서식지
16 69	eccentricity	그는 본인의 **엑센트리시티** 로 평판이 나쁘다.	별난 행동
16 70	utterly	나는 아들의 학교공부에 대해 **어털리** 무관심했다.	완전히
16 71	coincide	항공사의 파업과 우리 여행이 **코우인사이드** 했다.	동시에 일어나다
16 72	madden	난 그에게 속았다는 것을 알았을 때 **맨은** 되었다.	미치게 하다
16 73	adjust	그는 현미경의 초점을 실험체에 맞춰 **애져슽** 했다.	조정하다
16 74	overwhelming	특히 그 가수는 대중의 **오우버웰밍** 지지를 받았다.	압도적인
16 75	radiation	우린 일본에 **레이디에이션** 탐지 장비를 가져갔다.	방사선
16 76	slap	그녀는 화가 나서 그의 뺨을 **슬랲** 하려고 했다.	찰싹 때리다
16 77	comparison	두 청소기의 성능 **컴패리슨** 이 쉽지는 않았다.	비교
16 78	feasible	그의 아이디어는 현재 기술로도 **피:저블** 했다.	실현 가능한
16 79	tropical	망고는 **트라피클** 기후에서 자라는 맛있는 과일이다.	열대의
16 80	architectural	그녀는 **아키텍쳐럴** 회사에서 일하는 설계사다.	건축학의

108

16 81	subset	수학의 집합에는 **섭**셑, 교집합, 합집합이 있다.	부분집합
16 82	analogous	인간의 심장은 펌프와 **어낼러거스** 한 기능을 한다.	유사한
16 83	dictation	초등학생들이 국어시간에 **딕테이션** 시험을 치렀다.	받아쓰기
16 84	combine	산소와 수소가 화학적으로 **컴바인** 해서 물이 된다.	결합하다
16 85	expertise	과학자는 물리학에 대한 **엑스퍼:티즈** 가 풍부했다.	전문지식
16 86	nutritious	영양사가 환자에게 **누트리셔스** 한 음식을 제공했다.	영양가가 높은
16 87	discourse	인문학 교수는 그리스신화에 대해 **디스코:스** 했다.	강연하다
16 88	bland	그는 **블랜드** 한 음악을 들으면서 시를 읽었다.	단조로운
16 89	consolation	현대인은 종교에서 **칸:설레이션** 과 희망을 찾는다.	위안
16 90	arena	공설 종합 **어리:너** 에서 농구와 배구경기가 열렸다.	경기장
16 91	willing	그는 도와주겠다는 나의 제안을 **윌링** 받아들였다.	기꺼이 ~하는
16 92	cheekbone	그는 각진 얼굴때문에 **췩:보운** 이 돌출되어 보였다.	광대뼈
16 93	continuous	그녀는 **컨티뉴어스** 불행에 거의 자포자기 상태다.	계속되는
16 94	conflict	그의 행동은 그의 말과 완전히 **칸플릭트** 했다.	상충하다
16 95	eliminate	그는 음모를 통해서 상대방을 **일리미네잍** 했다.	제거하다
16 96	forgiving	그는 낯선 사람에게 친절하고 **포기빙** 한 성격이다.	너그러운
16 97	tranquil	그는 **트랭퀼** 호수의 물에 돌을 던져 파문을 일으켰다.	고요한
16 98	veritable	적에게서 나라를 구한 그는 **베리터블** 한 영웅이다.	진정한
16 99	peasant	**페즌트** 가 영주의 땅을 빌려서 벼농사를 지었다.	소작농
17 00	pictorial	난 사막 탐험을 재밌게 **픽토:리얼** 기록으로 남겼다.	그림의

Review Test

recognition	reasoning	flake	analogous	periodical
awful	unintentional	subset	consolation	approximate
splendid	slap	postpone	reflect	terrestrial
adjust	agenda	nutritious	psychologist	refuge
placebo	obstinate	eccentricity	combine	nourish
fleeting	stagger	bedridden	lease	prohibit
regulate	pictorial	grudgingly	apprehension	habitat
purge	tranquil	madden	expertise	descendant
sly	prosperous	quartet	academic	adaptive
discharge	unethical	continuous	denunciation	masculine
delightful	puzzled	architectural	arena	durability
conflict	bland	doze	utterly	eliminate
inedible	discourse	tropical	vastly	radiation
capitalize	ecologist	constrained	detention	persuasive
cheekbone	shortlist	rapids	coincide	neighboring
fetter	feasible	induce	disclose	willing
dictation	veritable	forgiving	linear	industrious
reciprocal	figurative	aural	overwhelming	blood vessel
peasant	isolation	exile	arithmetic	morale
cordial	spawn	comparison	applicant	faraway

17 01	endeavor	나는 그를 설득하려고 모든 **인데버** 을 다 했다.	노력
17 02	affiliation	나는 남편과 정당 **어필리에이션** 문제로 싸웠다.	가입
17 03	decode	첩보원은 암호로 쓰인 이메일을 **디:코우드** 했다.	해독하다
17 04	crafty	**크래프티** 한 늑대가 순진한 시골 소녀를 속였다.	교활한
17 05	prevailing	요즘음 한국에서 **프리베일링** 한 패션은 무엇이니?	우세한
17 16	autograph	야구선수는 박찬호 선수의 **오:터그래프** 를 받았다.	사인
17 07	quote	교수는 강의에서 플라톤의 철학을 **쿠율** 했다.	인용하다
17 08	vacate	난 다음 세입자를 위해 방을 **베이케일** 했다.	비우다
17 09	enthrall	그 공포영화는 상영 내내 관객을 **인쓰롤:** 했다.	마음을 사로잡다
17 10	impoverish	나라가 전쟁으로 완전히 **임파:버리쉬** 되었다.	가난하게 하다
17 11	convict	판사는 살인자에게 1급 살인죄를 **컨빅트** 했다.	유죄를 선고하다
17 12	persistence	포기하지 않는 **퍼시스턴스** 는 성공의 비밀 열쇠다.	끈기
17 13	imprudent	난 사기꾼을 믿을 정도로 **임프루:든트** 했다.	경솔한
17 14	deed	그의 용감한 **디:드** 가 우리를 위험에서 구했다.	행동
17 15	siege	병사가 **시:쥐** 을 뚫고 육군본부에 소식을 전했다.	포위공격
17 16	foresight	투자자는 신기술에 투자하는 **포:사잍** 이 있었다.	선견지명
17 17	plough	나는 황소와 **플라우** 가지고 황무지를 개간했다.	쟁기
17 18	mortality	그는 우주선의 희박한 공기에 **모:탤러티** 를 느꼈다.	죽을 운명
17 19	ascent	그녀는 시소의 **애센트** 와 내려감을 즐겼다.	올라감
17 20	surgeon	**서:젼** 이 내 부러진 다리를 완벽하게 수술했다.	외과 전문의

17 21	convert	그는 안 쓰는 지하실을 서재로 **컨버:트** 했다.	전환시키다
17 22	emblematic	옥새와 왕관은 왕권을 **엠블러매틱** 한 물건들이다	상징적인
17 23	simultaneous	그녀의 직업은 영어 **사이멀테이니어스** 통역사다.	동시에
17 24	regrettable	네가 파티에 오지 않은 건 **리그레터블** 한 일이었다.	유감스러운
17 25	consonance	긴 토론 후에 우리는 의견 **칸:서넌스** 를 봤다.	일치
17 26	denial	내 부모님은 내 결혼을 단호히 **디나이얼** 했다.	반대
17 27	fury	배신을 당한 사람이 엄청난 **퓨리** 로 얼굴이 빨갛다.	분노
17 28	parole	절도범이 모범수라고 기념일에 **퍼로울** 로 풀려났다.	가석방
17 29	mutant	엑스맨은 **뮤:턴트** 의 수퍼 히어로이다.	돌연변이의
17 30	permanently	보존기한이 지난 서류들을 **퍼:머넌리** 폐기했다.	영구히
17 31	hardworking	베티는 **하:드워:킹** 한 학생이라고 칭찬을 받았다.	근면한
17 32	commission	마을의 안전 **커미션** 이 자기 지역을 순시했다.	위원회
17 33	dismal	그는 어제 친한 친구가 이사 가서 **디즈멀** 했었다.	우울한
17 34	seclusion	난 아무도 없는 산속에서 **시클루:젼** 생활을 했다.	은둔
17 35	harmonious	아파트가 주변 환경과 **하:모우니어스** 한 모양이다.	조화로운
17 36	stumble	나는 컴퓨터 선에 **스텀블** 해서 넘어졌다.	발이 걸리다
17 37	commandeer	그때는 전쟁을 위해 학생들을 **커:맨디어** 했다.	징집하다
17 38	complicated	자동차는 **캄:플리케이티드** 한 구조로 되어있다.	복잡한
17 39	deprivation	운전사의 수면 **데프리베이션** 은 사고로 이어진다.	부족
17 40	incentive	사장은 회의에서 사원에게 **인센티브** 연설을 했다.	격려

17 41	roughly	난 이번 달에 장사로 **러**플리 500만 원을 벌었다.	대략
17 42	analyst	정치 **애**널리슽 가 여당, 야당의 입장을 분석했다.	분석가
17 43	handy	영어사전이 작아서 가지고 다니기에 **핸**디 하다.	편리한
17 44	effectively	나는 이**펙**티블리 설명하려고 PPT를 준비했다.	효과적으로
17 45	dependent	그는 아직도 생활비를 부모님에게 디**펜**던트 한다.	의지하는
17 46	cohesion	마을 주민의 **코우히:젼** 이 어려울수록 필요하다.	단결
17 47	impress	그 가수는 멋진 노래로 청중에게 **임프레스** 했다.	인상을 남기다
17 48	dormant	곰과 뱀은 겨울 동안 **도:먼트** 의 상태가 된다.	휴면기의
17 49	gist	저자가 강연에서 책의 **쥐슽** 을 간단히 말했다.	요점
17 50	variable	장마철에는 날씨가 **베리어블** 해서 우산은 필수다.	변하기 쉬운
17 51	deadline	잡지사의 데**드라인** 은 이번 주 금요일까지였다.	마감시간
17 52	prestigious	그녀는 **프리스티져스** 대학에 입학하려고 노력했다.	명망이 있는
17 53	abrupt	신문기자는 대변인에게 **어브럽트** 한 질문을 했다.	갑작스러운
17 54	extreme	**익스트림:** 한 추위로 많은 동물이 얼어 죽었다.	극심한
17 55	troop	영국의 **트룹:** 이 독일의 전차부대를 물리쳤다.	군대
17 56	adulthood	나는 **어덜트후드** 되어서 투표권을 행사할 수 있다.	성인
17 57	integration	IT산업은 정보와 기술의 **인티그레이션** 을 말한다.	통합
17 58	psychology	**사이칼:러쥐** 는 사람의 마음을 연구하는 학문이다.	심리학
17 59	contract	판매자와 구매자가 각자 **칸트랙트** 에 서명했다.	계약서
17 60	legislator	**레쥐슬레이터** 가 입시제도를 위한 법을 발의했다.	국회의원

17 61	testimony	목격자의 **테스터모우니** 로 범인은 유죄가 되었다.	증언
17 62	naughty	어른에게 **나:티** 한 아이들은 환영받지 못한다.	버릇없는
17 63	alongside	그녀는 오토바이를 내 차에 **얼롱:사이드** 세웠다.	나란히
17 64	rustic	난 시골에 **러스틱** 한 집을 지어서 살고 싶다.	소박한
17 65	neuron	내가 말을 할 때는 근육과 **누란:** 이 서로 작동한다.	신경세포
17 66	candid	나는 그녀의 그림에 대해 **캔딛** 한 의견을 말했다.	솔직한
17 67	indictment	그를 사기 혐의로 검찰에 **인다잍먼트** 를 제출했다.	고소장
17 68	essence	돈과 권력에 대한 탐욕은 인간의 **에슨스** 이다.	본질
17 69	genetics	다국적 제약회사는 **져네틱스** 연구를 지원했다.	유전학
17 70	charter	독립 **챠:터** 는 민족 지도자들이 함께 만들었다.	선언문
17 71	sleeplessness	**슬맆:러스니스** 로 며칠 동안 잠을 못 자고 있다.	불면증
17 72	warehouse	그녀는 안 입는 옷들을 웨**어하우스** 에 보관했다.	창고
17 73	throb	나는 우승의 기쁨으로 심장이 **쓰랍:** 하며 뛰었다.	두근거리다
17 74	compulsion	**컴펄션** 에 의한 자백은 무효라고 판결이 났다.	강요
17 75	sterilize	그 간호사는 수술 도구들을 **스테럴라이즈** 했다.	살균하다
17 76	committee	올림픽 **커미티** 는 회원들에게 개최지를 통보했다.	위원회
07 77	commentary	유튜브에서는 게임의 **카:먼테리** 의 동영상이 많다.	해설
17 78	mole	**모울** 이 정원의 땅속에 구멍을 여기저기 팠다.	두더지
17 79	emigrate	난 어릴 때 가족과 함께 캐나다로 에**미그레잍** 했다.	이민 가다
17 80	acquainted	당신은 아프리카어를 잘 **어퀘인티드** 합니까?	알고 있는

17 81	livestock	우린 농장에 닭과 돼지같은 **라이브스탁** 을 길렀다.	가축
17 82	cynic	그는 연예인의 기부를 삐딱하게 보는 **시닉** 이다.	냉소적인 사람
17 83	brutal	전쟁에서는 **브루:틀** 한 죽음이 수시로 발생했다.	잔인한
17 84	flawless	그녀가 왈츠를 추는 동작은 **플로:리스** 이었다.	흠이 없는
17 85	disruption	축구 중계 **디스럽션** 으로 시청자들이 뿔났다.	중단
17 86	crude	그들은 나무와 풀로 **크루:드** 로 지은 집에 살았다.	대충의
17 87	delicately	그녀는 **델리컬리** 동생의 생일케이크를 장식했다.	섬세하게
17 88	refrain	나는 무분별하게 소비하는 것을 **리프레인** 했다.	억제하다
17 89	exceedingly	그녀의 남친은 **익시:딩리** 좋은 매너를 가지고 있다.	대단히
17 90	objectively	면접관은 지원자를 **어브젝티블리** 평가하려고 했다.	객관적으로
17 91	assessment	오래된 건물의 **어세스먼트** 결과는 즉시 철거였다.	평가
17 92	resentment	그는 불공정한 경기 진행에 **리젠트먼트** 를 느꼈다.	분함
17 93	conceptual	차의 **컨셉츄얼** 종류에는 소형 보통 대형이 있다.	개념의
17 94	professional	FBI는 작전을 위해 **프러페셔늘** 한 요원을 선발했다.	전문적인
17 95	festive	아들이 대회 우승을 한 집은 **페스티브** 한 분위기다.	축제의
07 96	psychosis	난 심한 스트레스로 인해 **사이코우시스** 에 걸렸다.	정신병
07 97	considerate	그는 후배들에게 **컨시더릿** 한 선배라고 소문났다.	사려 깊은
17 98	emblem	우리에게 비둘기는 평화의 **엠블럼** 으로 생각된다.	상징
17 99	particular	내가 진심으로 응원하는 **퍼티큘러** 축구팀이 있다.	특정한
18 00	inflict	폭탄은 그 도시에 큰 피해를 **인플릭트** 했다.	가하다

decode	sterilize	foresight	autograph	analyst
regrettable	harmonious	extreme	quote	commentary
endeavor	contract	integration	mutant	deadline
acquainted	crude	fury	mortality	convict
deprivation	denial	dormant	gist	vacate
prestigious	emigrate	considerate	alongside	parole
essence	adulthood	refrain	siege	indictment
consonance	assessment	exceedingly	commission	testimony
sleeplessness	incentive	dependent	deed	effectively
impoverish	stumble	enthrall	throb	permanently
candid	delicately	charter	warehouse	dismal
flawless	commandeer	troop	genetics	mole
inflict	professional	objectively	festive	abrupt
prevailing	crafty	impress	ascent	neuron
psychosis	imprudent	hardworking	emblematic	handy
simultaneous	cynic	emblem	plough	livestock
convert	brutal	affiliation	complicated	legislator
variable	surgeon	committee	seclusion	compulsion
cohesion	particular	rustic	roughly	disruption
persistence	naughty	resentment	psychology	conceptual

18 01	unbiased	기자들은 **언바이어슽** 한 기사를 써야 한다.	편견 없는
18 02	molecule	물의 **말:러큘:** 는 산소와 수소 원자로 만들어졌다.	분자
18 03	rearrange	그는 발표순서를 **리:어레인쥐** 하려고 번호를 섞었다.	재배치하다
18 04	denote	신호등의 녹색등은 "가다"를 **디노웉** 한다.	의미하다
18 05	correlation	비만은 여러 가지 성인병과 **코:럴레이션** 이 있다.	연관성
18 06	digestion	입과 위에는 **다이줴스쳔** 에 필요한 효소가 많다.	소화
18 07	Fahrenheit	케이크를 섭씨가 아닌 **패런화일** 150도에서 구워라.	화씨의
18 08	disseminate	기자가 대중에게 잘못된 정보를 **디세미네잍** 했다.	퍼뜨리다
18 09	segregate	백인과 흑인을 **세그리게잍** 하는 것을 금지했다.	차별하다
18 10	tangible	숭례문과 석굴암은 **탠져블** 한 문화재에 속한다.	만질 수 있는
18 11	sufficient	범인을 구속하기 위한 **서피션트** 한 증거가 없었다.	충분한
18 12	purify	식물은 낮에 광합성으로 공기를 **퓨러파이** 한다.	정화하다
18 13	scatter	나는 소금과 후추를 스테이크 위에 **스캐터** 했다.	뿌리다
18 14	outnumber	영국군이 원주민들보다 압도적으로 **아웉넘버** 했다.	숫자로 우세하다
18 15	dictatorship	히틀러는 독일에 **딕테이터슆** 을 만들어 통치했다.	독재 정부
18 16	gust	회오리 **거슽** 으로 가게의 간판들이 떨어졌다.	돌풍
18 17	commence	2학기 영어 수업은 8월부터 **커멘스** 할 것이다.	시작하다
18 18	attitude	그의 버릇 없는 **애티투:드** 는 선생님을 실망시켰다.	태도
18 19	ceaseless	그녀의 **시:슬러스** 공부는 합격이라는 결과를 냈다.	끊임없는
18 20	preservative	소금은 자연적인 **프리저:버티브** 라고 할 수 있다.	방부제

18 21	analysis	신문이 지지율에 대한 **어낼러시스** 기사를 썼다.	분석
18 22	consumerism	자본주의 사회는 **컨수:머리즘** 을 바탕에 둔다.	소비주의
18 23	delusion	정신질환 환자들은 피해 **딜루:젼** 을 가지고 있다.	망상
18 24	authorization	이 빌딩을 출입할 땐 **오:써러제이션** 이 필요하다.	허가
18 25	Pluto	옛날에 **플루:토우** 는 태양계의 9번째 행성이었다.	명왕성
18 26	indescribable	그는 피아노에 **인디스크라이버블** 재능이 있다.	말로 할 수 없는
18 27	forfeit	그 회사는 밀수로 번 돈 백만 달러를 **포:핏** 당했다.	몰수하다
18 28	excessive	**익세시브** 한 흡연은 폐암등 건강 문제를 일으킨다.	지나친
18 29	choke	레슬링선수가 상대의 목을 **쵸욱** 해서 기절시켰다	질식시키다
18 30	simplicity	관리의 **심플리시티** 를 위해 공급업체를 통일했다.	간단함
18 31	expiration	우유를 사기전 **엑스퍼레이션** 의 기한을 확인했다.	만기
18 32	domesticated	개는 사람들에게 **더메스티케이티드** 된 동물이다.	길들여진
18 33	bypass	명절에 고속도로가 너무 막혀서 **바이패스** 로 갔다.	우회로
18 34	archaeological	그리스는 **아:키얼라쥐컬** 유적지가 사방에 있다.	고고학의
18 35	consequence	우리는 행동의 **칸:서퀜스** 에 책임을 져야 한다.	결과
18 36	playful	나의 7살 조카는 정말 **플레이플** 하고 귀엽다.	장난기 많은
18 37	forthright	왕에게는 직언하는 **포:쓰라잍** 한 신하가 필요하다.	솔직한
18 38	involvement	그는 폭탄테러와 **인발:브먼트** 가 없다고 주장했다.	관여
18 39	egocentric	그는 **이:고우센트릭** 한 사람이라 자신만 생각한다.	자기중심의
18 40	menace	테러범이 인천공항에 대한 공격을 **메너스** 했다.	협박하다

18 41	subsidiary	그는 본업 말고 **섭시디어리** 한 일로 운전을 했다.	부수적인
18 42	snooze	그녀는 수업시간에 책상 앞에서 **스누:즈** 했다.	졸다
18 43	wicked	**위키드** 한 마녀는 엄지공주에게 주문을 걸었다.	사악한
18 44	emerging	알파고와 같은 인공지능은 **이머:징** 한 산업이다.	최근 생겨난
18 45	recollection	그는 후유증으로 과거에 대한 **레컬렉션** 이 없다.	기억
18 46	correspondent	그는 미국에서 방송국의 **코:러스판:던트** 로 일했다.	특파원
18 47	hygiene	개인 **하이쥔:** 을 위해서 항상 손을 씻어야 한다.	위생
18 48	subtle	쌍둥이도 자세히 보면 **서틀** 한 차이가 있다.	미묘한
18 49	sweeping	교육부는 입시제도의 **스위:핑** 한 변화를 예고했다.	전면적인
18 50	inflection	그는 화가 나서 목소리의 **인플렉션** 이 높아졌다.	억양
18 51	overdue	도서관 사서가 **오우버두:** 한 책을 반납하라고 했다.	기한이 지난
18 52	degradation	그는 마약과 술로 **데그러데이션** 한 삶을 살았다.	타락
18 53	emphasis	건강관리는 아무리 **엠퍼시스** 해도 지나치지 않는다.	강조
18 54	jargon	변호사는 일반인이 알기 힘든 **쟈:건** 를 사용했다.	전문용어
18 55	lade	여객선에는 과일과 채소가 잔뜩 **레이드** 되었다.	싣다
18 56	subjective	음악과 미술에 대한 취향은 **서브젝티브** 하다.	주관적인
18 57	adolescent	버스는 **애덜레슨트** 를 위해 요금할인을 적용한다.	청소년
18 58	sibling	내 남동생은 나의 유일한 **시블링** 이다.	형제자매
18 59	disprove	지동설의 갈릴레오는 천동설을 **디스프루:브** 했다.	오류를 입증하다
18 60	tribe	아프리카에는 다양한 원주민 **트라입** 이 있었다.	부족

18 61	subsequently	섭**시퀀리,** 그는 운동으로 10kg의 감량에 성공했다.	나중에
18 62	brief	신청서에 **브리:프** 한 자기소개를 적어주세요.	짧은
18 63	allege	그는 화재가 자신의 잘못이 아니라고 **얼레쥐** 했다.	주장하다
18 64	operative	50년 전 만든 차가 아직 **아:퍼러티브** 하다니 놀랍다.	움직이는
18 65	bully	학교에서 **불리** 가 친구들을 괴롭혀서 혼났다.	괴롭히는 사람
18 66	demand	시민단체는 정부에 자료의 공개를 **디맨드** 했다.	요구하다
18 67	worthy	그의 선행은 충분히 칭찬받을 **워:디** 가 있었다.	가치 있는
18 68	tiresome	매일의 설거지와 청소는 매우 **타이어섬** 한 일이다.	성가신
18 69	itinerary	우리는 하와이에서의 **아이티너레리** 를 확인했다.	여행일정표
18 70	cramped	우리 집은 너무 **크램트** 해서 큰 소파를 둘 수 없다.	비좁은
18 71	argument	그는 과거 통계를 가지고 **아:규먼트** 를 입증했다.	주장
18 72	dizziness	앉았다가 갑자기 일어 나면 **디지니스** 가 생긴다.	현기증
18 73	conjure	마술사는 모자에서 비둘기가 나오는 **컨져** 했다.	마술하다
18 74	access	해커가 은행의 컴퓨터 서버에 **액세스** 를 했다.	접근
18 75	temporal	성직자가 **템퍼럴** 의 유혹을 뿌리치기 어려웠다.	속세의
18 76	solitary	그녀는 단체보단 **살:러테리** 한 여행을 좋아하다.	혼자 하는
18 77	navigate	헨젤은 숲속에서 돌멩이를 보면서 **내비게잍** 했다.	길을 찾다
18 78	uncover	베갯잇이 더러워지면, 세탁을 위해 **언커버** 해라.	덮개 벗기다
18 79	disapprove	엄마는 나의 수학 성적을 보고 **디서프루:브** 했다.	못마땅해 하다
18 80	impotent	부모는 자식이 아파서 울 때 **임퍼턴트** 하게 느낀다.	무력한

18 81	absolve	하느님은 그들이 지은 속세의 죄를 **업잘:브** 했다.	용서하다
18 82	devoted	그는 학생들에게 정말 **디보우티드** 한 선생님이다.	헌신적인
18 83	constructive	나는 그의 **컨스트럭티브** 한 제안을 받아들였다.	건설적인
18 84	dough	피자를 만들려고 하루 동안 **도우** 를 숙성시켰다.	가루 반죽
18 85	relaxation	나는 1시간 공부 후 10분간 **릴랙세이션** 을 취했다	휴식
18 86	highly	그는 나에게 그 SF 영화를 **하일리** 추천했다.	매우
18 87	relinquish	왕은 자신의 권력을 절대로 **릴링퀴쉬** 않을 것이다.	포기하다
18 88	briefcase	사업계획서를 **브리:프케이스** 에 넣어서 전달했다.	서류가방
18 89	arbitrate	법원이 두 회사의 분쟁을 **아:비트레잍** 하려고 했다.	중재하다
18 90	pronounce	이 영어단어는 외국인이 **프러나운스** 하기 어렵다.	발음하다
18 91	adoration	예수는 우상에 대한 **애더레이션** 을 경고했다.	숭배
18 92	binary	나는 10진법에 이어서 **바이네리** 의 계산을 배웠다.	2진법의
18 93	afford	우리는 새로운 자동차를 살 **어포:드** 안 된다.	여유가 되다
18 94	administration	그는 회사의 **애드미니스트레이션** 부서에서 일한다.	관리직
18 95	canyon	우리는 **캐년** 에서 매복하고 적군을 기다렸다.	협곡
18 96	denture	노인은 충치 때문에 치아를 빼고 **덴쳐** 를 꼈다.	틀니
18 97	insufficient	우린 **인서피션트** 한 예산으로 행사를 잘 치렀다.	불충분한
18 98	currently	대학생들은 **커런리** 방학 중이라 학교에 안 나온다.	현재
18 99	furiously	그는 해고 소식을 듣고 **퓨리어슬리** 문을 쾅 닫았다.	미친 듯이 노하여
19 00	sewer	쓰레기로 **수:어** 가 막혀서 오수가 잘 안 내려간다.	하수관

121

indescribable	brief	wicked	ceaseless	gust
tangible	degradation	analysis	sibling	adolescent
impotent	consequence	conjure	recollection	disseminate
briefcase	navigate	dizziness	digestion	correspondent
relinquish	subsidiary	excessive	snooze	commence
adoration	dictatorship	dough	molecule	devoted
demand	disprove	relaxation	rearrange	allege
playful	segregate	subtle	highly	forthright
denture	sewer	absolve	bully	purify
itinerary	Fahrenheit	attitude	overdue	archaeological
preservative	uncover	scatter	denote	hygiene
access	temporal	correlation	cramped	argument
worthy	arbitrate	menace	tiresome	binary
jargon	insufficient	consumerism	administration	currently
sweeping	operative	forfeit	egocentric	Pluto
domesticated	tribe	sufficient	constructive	lade
furiously	solitary	expiration	authorization	bypass
outnumber	afford	disapprove	canyon	emphasis
delusion	unbiased	involvement	subsequently	emerging
choke	simplicity	inflection	subjective	pronounce

19 01	verbally	그는 나를 지지한다고 서면과 **버:벌리** 로 약속했다.	말로
19 02	unforgettable	우리는 여행에서 **언퍼게터블** 한 추억을 만들었다.	잊을 수 없는
19 03	educational	선생님이 학생에게 **에쥬케이셔늘** 책을 추천했다.	교육적인
19 04	questionnaire	신문사는 의견을 묻기 위해 **퀘스쳐네어** 를 돌렸다.	설문지
19 05	shuffle	다리가 불편한 그는 **셔플** 하면서 창가로 갔다.	발을 끌며 걷다
19 06	grumble	그는 자기의 가난한 처지에 대해서 늘 **그럼블** 했다.	투덜거리다
19 07	ample	집주인은 손님들을 위해 **앰플** 한 음식을 장만했다.	충분한
19 18	flush	그녀는 그의 욕을 듣고 화나서 얼굴을 **플러쉬** 했다.	붉히다
19 09	hypertension	**하이퍼텐션** 에 걸린 사람은 소금섭취를 조심한다.	고혈압
19 10	proficiency	영어 **프러피션시** 엔 노력과 많은 시간이 필요하다.	숙달
19 11	hence	**헨스**, 너는 안전을 위해서 헬멧을 써야 한다.	그러므로
19 12	isolate	그 정신질환자는 **아이설레잇** 하는 것이 필요하다.	격리시키다
19 13	wreck	**렉** 이 태평양 해저의 깊은 곳에서 발견되었다.	난파선
19 14	glossy	가방회사는 **글로:시** 가죽으로 서류가방을 만들었다.	윤이 나는
19 15	rationalization	그의 잘못은 절대로 **래셔널라이제이션** 가 안된다.	합리화
19 16	abandoned	그녀는 가난해서 **어밴던드** 집에서 혼자 살았다.	버려진
19 17	status	월드컵 개최로 한국의 **스테터스** 가 올라갔다.	신분
19 18	insular	그는 **인설러** 한 세계관으로 다른 나라를 무시한다.	편협한
19 19	benefit	경제학 강의는 나에게 많은 **베너핏** 을 주었다.	이익
19 20	nausea	임신 초기에는 심한 **노:지아** 가 발생할 수 있다.	메스꺼움

19 21	weaken	심한 스트레스는 면역력을 위:컨 할 수 있다.	약화시키다
19 22	morality	세상 종말이 다가오자 머랠러티 가 땅에 떨어졌다.	도덕성
19 23	mindful	말을 할 때는 듣는 사람의 기분도 마인플 해라.	유념하는
19 24	cynical	그는 나의 계획을 듣고 나서 시니클 반응을 보였다.	냉소적인
19 25	quiver	잠자는 사자를 깨운 쥐는 두려움에 퀴버 했다.	떨다
19 26	sheriff	우리 마을에 새로운 쉐리프 가 부임해 왔다.	보안관
19 27	legitimize	폭력을 리쥐터마이즈 하는 것은 합리적이지 않다	정당화하다
19 28	enchant	나쁜 마녀가 그녀를 잠자는 공주로 인챈트 했다.	마술을 걸다
19 29	admonish	아버지는 거짓말을 한 아들을 애드마:니쉬 했다.	꾸짖다
19 30	surge	이벤트가 끝나자 사람들이 출입구로 서:쥐 했다.	밀려들다
19 31	reign	엘리자베스 여왕은 45년간 영국을 레인 했다.	다스리다
19 32	generate	대통령은 새 일자리를 줴너레일 하려고 노력했다.	만들어내다
19 33	oblivion	그의 이름은 사람들의 기억에서 어블리비언 되었다.	망각
19 34	accede	같이 공부하자는 나의 요청에 그녀는 어시:드 했다.	응하다
19 35	description	생존자들은 화재현장을 생생하게 디스크맆션 했다.	묘사
19 36	limitation	입사 지원을 하는데 나이의 리미테이션 이 있었다	제한
19 37	connoisseur	그는 다이아몬드 카:너수어 로 세계에서 유명하다.	감정가
19 38	symbolic	빨간색은 열정과 정열의 심발릭 한 색깔이다.	상징적인
19 39	hibernation	뱀과 곰은 겨울 동안 하이버네이션 을 한다	동면
19 40	obligation	청년은 나라를 지켜야 하는 아:블리게이션 이 있다.	의무

19 41	astound	그녀의 왈츠공연은 나를 **어스타**운드 하게 했다.	놀라게 하다
19 42	needy	난 **니:디** 한 아이들을 돕기 위해 시설에 기부했다.	가난한
19 43	federation	유럽의 국가들은 경제 **페더레이션** 을 설립했다.	연합
19 44	mediate	국회의장이 야당과 여당 의원을 **미:디에잍** 했다.	중재하다
19 45	ruins	그 지역은 폭격으로 인해서 **루:인즈** 가 되었다.	폐허
19 46	locust	가을에 **로우커슽** 떼가 곡식을 다 먹어치웠다.	메뚜기
19 47	yeast	빵을 만들 때 **이:스트** 를 넣어 반죽을 부풀게 한다.	효모
19 48	seeker	그녀는 항상 진리를 추구하는 **시:커** 이다.	탐구자
19 49	custody	증인은 법원까지 경찰의 **커스터디** 를 요청했다.	보호
19 50	obedient	그 성의 하인들은 성주에게 **오비:디언트** 이었다.	순종적인
19 51	underlie	그의 불평에는 돈 문제가 **언더라이** 하고 있었다.	깔려있다
19 52	awareness	주식은 투자손실의 위험을 **어웨어니스** 해야 한다.	의식
19 53	altar	목사님이 예배당의 **올:터** 에서 기도를 드렸다.	제단
19 54	scalp	**스캘프** 에 열이 많으면 탈모가 되기 쉽다.	두피
19 55	dehydration	**디:하이드레이션** 을 피하려고 물을 많이 마셨다.	탈수
19 56	formation	나는 태양과 지구의 **포:메이션** 과정을 공부했다.	형성
19 57	hasty	나는 그때의 **헤이스티** 한 결정을 정말 후회했다.	서두른
19 58	renewable	바람과 태양은 **리누:어블** 한 에너지 자원이다.	재생 가능한
19 59	article	신문기자가 교육제도 개편에 대해 **아:티클** 을 썼다.	기사
19 60	desirability	의료보험의 확대는 **디자이어러빌러티** 한 정책이다.	바람직함

19 61	occasional	그는 친구와 **어케이져늘** 한 등산을 함께 즐긴다.	가끔의
19 62	assignment	선생님이 내준 **어사인먼트** 를 제출하지 못했다.	과제
19 63	coward	그녀는 강아지도 만지기 두려워하는 **카워드** 였다.	겁쟁이
19 64	inaccurate	FBI는 **인애큐럿** 정보 때문에 작전에서 실패했다.	부정확한
19 65	authentic	이 추상화는 피카소가 그린 **오:쎈틱** 한 그림이다.	진짜의
19 66	reinforcement	미군은 **리:인포스먼트** 병력을 전쟁터로 보냈다.	보강
19 67	stupidity	사기꾼의 말을 믿은 너의 **스튜:피디티** 에 실망했다.	어리석음
19 68	profess	그는 경찰관에게 자신의 무죄를 **프러페스** 했다.	주장하다
19 69	loyal	진돗개는 주인에게 **로이얼** 한 개로 알려져 있다.	충성스러운
19 70	biologist	난 고래를 연구하는 해양 **바이알:러쥐슽** 가 되었다.	생물학자
19 71	rip	그녀는 복사용지를 세로로 길게 쭉 **맆** 했다.	찢다
19 72	archer	**아:쳐** 가 활을 당긴 후 목표물을 향해 화살을 났다.	궁수
19 73	abyss	괴물을 마침내 어두운 **어비스** 속으로 몰아냈다.	심연
19 74	broaden	그녀는 시야를 **브롣:은** 하기 위해 미국유학을 갔다.	넓히다
19 75	sledge	에스키모인들은 개가 끄는 **슬레쥐** 를 사용했다.	썰매
19 76	humane	우린 서로 돕고 사는 **휴:메인** 한 사회에 살고 있다.	인정 있는
19 77	electronic	조종사가 **일렉트라:닉** 제품을 꺼달라고 부탁했다.	전자의
19 78	goodwill	그녀는 도와주겠다는 나의 **굳윌** 을 거절했다.	호의
19 79	toxin	공장에서 **탁신** 을 품은 연기가 하늘로 배출되었다.	독소
19 80	entirely	그는 **인타이얼리** 혼자서 프로젝트를 완성했다.	완전히

19 81	dampen	나는 창문을 닦기 위해 스폰지를 물에 **댐펀** 했다.	적시다
19 82	defraud	사기꾼이 나에게서 돈을 **디프로:드** 하려고 했다.	속여서 빼앗다
19 83	reciprocate	남을 도와준 그의 친절은 **리시프러케잍** 받았다.	보답하다
19 84	astrology	**애스트랄러쥐** 는 별과 인생이 연관 있다고 믿는다.	점성학
19 85	revitalize	새 사장은 회사의 매출을 **리:바이털라이즈** 했다.	소생시키다
19 86	commemoration	어제 우승을 **커메머레이션** 하는 이벤트가 열렸다.	기념
19 87	expenditure	그 회사는 적자 때문에 **익스펜디쳐** 를 제한했다.	지출
19 88	respectful	아래 사람은 손위 사람에게 **리스펙플** 해야 한다.	경의를 표하는
19 89	commitment	그는 빚을 내년까지 갚기로 나에게 **커밑먼트** 했다.	약속
19 90	frenetic	그녀는 **프러네틱** 해서 일에 제대로 집중을 못 한다.	부산한
19 91	venerate	테레사 수녀는 전 세계 사람들이 **베너레잍** 했다.	공경하다
19 92	inevitable	두 선수 간의 대결은 이제 **인에비터블** 이 되었다.	피할 수 없는
19 93	ranch	많은 양과 소가 **랜취** 에서 사육되고 있었다.	목장
19 94	tolerant	이 채소는 추위에 **탈러런트** 해서 겨울에 재배된다.	잘 견디는
19 95	spillage	석유 **스필리쥐** 방지를 위해 조절장치를 설치했다.	흘림
19 96	bewilder	면접관의 돌발 질문은 나를 **비윌더** 하게 했다.	당황케 하다
19 97	apparently	**어패런리** 그들은 곧 이혼할 것 같다.	아무래도~ 같은
19 98	rational	네가 일을 그만두려면 **래셔늘** 한 이유가 필요하다.	합리적인
19 99	originality	그녀의 패션쇼는 **어리져낼러티** 가 매우 부족했다.	독창성
20 00	excavation	그녀는 고대 유적지의 **엑스커베이션** 에 참여했다.	발굴

Review Test

rational	legitimize	insular	inaccurate	obligation
electronic	stupidity	commemoration	spillage	dehydration
hypertension	custody	hence	seeker	excavation
astrology	ruins	mindful	locust	shuffle
abandoned	tolerant	oblivion	toxin	wreck
astound	grumble	connoisseur	loyal	unforgettable
expenditure	proficiency	authentic	scalp	article
coward	inevitable	frenetic	symbolic	defraud
verbally	rationalization	entirely	weaken	benefit
occasional	sheriff	goodwill	quiver	apparently
revitalize	reinforcement	rip	isolate	ample
assignment	flush	humane	limitation	educational
awareness	reign	respectful	renewable	mediate
desirability	federation	description	accede	obedient
enchant	cynical	biologist	glossy	ranch
questionnaire	sledge	bewilder	generate	hasty
commitment	underlie	reciprocate	venerate	nausea
hibernation	admonish	formation	broaden	morality
altar	dampen	originality	profess	surge
status	yeast	archer	abyss	needy

고등 수능 영단어 5000

영어단어장
3장

2001
~
3000
단어

00 01	reflex	그녀는 날아오는 공에 대한 **리:플렉스** 가 빨랐다.	반사행동
00 02	gallantry	왕자는 지혜와 **갤런트리** 로 괴물과 싸웠다.	용감함

영어 단어 읽기 1

1_ 예문 속의 영어 발음을 읽어본다
2_ 원어민 소리를 들으면서 따라 읽어본다
3_ 영어단어와 한글 발음을 보면서 읽어본다
4_ 영어단어만 보고 읽어본다
5_ 원어민 음성만 들으면서 따라 말해본다
6_ 리뷰 테스트의 100단어를 읽어본다

단어 의미 암기 2

1_ 단어의미를 보면서 한글 예문을 읽는다
2_ 한글 예문을 보면서 의미를 되새겨 본다
3_ 한글의미를 보면서 영어단어를 말해본다
4_ 영어단어를 보면서 의미를 말해본다
5_ 원어민 음성 들으면서 의미를 말해본다
6_ 리뷰 테스트의 100단어 의미를 말해본다

영어단어를 잘 외우려면 두 가지를 명심하라!

주의사항 필독 3

1_ 단어의 발음을 잘 읽으려고 노력하라!
　그래서 한글로 발음을 쓴 절대적 이유다

2_ 단어의 의미를 잘 느끼려고 노력하라!
　그래서 한글로 예문을 쓴 절대적 이유다

20 01	constant	그녀의 **칸스턴트** 한 노력이 성공의 열쇠였다.	끊임없는
20 02	securities	**시큐어러티즈** 의 현금화를 위해 매도를 했다.	증권
20 03	stifle	짙은 연기가 소방관들을 **스타이플** 하게 했다.	질식시키다
20 04	miserly	**미절리** 한 친구는 한 번도 점심값을 내지 않았다.	인색한
20 05	punishment	그는 말을 안들은 **퍼니쉬먼트** 로 방 청소를 했다.	처벌
20 06	forgo	나는 배가 너무 불러서 디저트를 **포:고우** 했다.	포기하다
20 07	promote	교황은 평화를 **프러모울** 하기 위한 미사를 올렸다.	촉진시키다
20 08	ardent	그녀는 **아:든트** 한 BTS 팬 중의 한 명이다.	열렬한
20 09	sobering	멘토는 제자에게 **소우버링** 한 충고를 해줬다.	정신 차리게 하는
20 10	reinforce	교통 법규를 더욱 **리:인포:스** 하는 것이 필요하다.	강화하다
20 11	strategic	아군이 드디어 **스트러티:직** 인 요충지를 점령했다.	전략적인
20 12	proclamation	독재자는 전국에 계엄령을 **프라:클러메이션** 했다.	선포
20 13	stink	신발을 오래 신었더니 **스팅크** 하기 시작했다.	냄새가 나다
20 14	maturation	아이마다 **매츄레이션** 하는 속도가 전부 다르다.	성숙
20 15	correspond	그는 말과 행동이 **코:러스판드** 해서 신뢰가 간다.	일치하다
20 16	politics	그는 **팔러틱스** 를 하기 위해서 여당에 입당했다.	정치
20 17	sector	관광은 하와이 경제의 중요한 **섹터** 로 여겨진다.	부분
20 18	stiffen	그녀는 괴물을 보자 공포심에 온몸이 **스티픈** 했다.	딱딱해지다
20 19	appall	놀이공원의 '귀신의 집'은 나를 **어폴:** 하게 했다.	오싹하게 하다
20 20	imaginative	문제해결을 위해 **이매쥐너티브** 한 생각이 필요하다.	창의적인

20 21	occasion	갑자기 아플 **어케이젼** 에는 119에 전화를 해라.	경우
20 22	mingle	파티에서 남자와 여자가 **밍글** 해서 즐겁게 놀았다.	섞이다
20 23	blissful	신혼부부는 여행에서 **블리스플** 한 시간을 보냈다.	더없이 행복한
20 24	fatal	난 고속도로에서 **페이틀** 한 자동차 사고를 당했다.	치명적인
20 25	adolescence	**애덜레슨스** 에는 목소리등 육체적 변화가 일어난다.	청소년기
20 26	superficial	그의 철학적 지식은 **수:퍼피셜** 한 정도에 그쳤다.	깊이가 없는
20 27	agriculture	**애그리컬쳐** 는 농촌을 유지시키는 주요한 활동이다.	농업
20 28	principally	내가 쓴 책은 **프린스플리** 초보자를 위한 책이다.	주로
20 29	abject	나의 아버지는 실직한 후 **애브젝트** 한 상태였다.	절망적인
20 30	operate	농부가 최신 농기계를 **아퍼레일** 할 수 있었다.	작동하다
20 31	ventilation	이 방은 **밴털레이션** 이 잘 안돼서 냄새가 난다.	환기
20 32	responsive	기업은 소비자들의 요구에 **리스판시브** 해야 한다	즉각 반응하는
20 33	innocence	변호사는 판사에게 의뢰인의 **이너슨스** 를 주장했다.	무죄
20 34	inactive	선수가 다리 부상 때문에 한동안 **인액티브** 였다.	활동하지 않는
20 35	reunite	제대한 군인이 오랜만에 가족과 **리:유:나일** 했다.	재회하다
20 36	absorb	스펀지는 보통 많은 물을 **어브조:브** 한다.	흡수하다
20 37	meddle	나는 다른 사람의 연애에 **메들** 하고 싶지 않다.	간섭하다
20 38	entail	영어를 공부하는 데는 그만한 노력을 **인테일** 한다.	수반하다
20 39	observation	적의 움직임 **압:저베이션** 을 위해서 정찰병이 갔다.	관찰
20 40	feverish	나의 딸은 콘서트에서 **피:버리쉬** 한 응원을 했다.	열광적인

20 41	confusion	ㅣ 화재 발생으로 가게는 일순 대 **컨퓨:젼** 에 빠졌다.	ㅣ	혼란
20 42	gutter	ㅣ **거터** 가 낙엽으로 막혀서 물이 흐르지 못한다.	ㅣ	배수로
20 43	steadfast	ㅣ 내게 부모님의 **스테드패슽** 한 사랑은 힘이 되었다.	ㅣ	변함없는
20 44	centrality	ㅣ 아버지는 아팠지만, 우리 가족의 **센트랠러티** 였다.	ㅣ	중심적 역할
20 45	empire	ㅣ 부패와 타락은 로마 **엠파이어** 의 몰락을 가져왔다.	ㅣ	제국
20 46	sociable	ㅣ TV 스타들은 다른 사람과 **소우셔블** 하게 보인다.	ㅣ	사교적인
20 47	damaging	ㅣ 새로운 법규는 우리 사업에 **대미징** 이 될 것이다.	ㅣ	해로운
20 48	mock	ㅣ 우리 아들은 개그맨을 **마:크** 하는 것을 좋아한다.	ㅣ	흉내 내다
20 49	supplement	ㅣ 나는 비타민을 **서플러먼트** 하려고 영양제를 먹는다.	ㅣ	보충
20 50	influenza	ㅣ 겨울엔 **인플루엔자** 에 때문에 예방접종을 한다.	ㅣ	유행성 감기
20 51	sporadic	ㅣ 그 아기는 모유를 먹는 시간이 **스퍼래딕** 했다.	ㅣ	산발적인
20 52	timid	ㅣ 그 소년은 아직 어리고 **티미드** 했었다.	ㅣ	소심한
20 53	compress	ㅣ 난 동영상 파일을 **컴프레스** 해서 USB에 저장했다.	ㅣ	압축하다
20 54	unworthy	ㅣ 거리에 침을 뱉은 것은 신사로서 **언워:디** 행동이다.	ㅣ	어울리지 않는
20 55	divine	ㅣ 우리가 만난 것은 **디바인** 한 신의 섭리로 생각된다.	ㅣ	신성한
20 56	countryman	ㅣ 영국 남자는 **컨트리먼** 두 사람을 한국에 초대했다.	ㅣ	동포
20 57	presume	ㅣ 마을 사람들은 그녀가 사기꾼이라고 **프리줌:** 했다.	ㅣ	추정하다
20 58	unparalleled	ㅣ 헤라클레스는 **언패러럴드** 한 힘센 장사였다.	ㅣ	비할 데 없는
20 59	impulse	ㅣ 나는 배우를 보자 소리치고 싶은 **임펄스** 를 느꼈다.	ㅣ	충동
20 60	constancy	ㅣ 성공의 열쇠는 **칸:스턴시** 와 노력이라고 할 수 있다.	ㅣ	불변성

20 61	renovation	낡은 공장은 **레너베이션** 을 위해 업체를 불렀다.	수리
20 62	inequality	국가 간의 **이니콸러티** 는 전쟁으로 이어질 수 있다.	불평등
20 63	restructure	그 회사는 **리:스트럭쳐** 해서 적자부서를 없앴다.	구조조정하다
20 64	immoral	테러는 비인간적이고 **이모:럴** 한 행동으로 여겨진다.	부도덕한
20 65	organic	우리 집은 농약이 없는 **오개닉** 식품을 먹고 있다.	유기농의
20 66	luxuriant	정원에는 **러그쥬리언트** 한 하얀 장미가 피었다.	무성한
20 67	convinced	그는 자신이 주장이 맞다고 **컨빈슽** 하는 것 같았다.	확신하는
20 68	negatively	많은 사람이 미인대회를 **네거티블리** 하게 본다.	부정적으로
20 69	cite	교수는 유명한 철학자의 말을 **사잍** 해서 강의했다.	인용하다
20 70	predominantly	필리핀 사람들은 **프리다:미넌리** 천주교를 믿는다.	대개
20 71	repent	살인자는 뒤늦게나마 그의 죄를 **리펜트** 했다.	후회하다
20 72	sweeten	난 커피를 **스윝:은** 하기 위해 시럽을 넣었다.	달게 하다
20 73	repellent	해충을 쫓아내려고 **리펠런트** 한 약품을 발랐다.	역겨운
20 74	intervene	부부 사이 문제에 **인터빈:** 하면 욕만 먹을 수 있다.	개입하다
20 75	indigenous	신토불이는 **인디쥐너스** 한 음식을 먹자는 주의다.	토종의
20 76	liable	집주인이 옥상과 벽 수리에 대한 **라이어블** 이 있다.	책임이 있는
20 77	winnings	그는 로또 당첨의 **위닝즈** 을 친척들에게 나눠줬다.	상금
20 78	retain	법에 따르면 영수증을 5년 동안 **리테인** 해야 한다.	보유하다
20 79	render	웨이터가 손님에게 물과 음식을 **렌더** 했다.	제공하다
20 80	deport	미국 정부는 불법 이민자들을 **디포:트** 하길 원했다.	추방하다

20 81	side effect	그녀는 성형수술의 **사이드 이펙트** 로 고통받았다.	부작용
20 82	suspicious	**서스피셔스** 한 사람이 우리집 주위를 돌아다녔다.	의심스러운
20 83	prestige	경제학자로서의 그의 **프레스티:쥐** 는 잘 알려졌다.	명성
20 84	deploy	러시아는 군인들을 이라크에 **디플로이** 했다.	배치하다
20 85	sanity	심한 스트레스는 네가 **새니티** 를 잃게 할 수 있다.	제정신
20 86	exotic	난 친구와 함께 하와이의 **이그조:틱** 경치를 즐겼다.	이국적인
20 87	confidence	우리 반 학생들은 모두 선생님을 **칸:피던스** 한다.	신뢰
20 88	absolute	인기 가수의 첫 앨범은 **앱설루:트** 한 성공이었다	완전한
20 89	ridiculous	그의 할머니 할로윈 복장은 정말 **리디큘러스** 했다.	웃기는
20 90	radically	대한민국의 출생률이 래**디컬리** 감소하고 있다.	급진적으로
20 91	naturalist	**내츄럴리슽** 은 동물이나 식물을 연구하는 학자다.	박물학자
20 92	ailment	현대인에게 우울증은 심각한 에**일먼트** 중 하나다.	질병
20 93	desperately	사슴은 **데스퍼럴리** 올무에서 빠져나가려고 했다	필사적으로
20 94	reliable	**릴라이어블** 한 사람들을 친구로 사귀어야 한다.	믿을 수 있는
20 95	dignitary	영국의 **디그너테리** 가 대사를 위해 파티를 열었다.	고위관리
20 96	patron	그녀는 유니세프에 기부금을 내는 페**이트런** 이었다.	후원자
20 97	brittle	나이가 들면 들수록, 뼈가 **브리틀** 해지기 쉽다.	잘 부러지는
20 98	fetch	그녀는 오후에 아이들을 페**취** 하러 학교에 갔다.	데려오다
20 99	blaze	방화로 인해서 건물 전체가 **블레이즈** 하고 있었다.	불타오르다
21 00	sprinkle	케이크 위에 초콜릿 조각을 멋지게 **스프링클** 했다.	뿌리다

135

proclamation	securities	promote	unworthy	sociable
patron	maturation	principally	stifle	winnings
gutter	confidence	desperately	presume	confusion
intervene	sector	adolescence	strategic	deport
entail	sobering	empire	inequality	absorb
absolute	occasion	innocence	observation	divine
operate	timid	punishment	luxuriant	side effect
supplement	miserly	constancy	ardent	ridiculous
influenza	mingle	renovation	indigenous	abject
stiffen	repent	convinced	steadfast	organic
naturalist	impulse	constant	repellent	reunite
dignitary	brittle	stink	forgo	restructure
fetch	countryman	fatal	politics	prestige
imaginative	reinforce	radically	sanity	responsive
unparalleled	sporadic	appall	mock	immoral
render	inactive	negatively	agriculture	ventilation
correspond	retain	suspicious	centrality	exotic
ailment	blissful	sweeten	deploy	meddle
cite	compress	blaze	superficial	damaging
sprinkle	liable	predominantly	reliable	feverish

|---|---|---|---|
21 01	Uranus	유**레**이너스 는 태양계에서 3번째로 큰 행성이다.	천왕성
21 02	compost	나는 낙엽들로 **컴포우슽** 를 만들어 정원에 뿌렸다.	퇴비
21 03	distress	기쁨은 나누면 두배, **디스트레스** 는 절반이 된다.	고통
21 04	summit	산악회원과 한라산 서**밑** 에 올라가 사진을 찍었다.	정상
21 05	nomad	**노우매드** 는 소와 말을 키우면서 황야에서 살았다.	유목민
21 06	rash	회의가 끝나기 전 결론을 내다니 성격이 래쉬 하다.	성급한
21 07	apprenticeship	나는 한식 요리의 **어프렌티쉽** 으로 요리를 배웠다.	견습직
21 08	unmusical	그 판매원은 거칠고 **언뮤:지클** 한 목소리를 가졌다.	귀에 거슬리는
21 09	deliberately	CIA 요원은 **딜리버맅리** 신사에게 물을 엎질렀다.	고의로
21 10	muck	돼지우리에는 돼지의 **먹** 이 잔뜩 쌓여 있었다.	가축분뇨
21 11	refresh	충분한 수면으로 그녀의 몸이 **리프레쉬** 되었다.	상쾌하게 하다
21 12	shotgun	멧돼지사냥을 갈 때, 나는 샽**:건** 을 준비했다	엽총
21 13	wholesale	이 가게는 **호울세일** 가격으로 물건을 팔아서 좋다.	도매의
21 14	congress	**캉:그레스** 는 법인세 인하를 논의한 후 통과시켰다.	의회
21 15	quaint	민속촌에 가서 옛날의 **퀘인트** 한 물건을 구경했다.	진기한
21 16	unremitting	이젠 남북한의 **언리밑팅** 한 긴장감을 끝내야 한다	끊임없는
21 17	tingle	나는 벌에 쏘인 손가락이 **팅글** 거리기 시작했다.	따끔거리다
21 18	throng	여왕을 보기 위해 **쓰롱:** 이 성문으로 모여들었다.	군중
21 19	dispose	이순신장군은 거북선을 일렬로 **디스포우즈** 했다.	배치하다
21 20	enrichment	우라늄의 **인리취먼트** 에는 공식적 허가가 필요하다.	농축

21 21	dose	그는 처방전의 **도우스** 에 맞춰 감기약을 복용했다.	복용량
21 22	skeptical	야당은 여당의 정책에 대해 **스켑티컬** 반응이었다.	회의적인
21 23	precede	영화를 시작하기 전 광고가 항상 **프리시:드** 된다.	선행하다
21 24	instantly	나는 친구와 크게 싸운 후 **인스턴리** 후회했다.	즉시
21 25	alchemy	마법사는 **앨커미** 를 사용해서 금을 만들려고 했다	연금술
21 26	zealous	**젤러스** 한 성도들이 교회를 위해서 봉사했다.	열성적인
21 27	rudiment	그는 영어 시간에 문법의 **루:더먼트** 를 잘 배웠다.	기초
21 28	swift	나쁜 소문은 퍼지는데 **스위프트** 한 성질이 있다.	신속한
21 29	dictator	**딕테이터** 가 언론을 통제하고 국민을 억압했다.	독재자
21 30	biofuel	**바이오퓨얼** 은 옥수수 같은 식물을 활용한 연료다.	바이오 연료
21 31	thrift	그는 100원도 아껴 쓰는 **쓰리프트** 가 몸에 익었다.	절약
21 32	withstand	그 오두막은 강력한 허리케인에 **위드스탠드** 했다.	견디다
21 33	algae	**앨쥐** 는 다양한 요인에 의해 녹조를 발생시킨다.	해초
21 34	conferment	그는 졸업장을 **컨퍼먼트** 하는 졸업식에 참여했다.	수여
21 35	warmth	그녀가 앉았던 의자에는 아직 **웜:쓰** 가 남아 있었다.	따뜻함
21 36	corruption	검찰은 정치인과 공무원의 **커럽션** 을 조사했다.	부패
21 37	enrich	관광이 이집트를 **엔리취** 하게 해준 요인이었다.	부유하게 하다
21 38	purely	우리는 **퓨얼리** 우연한 기회로 만나게 되었다.	순전히
21 39	attempt	죄수가 감옥 탈출을 **어템트** 했다가 발각되었다.	시도하다
21 40	dissuade	나는 그가 마약 하는 것을 적극 **디스웨이드** 했다.	만류하다

21 41	frightened	I 사자를 보고 **프라일은드** 여우가 나무 뒤로 숨었다.	I 겁먹은
21 42	decimal	I **데서믈** 계산은 0부터 9까지의 숫자를 이용한다.	I 십진법의
21 43	nominate	I 영화가 영화제에서 대상 후보로 **나:머네잇** 되었다.	I 추천하다
21 44	empathic	I 그는 **엠패씩** 한 목소리로 사랑의 노래를 불렀다.	I 감정이입의
21 45	daydream	I 난 **데이드림:** 에서 뿔이 하나 달린 유니콘을 봤다.	I 백일몽
21 46	impairment	I 그는 청각 **임페어먼트** 때문에 보청기를 끼고 있다.	I 장애
21 47	replication	I 유전자 **레플러케이션** 은 엄격한 관리를 받는다.	I 복제
21 48	mischance	I 범인은 순전히 **미스챈스** 로 잡혔다고 억울해했다.	I 불운
21 49	imprint	I 조각가가 대리석에 그의 명언을 **임프린트** 했다.	I 새기다
21 50	refute	I 그 범죄자는 자신의 혐의에 대해 **리퓨:트** 했다.	I 반박하다
21 51	instructor	I 그녀는 피아노를 가르치는 **인스트럭터** 이다.	I 강사
21 52	premiere	I 그 영화는 6월에 영화관에서 **프리미어:** 된다.	I 개봉
21 53	affectional	I 사람들이 자신의 **어펙셔늘** 의 결핍을 호소한다.	I 애정의
21 54	sunken	I 타이타닉은 빙산으로 인해 **성큰** 한 여객선이다.	I 침몰한
21 55	mirage	I 오아시스가 **머라:쥐** 처럼 나타났다가 사라졌다.	I 신기루
21 56	consolidate	I 헨리 왕은 왕권을 **컨살:리데잍** 위해 귀족을 가뒀다.	I 강화하다
21 57	lofty	I 그는 30층이라는 **로:프티** 한 아파트에 살고 있다.	I 아주 높은
21 58	overdose	I 약을 **오우버도우스** 하면 약물중독에 빠지기 쉽다.	I 과다복용
21 59	ripen	I 농부는 사과가 맛있게 **라이펀** 하자 팔기 위해 땄다.	I 익다
21 60	impetuous	I 그는 **임페츄어스** 한 주식 투자로 많은 돈을 잃었다.	I 성급한

21 61	standstill	자동차들이 고속도로에서 거의 **스탠스틸** 되었다.	정지
21 62	luxurious	부자들이 **러그쥬리어스** 한 별장에서 지내고 있다.	호화로운
21 63	bankruptcy	거래하던 은행이 **뱅크럽시** 해서 돈을 못 받았다.	파산
21 64	fertilize	농부는 땅에 퇴비를 주면서 **퍼:털라이즈** 했다.	비옥하게 하다
21 65	omit	나는 논문을 검토하면서 중복된 문장을 **어밑** 했다.	생략하다
21 66	pessimism	인생은 **페서미즘** 보단 낙관적으로 볼 필요가 있다.	비관주의
21 67	retreat	아군은 적군의 총공격으로 **리트리:트** 해야만 했다.	후퇴하다
21 68	contradict	그의 진술은 그의 행동과 **칸:트러딕트** 하고 있었다.	모순되다
21 69	widespread	둘이 사귄다는 것은 **와읻스프레드** 소문이었다.	널리 퍼진
21 70	convent	수녀들은 **칸:벤트** 에서 집단으로 생활을 한다.	수녀원
21 71	rotate	이미지를 90도 **로우테잍** 하려고 마우스로 클릭했다.	회전하다
21 72	maltreat	귀족들은 성에 있는 노예들을 **맬트리:트** 했다.	학대하다
21 73	generalization	섣부른 **줴너럴라이제이션** 은 피하도록 해야 한다.	일반화
21 74	diffusion	방안에 라벤더 향기가 가득 **디퓨:젼** 이 되었다.	발산
21 75	extensive	그는 자동차 사고로 **엑스텐시브** 한 부상을 입었다.	아주 넓은
21 76	subside	수술 후 통증은 몇 주 후에 **섭사이드** 되었다.	진정되다
21 77	robust	그 노인은 나이에 비해서 아직 **로우버슽** 하다.	건장한
21 78	ceremonial	123빌딩을 기념하는 **세러모우니얼** 행사가 열렸다.	의식의
21 79	facilitate	컴퓨터는 정보분석을 **퍼실리테잍** 하도록 돕는다.	쉽게 하다
21 80	delicacy	그림이 화가의 **델리커시** 를 충분히 표현하고 있다.	섬세함

21 81	aristocrat	어리스터크랩 은 성에 자신의 군대를 거느렸다.	귀족
21 82	needlework	나의 할머니는 여가시간에 니:들워:크 를 하신다.	바느질
21 83	oppressive	그녀는 남편과의 어프레시브 한 결혼생활을 끝냈다.	억압하는
21 84	contemporary	나는 컨템퍼레리 미술과 고전 미술 모두 좋아한다.	현대의
21 85	authorship	롤링은 유명한 해리포터 오:써쉽 으로 알려져 있다.	원저자
21 86	Jew	많은 쥬: 가 독일 군대에 의해서 학살을 당했다.	유대인
21 87	mar	너의 경솔한 행동이 우리 프로젝트를 마: 했다.	손상시키다
21 88	emit	달걀만 한 다이아몬드가 영롱한 빛을 이밑 했다.	내뿜다
21 89	diplomacy	신임 외교관은 디플로우머시 수완이 전혀 없었다.	외교
21 90	filth	길고양이가 필쓰 더미에서 뒹굴고 있었다.	쓰레기
21 91	taunt	학교 친구가 사람들 앞에서 날 바보라고 톤:트 했다.	놀리다
21 92	eatable	그 식당의 음식은 이:터블 하지만 맛은 별로 없다.	먹을 수 있는
21 93	aid	하느님한테 우리를 에이드 해달라고 기도했다.	돕다
21 94	sulky	그녀는 인형을 사지 못해서 하루 종일 설키 였다.	시무룩한
21 95	frontal	아군이 적군에 대해서 프런틀 공격을 감행했다.	정면의
21 96	therapist	나는 상담을 위해 언어 쎄러피슽 를 찾아갔다.	치료사
21 97	operation	그 외과 의사는 아침부터 아:퍼레이션 으로 바빴다.	수술
21 98	perform	컴퓨터는 많은 업무를 동시에 퍼폼: 할 수 있다.	수행하다
21 99	chariot	로마 병사가 채리엍 을 타고 전쟁터에 나갔다.	전차
22 00	steep	육상선수가 스팊: 한 언덕을 뛰어서 올라갔다.	가파른

unmusical	taunt	oppressive	eatable	robust
emit	sunken	unremitting	muck	impairment
mirage	rash	enrich	daydream	shotgun
omit	diffusion	pessimism	extensive	aid
aristocrat	premiere	decimal	operation	subside
instructor	rudiment	ripen	rotate	summit
retreat	enrichment	corruption	facilitate	steep
instantly	diplomacy	contemporary	conferment	algae
delicacy	lofty	overdose	congress	sulky
precede	generalization	Jew	dose	refute
luxurious	swift	chariot	authorship	biofuel
ceremonial	nomad	nominate	imprint	consolidate
throng	mischance	therapist	skeptical	dissuade
Uranus	impetuous	convent	compost	dictator
thrift	affectional	frontal	filth	attempt
bankruptcy	needlework	purely	quaint	empathic
dispose	widespread	replication	warmth	contradict
zealous	tingle	deliberately	distress	withstand
refresh	mar	maltreat	standstill	fertilize
wholesale	perform	apprenticeship	frightened	alchemy

22 01	selective	소의 **셀렉티브** 한 사육은 선천적 기형을 줄인다.	선택적인
22 02	fearless	전사는 <u>피</u>**얼리스** 한 눈으로 괴물을 쳐다봤다.	두려움을 모르는
22 03	centennial	오늘은 **센테니얼** 의 기념행사가 열리는 날이다.	100년 마다의
22 04	cumulative	유튜버의 **큐:뮬러티브** 조회 수는 백만을 넘었다.	누적되는
22 05	testimonial	교수는 장학생에게 **테스터모우니얼** 를 써줬다.	추천서
22 06	sociology	**소우시알:러쥐** 은 사회와 인간의 행동을 연구한다.	사회학
22 07	daunting	선생님이 중학생들에게 **돈:팅** 한 과제를 내줬다.	벅찬
22 08	abortion	종교에서는 대체로 **어보:션** 보단 출산을 주장한다.	낙태
22 09	homogeneous	한국은 같은 언어를 쓰는 **허마쥐:니스** 국가이다.	동종의
22 10	flaunt	여동생이 새로 산 신발을 나에게 **플론:트** 했다.	과시하다
22 11	covenant	나는 어제 세입자와 아파트 **커버넌트** 을 했다.	계약
22 12	capitalist	자본주의 사회에서 **캐피털리슽** 는 권력을 가진다.	자본가
22 13	regarding	새로운 사업에 **리가:딩** 하여 그녀는 비관적이다.	~에 관하여
22 14	proclaim	대한제국은 독립을 세계에 **프러클레임** 했다.	선언하다
22 15	notion	자본주의라는 **노우션** 은 공산주의와는 다르다.	개념
22 16	exonerate	알리바이 덕분에 난 감옥에서 **이그자:너레잍** 됐다.	해방시키다
22 17	coexist	고양이와 강아지가 같이 **코우이그지슽** 할 수 있다.	공존하다
22 18	obese	**오우비:스** 는 과식하면서 운동을 잘 하지 않는다.	비만인
22 19	inheritance	노인은 아들에게 많은 **인헤리턴스** 을 물려주었다.	유산
22 20	numerical	창고 물품을 **누:메리클** 순서로 분류했다.	숫자로 된

22 21	offender	경찰은 도망가려는 **어펜더** 를 현장에서 붙잡았다.	범죄자
22 22	countenance	나의 이모는 아픈지 **카운터넌스** 가 좋지 않았다.	안색
22 23	dissatisfied	그는 수학시험 결과에 매우 **디스새티스파인** 했다.	불만스러워하는
22 24	politeness	어르신에 대한 **펄라잍니스** 는 젊은이의 덕목이다.	공손함
22 25	lullaby	그녀는 아기를 재우려고 **럴러바이** 를 불러줬다.	자장가
22 26	slang	래퍼들은 자신의 노래에 **슬랭** 을 많이 사용한다.	속어
22 27	reasonably	5성 호텔의 숙박비용이 **리:즈너블리** 비쌌다.	상당히
22 28	gigantic	나는 동물원에서 **쟈이갠틱** 한 고래를 봤다.	거대한
22 29	connotation	그녀의 애매한 대답은 거절을 **카:너테이션** 한다.	함축
22 30	prosecution	해리는 **프라:시큐:션** 측 증인으로 법원에 출두했다.	검찰
22 31	innovative	그는 문제에 대해 **이너베이티브** 방안을 제안했다.	획기적인
22 32	botanical	우리는 공원의 **버태니클** 정원에서 꽃을 구경했다.	식물의
22 33	abridge	소설가가 내용을 **어브리쥐** 해서 신문에 소개했다.	축약하다
22 34	astronomy	**어스트라:너미** 교수는 하늘의 별들을 연구한다.	천문학
22 35	amnesia	그는 자동차 사고로 일시적 **앰니:지아** 을 앓았다.	기억상실
22 36	corporation	큰 **코:퍼레이션** 에서 신입사원 채용공고를 냈다.	기업
22 37	ambiguity	난 두 사람의 사이에서 **앰비규:어티** 태도를 취했다.	애매모호함
22 38	crucially	그의 조언은 **크루:셜리** 나의 결정에 영향을 줬다.	결정적으로
22 39	tinge	나는 그녀의 말에서 질투하는 **틴쥐** 를 느꼈다.	기미
22 40	destination	이 고속버스의 최종 **데스터네이션** 은 부산이다.	목적지

22 41	kin	나의 모든 **킨** 이 나의 졸업식 파티에 왔다.	친척
22 42	fiery	그녀는 조용하다가 가끔 **파이어리** 한 성질을 낸다.	불같은
22 43	nurture	부모들은 아이들을 잘 **너:쳐** 할 의무가 있다.	양육하다
22 44	theft	그는 차량 **쎄프트** 의 혐의로 긴급 체포되었다.	절도
22 45	groom	고양이는 혀로 자신의 털을 **그룸:** 할 수 있다.	손질하다
22 46	corrosive	소금물은 **커로우시브** 해서 철에 묻지 않도록 했다.	부식성의
22 47	mythology	그리스 **미쌀:러쥐** 에는 다양한 신들이 등장한다.	신화
22 48	arbitrary	그가 직장을 그만둔 것은 **아:버트레리** 결정이었다.	제멋대로인
22 49	folklore	한국의 **포크로:어** 에는 많은 동물들이 등장한다.	민간 설화
22 50	massacre	2번에 걸친 세계대전은 세계에 **매서커** 를 일으켰다.	대학살
22 51	deplete	그는 일주일 야근으로 에너지를 **디플리:트** 했다.	고갈시키다
22 52	tearful	우리는 공항에서 서로를 끌어안고 **티어플** 했다.	울고 있는
22 53	compulsive	말을 잘해야 한다고 **컴펄시브** 하면 말이 안 나온다.	강박적인
22 54	waive	범인은 변호사를 선임할 권리를 **웨입** 했다.	포기하다
22 55	offend	너의 무례한 행동이 그녀를 진짜로 **어펜드** 했다.	기분 나쁘게 하다
22 56	reverence	예의 바른 청년이 어르신에게 **레버런스** 을 표했다.	존경
22 57	corresponding	모든 문제에는 그에 **코:러스판:딩** 한 해결책이 있다.	~에 상응하는
22 58	dimensional	컴퓨터가 건물을 3 - **디멘셔늘** 모양으로 나타냈다.	차원의
22 59	falter	그 노인은 계단을 내려가면서 심하게 **폴:터** 했다.	비틀거리다
22 60	overall	기계 수리 후 **오우버롤:** 생산량이 10% 증가했다.	전체의

22 61	embark	루피 일행은 모험을 위해 써니호에 **임바:크** 했다.		승선하다
22 62	ingenuous	이 책은 **인쮀뉴어스** 한 시골 청년의 이야기이다.		순진한
22 63	proportion	신입생들의 남자의 **프러포:션** 이 여자보다 낮다.		비율
22 64	maternity	난 그녀에게 축하하려고 **머터:너티** 옷을 선물했다.		임부인 상태
22 65	accomplishment	한글 창제는 세종대왕의 큰 **어캄:플리쉬먼트** 이다.		업적
22 66	pottery	**파:터리** 는 높은 열로 가마에서 몇 번씩 굽게 된다.		도자기
22 67	factual	내가 지금 하는 이야기는 전부 **팩츄얼** 하다.		사실에 근거한
22 68	foreseeable	**포:시어블** 미래엔 자율주행차가 대세가 될 것이다.		예측할 수 있는
22 69	patronize	난 가능한 국산품을 **페이트러나이즈** 하려고 한다.		애용하다
22 70	desperate	쥐도 궁지에 몰리면 **데스퍼릿** 의 공격을 한다.		자포자기의
22 71	radiance	그는 웃을 때 얼굴에 **레이디언스** 가 나는 것 같다.		광채
22 72	cape	슈퍼맨은 사건 현장에 출동할 때 **케잎** 을 입었다.		망토
22 73	tranquility	시골의 **트랭퀼러티** 을 원해서 전원주택을 지었다.		평온함
22 74	poke	존이 수업시간에 갑자기 내 어깨를 **포우크** 했다.		찌르다
22 75	controvert	나는 그의 잘못된 주장을 하나씩 **칸:트러버:트** 했다.		반박하다
22 76	desirable	공공장소에서 금연하는 것은 **디자이어러블** 하다.		바람직한
22 77	scramble	도둑은 주인에게 들키자 담장을 **스크램블** 했다.		기어오르다
22 78	urban	많은 사람이 **어:번** 의 아파트로 이사를 했다.		도시의
22 79	breathtaking	나이아가라 폭포는 **브레쓰테이킹** 한 경관이었다.		숨 막히는
22 80	resolute	정부는 뇌물에 대해선 **레절루:트** 한 조치를 했다.		단호한

146

22 81	induction	우린 과학 시간에 정전기 **인덕션** 실험을 했다.	유도
22 82	agony	친구의 죽음은 그에게 큰 **애거니** 를 주었다.	고통
22 83	inconsistent	범인의 진술은 대부분 사실과 **인컨시스턴트** 했다.	일치하지 않는
22 84	camouflage	카멜레온은 나뭇잎 색깔로 **캐머플라:쥐** 할 수 있다.	위장
22 85	microbe	옥수수에서 **마이크로웁** 을 이용해 에탄올을 만든다.	미생물
22 86	historian	**히스토리언** 은 역사에 대한 지식이 남보다 깊다.	역사학자
22 87	repository	문화재가 있는 지하 **리파:저토:리** 가 침수되었다.	저장소
22 88	gene	너의 눈 색깔은 타고난 **쥔:** 으로 결정이 된다.	유전자
22 89	sustainable	회사는 불황에도 **서스테이너블** 성장을 보여줬다.	지속 가능한
22 90	hemisphere	호주는 지도에서 남 **헤미스피어** 에 위치한다.	반구
22 91	portray	나는 그녀의 다양한 포즈를 **포:트레이** 했다.	그리다
22 92	dreadful	맛집이라는 식당의 음식이 정말 **드레드플** 했다.	끔찍한
22 93	personalize	그녀는 컴퓨터 시작화면을 **퍼:서널라이즈** 했다.	개인화하다
22 94	delegation	한국은 일본과 협상을 위해 **델리게이션** 을 보냈다.	대표단
22 95	disability	그는 청각 **디서빌러티** 를 극복하려고 노력했다.	장애
22 96	leukemia	어린 **루:키:미아** 환자에게 골수기증자가 나타났다.	백혈병
22 97	conformity	사장은 자신의 지시에 **컨포:머티** 하기를 원한다.	순응
22 98	aerobic	집에서 조깅 같은 **어로우빅** 운동은 건강에 좋다.	유산소의
22 99	affect	식단과 생활방식이 당뇨병의 진행에 **어펙트** 한다.	영향을 미치다
23 00	outperform	그녀는 경쟁자를 월등한 실력으로 **아웃퍼폼:** 했다.	능가하다

Review Test

microbe	proportion	embark	resolute	centennial
historian	folklore	induction	hemisphere	dissatisfied
capitalist	innovative	testimonial	personalize	pottery
covenant	waive	arbitrary	ingenuous	falter
mythology	inheritance	fearless	outperform	abortion
ambiguity	foreseeable	abridge	gene	nurture
aerobic	dimensional	cumulative	tinge	poke
reasonably	slang	desirable	delegation	daunting
radiance	offend	selective	exonerate	cape
tranquility	tearful	breathtaking	dreadful	gigantic
numerical	deplete	connotation	controvert	sociology
fiery	proclaim	groom	botanical	flaunt
urban	desperate	politeness	prosecution	theft
inconsistent	corporation	agony	accomplishment	portray
offender	scramble	repository	corrosive	lullaby
leukemia	crucially	obese	homogeneous	astronomy
conformity	camouflage	amnesia	massacre	countenance
disability	overall	notion	compulsive	affect
factual	corresponding	maternity	regarding	destination
kin	sustainable	patronize	coexist	reverence

23 01	acclaim	대회 우승자는 환호와 함께 **어클레임** 받았다.	갈채하다
23 02	efficiency	자동차의 엔진을 바꾼 후 **어피션시** 가 높아졌다.	효율
23 03	seaweed	한국인은 김과 미역 같은 **시:위:드** 를 잘 먹는다.	해초
23 04	rotation	지구의 **로우테이션** 으로 낮과 밤이 생긴다.	회전
23 05	petition	한 네티즌이 청와대 게시판에 **퍼티션** 을 올렸다.	탄원
23 06	inadequate	근로자가 **인애디퀕** 한 월급을 받는다고 불평했다.	불충분한
23 07	respected	그는 학생들로부터 **리스펙티드** 되는 철학 교수다.	높이 평가되는
23 08	mindless	그는 의자에 앉아 **마인러스** 상태로 시간을 보냈다.	아무 생각 없는
23 09	resistance	그녀의 계획은 상대방의 **리지스턴스** 에 부딪혔다.	저항
23 10	meticulous	그는 하루 일정을 기록할 정도로 **머티큘러스** 하다.	꼼꼼한
23 11	discontent	그녀는 신임 부장에 대한 **디스컨텐트** 가 폭발했다.	불만
23 12	scurry	사람 소리가 들리자 쥐들은 지하로 **스커:리** 했다.	허둥지둥 가다
23 13	deadlock	남북한의 관계가 진전이 없이 **데드락:** 에 빠졌다.	교착상태
23 14	apathetic	그의 **애퍼쎄틱** 한 태도가 여자친구를 화나게 했다.	무관심한
23 15	hideous	그녀는 **히디어스** 한 드레스를 입어서 비난을 샀다.	끔찍한
23 16	expansion	난 가게가 잘돼서 **익스펜션** 을 계획하고 있다.	확장
23 17	accompaniment	가수가 피아노 **어컴퍼니먼트** 에 맞춰 노래했다.	반주
23 18	whiz	나는 자동차가 바로 옆으로 **위즈** 가서 깜짝 놀랐다.	쌩하고 가다
23 19	qualified	그는 교사로서 매우 **콸:러파이드** 한 선생님이다.	자격이 있는
23 20	limb	흥부는 제비의 부러진 **림** 을 나뭇가지로 고정했다.	팔다리

23 21	invoice	난 주문한 옷에 대한 **인보이스** 를 그에게 보냈다.	청구서
23 22	fowl	닭은 집에서 기르는 **파울** 의 한 종류이다.	가금
23 23	validation	시험은 적절성에 대해서 **밸러데이션** 이 필요했다.	확인
23 24	destiny	그들이 같은 버스를 탄 것은 **데스티니** 이었다.	운명
23 25	obscurity	바둑의 정확한 기원은 약간 **업스큐어러티** 하다.	모호함
23 26	diploma	그녀는 대학 졸업식에서 **디플로우마** 를 받았다.	졸업장
23 27	reluctant	그는 자신의 방을 청소하는데 **릴럭턴트** 했다.	마지못해
23 28	ascend	높은 사다리를 **어센드** 할 때는 조심해야 한다.	오르다
23 29	accounting	난 회삿돈을 관리하는 **어카운팅** 부서에서 일했다.	회계
23 30	zoom	스포츠카가 **줌:** 하고 내 옆을 빠르게 지나갔다.	붕하고 가다
23 31	dependence	고통을 잊기 위해 술에 **디펜던스** 하는 것은 안된다.	의존
23 32	fraction	나는 피자의 한 **프랙션** 을 친구에게 나눠줬다.	부분
23 33	indecision	옷을 고르는데 **인디시젼** 하다가 시간을 다 보냈다.	망설임
23 34	reliance	불면증 때문에 약에 **릴라이언스** 하는 것은 해롭다.	의존
23 35	antibiotic	의사가 수술 후 **앤티바이아:틱** 을 처방했다.	항생제
23 36	scrupulous	새 차를 살 때는 **스크루:퓰러스** 비교가 필요하다.	꼼꼼한
23 37	banquet	송별회를 위한 **뱅큅** 은 자정에서야 끝이 났다.	연회
23 38	behalf	그는 우리의 **비해프** 를 위해 열심히 일했다.	이익
23 39	ridge	태양이 **리쥐** 의 너머로 서서히 저물었다.	산등성이
23 40	ragged	너의 **래긷** 한 옷은 너를 불쌍해 보이게 한다.	누더기가 된

23 41	invisibility	ㅣ 해리는 **인비저빌러티** 덕분에 마음대로 돌아다녔다.	ㅣ 눈에 안보임
23 42	sanguine	ㅣ 난 삶이 어려울수록, **생귄** 되려고 노력했다.	ㅣ 낙관적인
23 43	accelerate	ㅣ 차를 **액셀러레잍** 하기 위해 가속페달을 밟았다.	ㅣ 가속하다
23 44	colonial	ㅣ 필리핀은 과거에 미국 **컬로우니얼** 기간이 있었다.	ㅣ 식민지의
23 45	delude	ㅣ 친구가 친한 척하면서 나를 **딜루:드** 했다.	ㅣ 속이다
23 46	outspoken	ㅣ 사람들이 그의 **아웉스포우큰** 연설에 감명받았다.	ㅣ 솔직한
23 47	infection	ㅣ 홍역의 **인펙션** 으로 많은 사람이 병원을 찾았다.	ㅣ 감염
23 48	cleverness	ㅣ 절도범은 **클레버니스** 를 잘못된 곳에 사용했다.	ㅣ 영리함
23 49	inexorable	ㅣ 석유 가격이 여름 이후 **인엑서러블** 하게 올랐다.	ㅣ 거침없는
23 50	batter	ㅣ 복싱선수가 상대의 복부를 연속으로 **배터** 했다.	ㅣ 난타하다
23 51	renewal	ㅣ 허가증을 **리누:얼** 하려면 1년마다 돈을 내야 한다.	ㅣ 갱신
23 52	lookout	ㅣ 우리 집은 산등성이에 있어서 **룩아웉** 이 좋다.	ㅣ 전망
23 53	recapture	ㅣ 루피는 나쁜 해적들로부터 섬을 **리:캪쳐** 했다.	ㅣ 탈환하다
23 54	faucet	ㅣ 뜨거운 물이 **포:싵** 에서 갑자기 쏟아져 나왔다.	ㅣ 수도꼭지
23 55	nimbleness	ㅣ 원하는 것을 얻으려면 **님블니스** 가 필요하다.	ㅣ 민첩함
23 56	flare	ㅣ 성냥불이 **플레어** 하다가 바로 꺼져버렸다.	ㅣ 확 타오르다
23 57	launch	ㅣ 나는 작년에 나만의 스포츠패션 사업을 **론:취** 했다.	ㅣ 개시하다
23 58	reject	ㅣ 그는 나의 일자리 제의를 단호하게 **리젝트** 했다.	ㅣ 거절하다
23 59	vogue	ㅣ 큰 눈썹은 올해의 새로운 메이크업 **보우그** 이다.	ㅣ 유행
23 60	compassion	ㅣ 난 길고양이에게 **컴패션** 을 느껴서 집에 데려왔다.	ㅣ 동정심

23 61	occasionally	내 여동생은 **케이져널리** 내 숙제를 도와준다.	때때로
23 62	vertically	그녀는 **버:티클리** 수영장의 물로 다이빙했다.	수직으로
23 63	proliferation	잡스 덕분에 스마트폰이 **프러리퍼레이션** 되었다.	확산
23 64	appetizing	식탁에는 **애퍼타이징** 한 음식이 준비되어 있었다	식욕을 돋우는
23 65	hygienic	밖에 나갔다 오면 샤워하는 것은 **하이쮀:닉** 이다.	위생적인
23 66	statement	목격자의 **스테잍먼트** 에는 일관성이 없었다.	진술
23 67	apocalyptic	지금의 전쟁뿐인 세상은 **어파:컬맆틱** 한 현상이다	종말론적인
23 68	disappointment	난 성적에 대한 **디서포인먼트** 를 감추려고 애썼다.	실망
23 69	repentance	그는 교회 예배에서 자신의 잘못을 **리펜턴스** 했다.	회개
23 70	eject	선생님은 교실에서 장난친 토니를 **이젝트** 했다.	내쫓다
23 71	intangible	축구선수에게서 **인탠져블** 한 열정이 느껴졌다.	만질 수 없는
23 72	transcend	그들의 운명적 사랑은 국경을 **트랜센드** 했다.	초월하다
23 73	dynamics	**다이내믹스** 는 물체에 주는 힘과 운동을 연구한다.	역학
23 74	personal	나는 기자의 **퍼:서늘** 한 질문에 대답하지 않았다.	개인적인
23 75	amid	공원의 **어미드** 에 큰 은행나무 한그루가 있었다.	가운데에
23 76	herd	양치기가 양의 **허:드** 를 초원에서 방목하고 있었다.	떼
23 77	refreshing	가을이 되자 **리프레쉥** 한 바람이 불어왔다.	신선한
23 78	vacuum	나는 방 청소를 위해서 **배큠** 청소기를 구매했다.	진공
23 79	ingratitude	그는 은혜를 모르는 **인그래티투:드** 한 사람이었다.	배은망덕
23 80	empower	그는 아내에게 스스로 결정하도록 **임파우어** 했다.	권한을 주다

23 81	rugged	기사가 **러기드** 의 비탈길을 마차를 몰고 갔다.	바위투성이의
23 82	treachery	아더 왕은 신하의 **트레쳐리** 에 의해 파멸했다.	배반
23 83	clarify	경찰은 사고의 원인을 **클래러파이** 하려고 노력했다	명확하게 하다
23 84	asset	그녀의 성실함은 그녀가 성공하는데 큰 **애셋** 이다.	자산
23 85	gulp	나는 갈증이 나서 물 한 컵을 **걸읖** 했다.	꿀꺽꿀꺽 마시다
23 86	external	그는 화상으로 인한 **액스터:늘** 의 상처가 심각했다.	외부의
23 87	indifferent	그는 그녀에게 **인디퍼런트** 한 것처럼 행동했다.	무관심한
23 88	denounce	그 영화는 너무 폭력적이라고 **디나운스** 받았다.	비난하다
23 89	specialize	의사가 대학에서 성형외과를 **스페셜라이즈** 했다.	전공하다
23 90	boyhood	그의 **보이후드** 는 아빠보다 엄마에게 영향받았다.	어린 시절
23 91	attendee	오늘 회의는 **어텐디:** 가 너무 적어서 취소되었다.	참석자
23 92	gravitation	뉴턴은 **그래비테이션** 의 법칙을 우연히 발견했다.	중력
23 93	inept	나는 지금까지도 주차하는데 **이넾트** 한 운전자이다.	서투른
23 94	dedicated	그녀는 가족에게 **데디케이티드** 한 엄마였다.	헌신적인
23 95	shove	출근 지하철에 사람이 너무 많아서 서로 **셔브** 했다.	떠밀다
23 96	deceptive	**디셒티브** 한 대출광고에 속지 않도록 조심해라.	속이는
23 97	retract	그는 본인이 말한 약속을 이유 없이 **리트랙트** 했다.	취소하다
23 98	vigor	신임 병사의 **비거** 은 팀원들에게 좋은 영향을 줬다.	활력
23 99	recommendation	난 식당의 오늘의 **레커멘데이션** 요리를 주문했다.	추천
24 00	drain	수영선수는 훈련 후 수영장의 물을 **드레인** 했다.	배수하다

meticulous	appetizing	sanguine	inadequate	treachery
herd	infection	fraction	denounce	launch
recapture	discontent	disappointment	mindless	intangible
refreshing	attendee	validation	colonial	transcend
inept	gravitation	shove	ascend	renewal
limb	inexorable	batter	reliance	deadlock
indecision	efficiency	eject	gulp	antibiotic
hygienic	vacuum	qualified	repentance	scurry
asset	amid	lookout	reluctant	outspoken
accounting	scrupulous	zoom	vigor	accelerate
personal	retract	invoice	seaweed	obscurity
banquet	rotation	respected	accompaniment	behalf
dedicated	rugged	delude	statement	vogue
petition	ragged	recommendation	flare	occasionally
whiz	reject	indifferent	ingratitude	cleverness
external	destiny	boyhood	empower	deceptive
expansion	vertically	dependence	nimbleness	clarify
apocalyptic	hideous	fowl	invisibility	proliferation
dynamics	apathetic	drain	resistance	diploma
acclaim	compassion	specialize	ridge	faucet

24 01	corrupt	ㅣ 검찰이 **커럽트** 한 공무원들을 조사했다.	ㅣ 부패한
24 02	bountiful	ㅣ 미국은 **바운티플** 한 천연자원을 가지고 있다.	ㅣ 풍부한
24 03	complexity	ㅣ 해커는 암호의 **컴플렉시티** 때문에 해킹을 실패했다	ㅣ 복잡함
24 04	monolingual	ㅣ 한국은 한국어를 쓰는 **마:너링궐** 의 환경이다.	ㅣ 단일 언어의
24 05	sprain	ㅣ 나미는 배에서 넘어져서 발목을 **스프레인** 했다.	ㅣ 삐다
24 06	foresee	ㅣ 점쟁이들은 미래를 **포:시:** 할 수 있다고 주장한다.	ㅣ 예견하다
24 07	payment	ㅣ 전기요금 **페이먼트** 기한이 지나서 독촉장이 왔다.	ㅣ 지불
24 08	application	ㅣ 그는 회사에 입사 **애플리케이션** 을 제출했다.	ㅣ 지원서
24 09	pierce	ㅣ 백마 탄 기사가 검으로 괴물의 배를 **피어스** 했다.	ㅣ 찌르다
24 10	certainty	ㅣ 그녀는 나의 질문에 **서:튼티** 를 가지고 대답했다.	ㅣ 확신
24 11	artfully	ㅣ 위조범이 5만 원권을 **아:트플리** 하게 위조했다.	ㅣ 교묘하게
24 12	severely	ㅣ 그는 도둑질 한 것 때문에 **서비얼리** 꾸중을 들었다.	ㅣ 심하게
24 13	insatiable	ㅣ 인간은 **인세이셔블** 한 권력에 대한 욕구가 있다.	ㅣ 만족을 모르는
24 14	soundproof	ㅣ 나는 **사운드프루:프** 의 스튜디오에서 녹음했다.	ㅣ 방음의
24 15	defensive	ㅣ 공격수는 **디펜시브** 의 상대를 피해서 골을 넣었다.	ㅣ 방어의
24 16	secretion	ㅣ 달팽이의 **시크리:션** 을 만져보면 끈적거린다.	ㅣ 분비물
24 17	transfer	ㅣ 난 내 통장의 돈을 아내 통장으로 **트랜스퍼:** 했다.	ㅣ 이동하다
24 18	aptitude	ㅣ 그녀는 어릴 때부터 음악에 **앺터튜:드** 가 있었다.	ㅣ 소질
24 19	scrape	ㅣ 쇠 수세미로 팬의 검은 바닥을 **스크레잎** 해라.	ㅣ 긁다
24 20	colonel	ㅣ 김 **커:늘** 은 병사들에게 엄격하기로 소문이 났다.	ㅣ 대령

Step 02

24 21	fabulous	BTS의 어제 콘서트는 모든 것이 **패**블러스 했다.		정말 멋진
24 22	muscular	난 운동을 통해서 **머**스큘러 남자로 다시 태어났다.		근육의
24 23	reciprocity	자유무역은 **레**서프라:**서티** 에 기반을 두고 있다.		상호주의
24 24	civil war	시리아는 **시**블 **워** 로 온 국민이 고통받고 있다.		내전
24 25	obsessive	위생에 너무 업**세시브** 하면 역효과가 날 수 있다.		강박관념의
24 26	nook	오랜만에 집안의 모든 **누크** 를 깨끗이 청소했다.		구석진 곳
24 27	invade	영화는 외계인이 지구를 인**베이드** 하는 내용이다.		침입하다
24 28	encyclopedia	**인사이클러피:디어** 는 모든 지식을 담은 책이다.		백과사전
24 29	assimilate	그는 새로운 트렌드를 **어**시**멀레잍** 하려고 노력했다.		이해하다
24 30	determinant	비용은 상품의 가격을 정하는 **디터:미넌트** 이다.		결정요인
24 31	facile	그녀의 주식투자 실패는 **패**슬 한 분석 때문이었다.		안이한
24 32	document	난 여권 신청을 위해 필요한 **다:큐먼트** 를 제출했다		서류
24 33	undertake	그는 아이들을 돌보는 일을 **언더테익** 했다.		떠맡다
24 34	translation	통역사가 **트랜즐레이션** 을 잘못하는 실수를 했다.		통역
24 35	specialist	그녀는 잘 알려진 호텔요리 스페**셜리슽** 이다.		전문가
24 36	latter	나는 강연회에서 **래터** 의 강의가 기억에 남았다		마지막의
24 37	influence	사람은 자라는 환경의 인**플루언스** 를 많이 받는다.		영향
24 38	beware	항상 앞집의 사냥개를 **비웨어** 하세요.		조심하다
24 39	ingenuity	그의 말 인**져누:어티** 가 파티의 분위기를 살렸다.		재간
24 40	framework	빌딩의 **프레임웍:** 는 지진을 버틸 정도로 튼튼했다.		뼈대

156

24 41	irritated	그녀가 약속에 너무 늦어서 **이리테이티드** 났다.	짜증이 난
24 42	gathering	그는 개**더링** 에서 모든 사람의 환영을 받았다.	모임
24 43	predator	상어는 바다에서 제일 무서운 **프레더터** 이다.	포식자
24 44	concurrence	우리는 영국에 여행가기로 **컨커:런스** 를 보았다.	의견일치
24 45	saturation	한국에서 치킨 가게는 **새쳐레이션** 수준이다.	포화상태
24 46	fitness	그녀는 **피트니스** 를 위해서 운동센터에 등록했다.	신체단련
24 47	startling	스타가 결혼한다는 **스타:틀링** 한 소식이 알려졌다.	아주 놀라운
24 48	adorn	그녀는 자신의 모자를 장미꽃으로 **어돈:** 했다.	장식하다
24 49	destruction	허영심과 사치는 사람을 **디스트럭션** 으로 이끈다.	파멸
24 50	armament	미국과 러시아의 **아:머먼트** 경쟁이 너무 치열했다.	군비
24 51	mutation	그는 유전적 **뮤:테이션** 으로 팔에 기형이 발생했다.	돌연변이
24 52	punctual	택배 회사는 최대한 **펑츄얼** 하려고 노력한다	시간 잘 지키는
24 53	priceless	보물선에 발견한 왕관은 **프라이슬러스** 했었다.	값 매길 수 없는
24 54	lure	사냥꾼은 맛있는 음식으로 참새를 **루어** 했다.	유혹하다
24 55	smallpox	난 어려서 **스몰:팍:스** 를 앓아서 곰보 자국이 있다.	천연두
24 56	eccentric	나의 친구는 **엑센트릭** 한 취향으로 꽃모자를 쓴다.	별난
24 57	stray	토론 주제에서 너무 **스트레이** 하지 마라.	벗어나다
24 58	incite	정치인이 대중을 **인사일** 해서 시위를 일으켰다.	선동하다
24 59	multimillionaire	스티브 잡스는 사업 성공한 **멀티밀리어네어** 였다	억만장자
24 60	pendulum	벽시계의 **펜절럼** 이 좌우로 왔다 갔다 했다.	추

24 61	installation	난 에어컨 **인스털레이션** 추가 요금을 내야 했다.	설치
24 62	current	예전에 강사였지만, **커:런트** 직업은 변호사이다.	현재의
24 63	superstitious	그는 이사할 때 **수:퍼스티셔스** 한 것을 고려한다.	미신적인
24 64	heartwarming	할머니를 도운 청년 이야기는 정말 **핱워밍** 이었다.	마음 따뜻해지는
24 65	pesticide	모기를 죽이기 위해 **페스터사이드** 사용했다.	살충제
24 66	stature	그는 **스태쳐** 는 작지만, 힘이 센 사람이었다.	신장
24 67	beverage	나는 식료품점에서 콜라 같은 **베버리쥐** 를 샀다.	음료
24 68	insomnia	나는 요즘 잠을 못자는 **인삼:니아** 때문에 힘들다.	불면증
24 69	legacy	그는 아버지로부터 5000달러의 **레거시** 를 받았다.	유산
24 70	unemployed	그녀는 해고된 다음 2년 동안 **언임플로이드** 였다.	실직한
24 71	formally	남자친구가 **포:멀리** 여자친구 엄마에게 인사했다.	정식으로
24 72	lawful	그녀는 유일하게 대기업의 **로:풀** 한 후계자였다.	합법적인
24 73	Atlantic	선장은 태평양과 **앹래닉** 에서 항해한 경험이 있다.	대서양
24 74	monastery	그 **마:너스테리** 에는 성직자들이 공부하고 있다.	수도원
24 75	cautious	난 모르는 사람들을 만날 때는 항상 **코:셔스** 했다.	조심스러운
24 76	repeal	교육부는 학생들에 대한 복장 규제를 **리필:** 했다.	폐지하다
24 77	officially	한국은 **어피셜리** 전쟁이 끝난 것이 아니다.	공식적으로
24 78	charity	난 월급 탔을 때, 적은 금액을 **채러티** 에 기부했다.	자선단체
24 79	pail	여동생은 호스로 **페일** 에 물을 채워 넣었다.	들통
24 80	odious	살인범이 **오우디어스** 한 연쇄살인을 저질렀다.	끔찍한

24 81	obligate	대한민국 청년은 군 복무를 **아**블러게잍 해야 한다.	의무를 다하다
24 82	salute	군대훈련 중 병장이 대령에게 **설루:트** 했다.	경례하다
24 83	infuriate	전화를 받지 않는 그는 나를 **인퓨리에잍** 하게 했다.	화나게 하다
24 84	magnify	나는 이미지를 돋보기로 **매그너파이** 했다.	확대하다
24 85	accuracy	오류를 수정하면 할수록 **애큐러시** 는 좋아졌다.	정확성
24 86	composure	나는 비난에도 불구하고 **컴포우져** 를 유지했다.	평정
24 87	strangle	범인은 피해자의 목을 밧줄로 **스트랭글** 했었다.	질식시키다
24 88	cathedral	그녀는 로마 **커씨:드럴** 에서 주교를 만났다.	대성당
24 89	agility	뛰어난 운동선수는 몸이 **어쥘러티** 해야 한다.	민첩함
24 90	concerned	엄마는 공부를 열심히 안 하는 나를 **컨선:드** 했다.	걱정하는
24 91	sermon	목사님이 매주 일요일 교회에서 **서:먼** 했다.	설교
24 92	narrative	저자는 본인의 삶을 **내러티브** 식으로 썼다.	이야기
24 93	lighten	보름달이 밤거리를 환하게 **라잍은** 했다.	밝게 하다
24 94	backbreaking	한여름에 정원 가꾸기는 **백브레이킹** 한 일이다.	매우 힘든
24 95	starch	쌀이나 감자는 **스타:취** 로 분류가 된다.	탄수화물
24 96	itch	난 며칠 동안 안 씻었더니 온몸이 **이취** 했다.	가렵다
24 97	justification	내가 그에게 화를 내는 **져스티피케이션** 이 있다.	정당한 이유
24 98	scout	회사는 뛰어난 인재를 찾아서 **스카웉** 하고 있었다.	정찰하다
24 99	assurance	그는 나의 성공에 대해서 **어슈어런스** 를 가졌다.	확신
25 00	bore	교수의 반복적인 설명은 학생들을 **보:어** 했다.	지루하게 하다

Review Test

armament	composure	narrative	scout	reciprocity
incite	accuracy	justification	obligate	bore
punctual	heartwarming	corrupt	transfer	smallpox
lawful	repeal	beware	insatiable	mutation
gathering	certainty	formally	concerned	determinant
Atlantic	application	priceless	installation	stature
pail	aptitude	muscular	insomnia	superstitious
influence	fabulous	agility	facile	infuriate
starch	civil war	payment	scrape	colonel
concurrence	document	magnify	destruction	salute
nook	officially	bountiful	assimilate	framework
pierce	adorn	monolingual	severely	pendulum
itch	lighten	beverage	fitness	undertake
specialist	encyclopedia	multimillionaire	eccentric	unemployed
cautious	odious	foresee	stray	legacy
soundproof	latter	charity	predator	strangle
complexity	obsessive	current	startling	monastery
backbreaking	sprain	lure	cathedral	assurance
pesticide	defensive	saturation	secretion	translation
irritated	ingenuity	artfully	sermon	invade

25 01	intersection	트럭과 승용차의 사고가 **인터섹션** 에서 일어났다.	교차로
25 02	sponsor	이번 바자회를 많은 기업이 **스판:서** 하고 있다.	후원하다
25 03	wetland	**웰랜드** 는 다양한 생물이 사는 생태계의 보고다.	습지
25 04	shimmer	그녀의 금발 머리가 가로등 아래서 **쉬머** 했다.	희미하게 빛나다
25 05	intelligence	기술개발로 로봇이 **인텔리젼스** 를 가지게 되었다.	지능
25 06	motivated	나는 그의 열정적인 연설에 **모우터베잇** 되었다.	자극받은
25 07	engross	그는 TV 드라마를 보는 데 **엔그로우스** 했었다.	집중시키다
25 08	congestion	그녀는 심한 교통 **컨줴스쳔** 으로 약속에 늦었다.	혼잡
25 09	comrade	그는 내가 오랫동안 알고 지낸 회사 **캄:래드** 이다.	동료
25 10	maintenance	버스는 안전을 위해 매일 **메인터넌스** 가 필요하다.	유지보수
25 11	adhere	그 접착제는 무슨 물건이든 잘 **앧히어** 한다.	들러붙다
25 12	sleepyhead	수잔은 **슬리:피헤드** 라서 학교에 항상 늦는다.	잠꾸러기
25 13	connection	그가 걸린 병은 음식과는 전혀 **커넥션** 이 없다	관계
25 14	affiliate	그 회사는 지역 대학과 **어필리에잇** 하고 있다.	제휴하다
25 15	tuition	아버지가 나의 2학기 대학 **투이션** 을 내셨다.	등록금
25 16	pessimist	그는 모든 걸 부정적으로 생각하는 **페서미슽** 였다.	비관주의자
25 17	redefine	스마트폰의 등장은 전화의 의미를 **리:디파인** 했다.	다시 정의하다
25 18	accomplished	어린이가 똑똑하고 **어캄:플리쉬** 해서 귀염받았다.	재주가 많은
25 19	allusion	그녀의 계속되는 질문은 반대를 **얼루:젼** 했다.	암시
25 20	emergence	한국은 세계적 가수의 **이머:젼스** 로 축제 분위기다	출현

25 21	mandate	한국 대통령의 **맨데잍** 은 5년으로 보장이 된다.	임기
25 22	amaze	너의 별난 행동은 항상 나를 **어메이즈** 하게 한다.	놀라게 하다
25 23	renew	운전자는 10년마다 운전면허증을 **리뉴:** 해야 한다.	갱신하다
25 24	wrath	그의 잔인한 범죄는 국민의 **래쓰** 을 불러일으켰다.	분노
25 25	vend	상인이 노점상에서 즉석 햄버거를 **벤드** 했다.	팔다
25 26	swiftly	따뜻한 봄이 **스위플리** 지나고, 더운 여름이 왔다.	신속히
25 27	deadly	핵무기는 인류에게 **데들리** 한 무기 중의 하나다.	치명적인
25 28	adversary	조로는 유치원 때부터 내 유일한 **애드버세리** 였다.	적수
25 29	tamper	엄마는 밥을 먹을 때면 항상 나를 **탬퍼** 하신다.	간섭하다
25 30	conservative	그녀는 **컨서:버티브** 해서 새로운 유행을 무시했다.	보수적인
25 31	usher	점원이 재빨리 손님들을 자리로 **어셔** 했다.	안내하다
25 32	annual	장기자랑은 이제 학교의 **애뉴얼** 의 행사가 되었다	매년의
25 33	lasting	그 학생은 선생님과 **래:스팅** 한 관계를 이어갔다.	지속적인
25 34	extinction	북극곰은 지구온난화로 **엑스팅션** 위기에 처해있다.	멸종
25 35	enliven	가수의 라이브노래가 파티를 **인라이븐** 했다.	재밌게 만들다
25 36	restraint	기업이 정부에 **리스트레인트** 의 철폐를 요청했다.	규제
25 37	intimately	두 사람은 회사 내에서 **인티밑리** 한 사이이다.	친밀히
25 38	bid	그는 경매에서 고려청자에 20,000달러를 **비드** 했다.	입찰하다
25 39	celebrated	피카소는 입체파의 **셀러브레이티드** 한 화가였다.	유명한
25 40	exaggerated	모든 신문이 사건을 크게 **이그재져레이티드** 했다.	과장된

25 41	exert	그는 국회의원이란 신분을 잘못 **이그저:트** 했다.	행사하다
25 42	mop	주방 청소를 위해 **맢:** 을 물에 빨아서 사용해라.	대걸레
25 43	controversial	일본의 고래잡이는 세계에서 **칸:트러버:셜** 이었다.	논란이 많은
25 44	diversify	서울은 건물의 디자인을 **다이버:서파이** 했다.	다양화하다
25 45	coworker	나의 회사 **코우워:커** 은 열심히 일하는 사람이다	동료
25 46	sedentary	**서덴터리** 생활이라면, 건강을 위해 걸어야 한다.	주로 앉아 있는
25 47	acute	그는 떡을 먹은 후 배에 **어큐:트** 고통을 겪었다.	극심한
25 48	consideration	넌 다른 사람들의 의견도 **컨시더레이션** 해야 한다.	고려
25 49	armor	흑기사의 **아:머** 는 적들로부터 자신을 보호해준다.	갑옷
25 50	eternal	왕이 찾는 불로초는 **이터:늘** 한 삶을 위한 약초이다.	영원한
25 51	immune	그는 약한 **이뮨:** 의 체계 때문에 감기에 잘 걸린다.	면역의
25 52	acquaintance	그는 내가 어려서부터 알고 있는 **어퀘인턴스** 이다.	아는 사람
25 53	doubtful	경찰관은 범인의 자백에 **다웉플** 한 표정을 지었다.	의심스러운
25 54	envision	자율주행차가 돌아다니는 미래를 **인비젼** 해봤다.	마음에 그리다
25 55	plateau	티벳의 **플래토우** 는 세상에서 가장 높은 곳에 있다.	고원
25 56	indication	투자증가는 경제가 회복 중이란 **인디케이션** 이다.	조짐
25 57	homeless	**호움러스** 한 사람들을 위한 임대주택을 지었다.	집이 없는
25 58	atomic	미국은 일본에 **어타:믹** 의 폭탄을 떨어트렸다.	원자의
25 59	interaction	회사는 고객과의 **인터랙션** 을 제품에 반영했다.	상호작용
25 60	injection	간호사가 환자에게 **인젝션** 놓으려고 팔을 걷었다.	주사

25 61	poise	그는 **포이즈** 와 자신감을 가지고 연설했다.	침착
25 62	inherent	메시는 축구 선수로서 **인헤런트** 한 능력이 있다.	타고난
25 63	protrude	벽에 못이 **프로우트루:드** 해서 망치로 박았다.	튀어나오다
25 64	fulfillment	사람은 원하던 것을 끝낼 때 **풀필먼트** 를 느낀다.	성취
25 65	identification	경찰은 **아이덴티피케이션** 을 보여 달라고 했다.	신분증
25 66	additional	회사 일을 끝내려면 **어디셔늘** 한 인원이 필요했다.	추가의
25 67	Mightiness	당신은 위대하십니다. **마이티니스**!	각하
25 68	reckon	나도 언젠가는 성공할 거라고 항상 **레컨** 한다.	생각하다
25 69	ritual	그녀는 장례식을 기독교 **리츄얼** 로 진행했다.	의식
25 70	purr	어미 고양이가 사람을 보자 **퍼:** 했다.	그르렁거리다
25 71	crumble	지진으로 고층빌딩이 **크럼블** 하기 시작했다.	무너지다
25 72	shred	그녀는 양상추를 **쉬레드** 해서 샐러드를 만들었다.	자르다
25 73	literate	초등학교 1학년 중에는 **리터렐** 한 어린이가 많다.	글을 아는
25 74	sphere	지구의 모양은 완벽한 **스피어** 의 형태가 아니다.	구
25 75	contaminate	굴뚝에서 나온 연기가 공기를 **컨태머네잍** 했다.	오염시키다
25 76	parliament	많은 국회의원이 **팔:러먼트** 에서 법을 처리했다.	국회
25 77	computation	그는 **캄:퓨테이션** 의 착오로 틀린 답을 썼다.	계산
25 78	unexpectedly	그녀는 지난주에 **언익스펙티들리** 결혼했다.	뜻밖에
25 79	inspired	나는 피카소에 **인스파이얻** 해서 그림을 그렸다.	영감을 받은
25 80	fad	최근엔 여자들 사이에서 원피스가 **패:드** 이다	유행

25 81	fiscal	집값 안정을 위해 추가 **피스클** 의 공급이 필요하다.	국가 재정의
25 82	indulgent	우리 부모님은 우리에게 매우 **인덜젼트** 한 편이다.	멋대로 하게 하는
25 83	barbaric	손으로 음식을 집어 먹는 것은 **바:배릭** 이다.	야만의
25 84	outpace	스포츠카가 트럭을 빠르게 **아웉페이스** 했다.	앞지르다
25 85	hamper	큰 TV 소리가 공부하는 것을 **햄퍼** 했다.	방해하다
25 86	spiritual	심령술사는 **스피리츄얼** 의 세계를 연구한다.	정신적인
25 87	fade	내 청바지는 빨래 후 완전히 **페이드** 했다.	색이 바래다
25 88	vegetarian	그녀는 7년 동안 채소만 먹은 **베져테리언** 이었다.	채식주의자
25 89	deregulation	기업 환경을 위해서 **디:레귤레이션** 이 꼭 필요하다.	규제완화
25 90	notable	그는 축구선수 중에 유독 **노우터블** 한 선수였다	눈에 띄는
25 91	stockpile	사실 세계의 핵무기 **스탁:파일** 은 상상을 초월한다.	비축량
25 92	impoverished	오랜 전쟁으로 나라 전체가 **임파:버리쉴** 해졌다.	빈곤한
25 93	excavate	고고학자가 무덤에서 사람 뼈를 **엑스커베잍** 했다.	발굴하다
25 94	investigation	국세청이 기업 회계 **인베스터게이션** 을 실시했다.	조사
25 95	liability	의사는 환자의 사망에 대해 **라이어빌러티** 가 있다.	책임
25 96	retardation	아기가 선천적인 정신 **리:타:데이션** 을 앓고 있다.	지체
25 97	spit	길바닥에 함부로 침을 **스핕** 하는 것은 더럽다.	뱉다
25 98	facade	우리 빌딩의 **퍼사:드** 에는 큰 현수막이 걸렸다.	정면
25 99	downplay	정부관료가 경제 불황의 심각성을 **다운플레이** 했다.	경시하다
26 00	obliterate	바닷물이 백사장의 모래성을 **어블리터레잍** 했다.	없애다

usher	exert	unexpectedly	tuition	additional
protrude	crumble	mandate	hamper	excavate
interaction	exaggerated	doubtful	connection	barbaric
inherent	controversial	stockpile	consideration	enliven
acquaintance	atomic	impoverished	intersection	mop
fad	immune	indication	redefine	notable
spiritual	obliterate	fulfillment	amaze	emergence
purr	accomplished	maintenance	bid	shimmer
outpace	poise	engross	wrath	vegetarian
sphere	investigation	Mightiness	envision	diversify
affiliate	motivated	parliament	congestion	coworker
swiftly	renew	lasting	literate	deadly
identification	inspired	liability	adhere	wetland
retardation	celebrated	spit	adversary	vend
computation	reckon	ritual	indulgent	intimately
fiscal	injection	extinction	pessimist	homeless
tamper	intelligence	deregulation	acute	contaminate
armor	sedentary	restraint	annual	sleepyhead
allusion	downplay	fade	shred	eternal
conservative	comrade	plateau	sponsor	facade

26 01	saliva	그는 모기에 물린 곳에 **설라이버** 를 발랐다.	침
26 02	poultry	난 닭을 대량으로 기르는 **포울트리** 농장에 가봤다.	가금
26 03	designate	왕은 자신의 후계자를 정식으로 데**지그네잍** 했다.	지정하다
26 04	bait	나는 붕어 낚시할 때 지렁이를 **베잍** 으로 사용했다.	미끼
26 05	runway	비행기는 이륙을 위해서 **런웨이** 에서 빠르게 갔다.	활주로
26 06	phase	그는 이미 프로젝트의 첫 **페이즈** 에서 실패했다	단계
26 07	undone	그녀는 신발 끈이 **언던** 한 상태로 달렸다.	풀린
26 08	rumble	비가 오려는지 하늘에서 천둥이 **럼블** 했다.	우르르 울리다
26 09	decree	황제는 세금에 관한 새 **디크리:** 를 발표했다.	법령
26 10	worthwhile	고통받는 사람을 돕는 것은 **워:쓰와일** 한 일이다.	가치 있는
26 11	intestine	소화기관에는 입과 위와 **인테스틴** 이 있다.	창자
26 12	performer	그녀는 최고의 **퍼포:머** 로 연예대상을 받았다.	연기자
26 13	influential	그가 시장 선거에서 가장 **인플루엔셜** 한 사람이다.	영향력 있는
26 14	attorney	나의 **어터:니** 가 부동산 소송을 진행하고 있다.	변호사
26 15	infinitely	그는 영어를 열심히 공부하더니 **인퍼닐리** 잘했다.	대단히
26 16	occupy	침대가 너무 커서 방 전체를 **아:큐파이** 한 것 같다.	차지하다
26 17	pollen	조쉬는 **팔:런** 알레르기로 매년 봄에 고생을 한다.	꽃가루
26 18	serene	산속의 사찰은 정말 **서린:** 하고 평화로웠다.	고요한
26 19	nervously	그는 면접을 기다리면서 **너:버슬리** 왔다 갔다 했다.	초조하게
26 20	verbal	폭력에는 신체 폭력과 **버:블** 폭력이 모두 포함된다.	언어의

26 21	sensory	눈과 귀는 중요한 **센서리** 기관 중의 하나이다.	감각의
26 22	addictive	담배와 술은 매우 **어딕티브** 해서 조심해야 한다.	중독성의
26 23	divergence	회원들의 의견에는 큰 **다이버:젼스** 가 있었다.	차이
26 24	negotiation	한국은 미국과 농산물 **니고우쉬에이션** 을 했다	협상
26 25	decoy	사냥꾼이 멧돼지를 사냥하려고 **디:코이** 를 설치했다.	미끼
26 26	moisten	나는 물에 **모이슨** 한 수건으로 손을 닦았다.	젖게 하다
26 27	vengeful	**벤쥐플** 한 사람이 거리에서 묻지마 폭력을 저질렀다.	복수심에 불타는
26 28	incur	나는 이번 투자로 큰 부담을 **인커:** 하게 되었다.	초래하다
26 29	elevation	부모는 아들이 부장으로 **엘러베이션** 해서 기뻤다.	승진
26 30	reimburse	삼성은 잘못된 냉장고에 대해 전액 **리:임버:스** 했다.	배상하다
26 31	gourmet	그는 맛있는 음식을 찾아다니는 **구어메이** 이다.	미식가
26 32	enhance	나는 이번 학기에 영어 실력을 **인핸스** 하고 싶다.	높이다
26 33	limitless	세계는 **리밑리스** 의 경쟁 시대를 겪고 있다.	무한의
26 34	transmission	조류독감의 **트랜즈미션** 을 막기 위해 살처분했다.	전염
26 35	fatigue	**퍼티:그** 를 푸는 제일 좋은 방법은 푹 자는 것이다	피로
26 36	latest	졸업선물로 **레이티슽** 모델의 스마트폰을 받았다	최근의
26 37	patriotism	**페이트리어티즘** 은 전쟁영화에서 잘 볼 수 있다.	애국심
26 38	indoors	우린 비가 와서 하루 종일 **인도:어즈** 에서 보냈다.	실내에서
26 39	property	할아버지는 아버지에게 **프라:퍼티** 를 물려줬다.	재산
26 40	volcanic	제주도는 해저 **볼:캐닉** 폭발로 만들어졌다고 한다.	화산의

26 41	genial	산타클로스는 쥐:**니얼** 하고 활기찬 캐릭터이다.	다정한
26 42	capillary	눈의 캐**펄레리** 가 터져서 눈이 충혈되어 보였다.	모세혈관
26 43	invention	에디슨의 전구 **인벤션** 은 우리 저녁 삶을 바꿨다.	발명
26 44	invariably	그는 **인베리어블리** 공부를 열심히 해서 성공했다.	변함없이
26 45	presence	담당자가 모두에게 회의 프레**즌스** 를 요청했다.	참석
26 46	sequence	두 사람 사이에 불화의 시:**퀀스** 가 싸움이 되었다.	연속
26 47	worthless	감정사들이 그 모조품은 워:**쓸러스** 라고 평가했다.	가치 없는
26 48	perish	그 나라는 전쟁에서 패한 후 완전히 페**리쉬** 했다.	멸망하다
26 49	telegram	나는 친구에게 생일 축하 텔**러그램** 을 보냈다.	전보
26 50	permission	너는 수학여행을 위해 퍼**미션** 필요하다.	허가
26 51	vibration	나는 주머니에서 휴대폰 **바이브**레**이션** 을 느꼈다.	진동
26 52	troublesome	길고양이가 많아져서 **트러**블섬 한 문제가 되었다.	골칫거리인
26 53	accurate	난 친구에게 문제풀이의 애**큐럿** 한 설명을 해줬다.	정확한
26 54	spacious	회사는 좀 더 **스페**이셔스 한 사무실이 필요해졌다.	넓은
26 55	thrive	아이디어로 시작한 벤처기업들이 쓰**라**입 하고 있다.	번창하다
26 56	perspective	같은 상황도 기자마다 다른 퍼스펙**티브** 로 말한다.	관점
26 57	unravel	탐정은 사건을 어떻게 언래**블** 할지 고민했다.	풀다
26 58	shortfall	컴퓨터는 저장할 때 숏:**폴:** 이 발생하면 알려준다.	부족량
26 59	dodge	테니스선수는 날아오는 공을 다:**쥐** 하지 못했다.	피하다
26 60	dubious	경찰은 내 알리바이를 대단히 듀:**비어스** 했다.	의심스러운

26 61	crystallize	나의 아이디어가 사업으로 **크리스털라이즈** 됐다.	확고히 하다
26 62	pursue	경찰이 범인을 잡을 때까지 **퍼수:** 했다.	추적하다
26 63	bloodshed	두 부족 간의 싸움으로 **블러드쉐드** 가 발생했다.	유혈사태
26 64	convincing	그가 지각한 이유를 들어보니 정말 **컨빈싱** 했었다.	설득력 있는
26 65	fickle	그녀의 **피클** 한 행동 때문에 분위기가 엉망이었다.	변덕스러운
26 66	successive	한국은 월드컵에서 2회 **석세시브** 로 우승했다.	연속적인
26 67	neutral	스위스는 어느 쪽에도 속하지 않은 **뉴:트럴** 국가다.	중립의
26 68	astonished	그녀는 친구의 사망 소식을 듣고 **어스타:니쉴** 했다.	깜짝 놀란
26 69	epoch	아인슈타인의 이론들은 물리학의 **에퍽** 을 열었다.	신기원
26 70	hypocrisy	그가 성직자라는 것은 한낱 **히파:크러시** 일뿐이다.	위선
26 71	discomfort	나는 비행기의 좁은 좌석 때문에 **디스컴퍼트** 했다.	불편
26 72	pinpoint	어디가 아픈지 **핀포인트** 해서 말할 수가 없었다.	정확히 찾아내다
26 73	amnesty	법원이 모범 죄수에게 **앰너스티** 을 허락했다.	사면
26 74	recant	합의한 후, 난 친구를 고소한 것을 **리캔트** 했다.	취소하다
26 75	exploit	정부는 독립운동가의 **엑스플로잍** 을 널리 알렸다.	업적
26 76	pallid	그녀는 귀신을 본 후 **팰리드** 한 얼굴색이 되었다.	창백한
26 77	minimize	나는 철저한 준비로 태풍 피해를 **미너마이즈** 했다.	최소화하다
26 78	subscription	내 친구는 신문 **섭스크맆션** 을 신문사에 송금했다.	구독료
26 79	exaggeration	그의 군대 이야기에는 **이그재져레이션** 이 많았다.	과장
26 80	landslide	한 마을 전체가 **랜슬라이드** 로 땅에 파묻혔다.	산사태

26 81	emergency	**이머:전시** 상황이 발생해서 119에 도움을 요청했다.	비상
26 82	ultrasound	**얼트러사운드** 로 임산부의 아기를 검사할 수 있다.	초음파
26 83	commercial	그녀는 재미있는 LG의 휴대폰 **커머:셜** 을 봤다.	광고
26 84	tram	신도시의 교통 편의를 위해서 **트램** 이 설치되었다.	전차
26 85	fuse	그의 조각상은 공원의 분위기와 잘 **퓨:즈** 했다.	융합하다
26 86	sequester	병원은 전염병 환자를 완전히 **서퀘스터** 했다.	격리시키다
26 87	entertainer	현재의 인기 있는 직업엔 **엔터테이너** 가 있다.	연예인
26 88	outright	우리 야구팀은 상대에게 **아웃라잍** 한 승리를 했다.	완전한
26 89	humidity	이 장치는 온도와 **휴:미디티** 정확하게 측정한다.	습도
26 90	motorist	경찰이 음주단속을 위해 **모우터리슽** 를 세웠다.	운전자
26 91	composition	음료수의 **캄:퍼지션** 은 대부분 물이다.	구성
26 92	intercourse	그는 사회적 **인터코:스** 끊고 은둔 생활을 했다.	교제
26 93	retarded	다른 사람에게 **리타:디드** 라고 부르면 싸움이 된다.	정신지체의
26 94	confound	그는 쌍둥이 형과 동생을 항상 **컨파운드** 했다.	혼동하다
26 95	vacuous	나는 수학시험에서 정말 **배큐어스** 한 실수를 했다.	멍청한
26 96	treacherous	그는 알고 보니 **트레쳐러스** 한 사기꾼이었다	믿을 수 없는
26 97	attentive	그 학생은 수업시간에 매우 **어텐티브** 했다.	주의 깊은
26 98	undergo	승진을 위해서 반드시 시험을 **언더고우** 해야 한다.	겪다
26 99	spectator	많은 **스펙테이터** 가 축구 경기를 보러 왔다.	관중
27 00	diminutive	아기들의 **디미뉴티브** 한 손은 정말로 귀엽다.	작은

discomfort	spectator	outright	subscription	troublesome
minimize	volcanic	designate	epoch	genial
addictive	bait	incur	retarded	entertainer
telegram	landslide	confound	fuse	attorney
sequester	convincing	pursue	invariably	transmission
dodge	permission	fickle	humidity	limitless
divergence	amnesty	pinpoint	bloodshed	serene
negotiation	worthwhile	perish	composition	intercourse
gourmet	worthless	accurate	ultrasound	exaggeration
recant	vengeful	spacious	treacherous	decree
verbal	presence	rumble	thrive	commercial
successive	crystallize	dubious	reimburse	diminutive
sensory	property	sequence	moisten	patriotism
poultry	enhance	decoy	infinitely	intestine
emergency	capillary	shortfall	elevation	perspective
saliva	pallid	latest	tram	unravel
indoors	invention	neutral	performer	nervously
hypocrisy	phase	undone	runway	vacuous
undergo	fatigue	occupy	exploit	influential
vibration	attentive	astonished	motorist	pollen

27 01	cleric	ㅣ **클레릭** 이 모여서 종교 간의 화해를 촉구했다.	ㅣ 성직자
27 02	monetary	ㅣ 위조지폐는 **마너테리** 의 가치가 전혀 없다.	ㅣ 화폐의
27 03	subvert	ㅣ 반란군은 정부를 **섭버:트** 할 계획을 세웠다.	ㅣ 전복시키다
27 04	emulate	ㅣ 원래 아이들은 부모를 **에뮬레잍** 하면서 자란다.	ㅣ 모방하다
27 05	inland	ㅣ 태풍이 오후에는 중국 **인랜드** 로 이동할 예정이다.	ㅣ 내륙으로
27 06	chatterbox	ㅣ 그는 엄청난 **채터박:스** 라서 항상 말이 많다.	ㅣ 수다쟁이
27 07	rectify	ㅣ 이젠 우리의 잘못을 **렉터파이** 할 시간이 별로 없다.	ㅣ 바로잡다
27 08	pastor	ㅣ 그는 교인들의 존경을 받는 **패스터** 이다.	ㅣ 목사
27 09	reality	ㅣ 내가 오랫동안 간직한 꿈이 **리앨러티** 가 되었다.	ㅣ 현실
27 10	unbelievable	ㅣ 강이 갈라지는 **언빌리:버블** 한 기적이 일어났다.	ㅣ 믿기 어려운
27 11	lonesome	ㅣ 그는 퇴직한 후 혼자서 **로운섬** 한 말년을 보냈다.	ㅣ 외로운
27 12	meaningless	ㅣ 그녀는 **미:닝러스** 한 일을 하면서 시간을 허비했다.	ㅣ 무의미한
27 13	payroll	ㅣ 우리 회사의 **페이로울** 에는 50명이 올라와 있다.	ㅣ 급여명단
27 14	assure	ㅣ 나는 내가 진실을 말하고 있다고 **어슈어** 했다.	ㅣ 장담하다
27 15	assemble	ㅣ 경찰은 범죄를 입증할 증거자료를 **어셈블** 했다.	ㅣ 모으다
27 16	dedicate	ㅣ 그 가수는 인생 전체를 노래에 **데디케잍** 했다.	ㅣ 헌신하다
27 17	tackle	ㅣ 난 어려운 숙제와 **태클** 하느라 시간 가는줄 몰랐다.	ㅣ 씨름하다
27 18	privilege	ㅣ 그는 검색대를 거치지 않는 **프리빌리쥐** 를 누렸다	ㅣ 특권
27 19	descend	ㅣ 그들은 엘리베이터를 타고 1층으로 **디센드** 했다.	ㅣ 내려가다
27 20	disappointed	ㅣ 나는 그가 약속을 안 지켜서 **디서포인티드** 했다.	ㅣ 실망한

27 21	mutate	ǀ 조류독감이 **뮤:테잍** 해서 인간에게 옮을 수 없다.	ǀ 돌연변이가 되다
27 22	recital	ǀ 그의 피아노 **리사이틀** 이 예술의전당에서 열렸다.	ǀ 연주회
27 23	shipbuilding	ǀ 아버지는 배를 만드는 **쉽빌딩** 산업에 종사하신다.	ǀ 조선
27 24	multicultural	ǀ 우리는 현재 **멀티컬쳐럴** 한 사회에 살고 있다.	ǀ 다문화의
27 25	blizzard	ǀ 우리는 심한 **블리저드** 속을 개 썰매를 타고 갔다.	ǀ 눈보라
27 26	imbalance	ǀ 무역 **임밸런스** 를 개선하기 위한 협상이 진행됐다.	ǀ 불균형
27 27	luminous	ǀ 어둠 속에서 시계의 **루:미너스** 한 바늘이 빛났다.	ǀ 빛나는
27 28	strand	ǀ 할아버지는 흰 머리카락 몇 **스트랜드** 를 뽑았다.	ǀ 한 가닥
27 29	swollen	ǀ 나는 넘어져서 발목이 **스월런** 하고 멍이 들었다.	ǀ 부어오른
27 30	affective	ǀ 현대인은 대부분 **어펙티브** 한 문제를 안고 있다.	ǀ 정서적인
27 31	veterinarian	ǀ 그 **베터러네어리언** 은 강아지의 다리를 검사했다.	ǀ 수의사
27 32	worldwide	ǀ 현대는 새 자동차의 **월:드와이드** 유통을 준비했다.	ǀ 전 세계적인
27 33	piety	ǀ 성직자들은 **파이어티** 를 위해 매사 조심했다.	ǀ 경건함
27 34	originate	ǀ 한국의 씨름은 언제부터 **어리쥐네잍** 했을까?	ǀ 유래하다
27 35	calligraphy	ǀ 그는 서당에서 훈장님에게 **컬리그러피** 를 배웠다.	ǀ 서예
27 36	Orient	ǀ 지금은 **오:리엔트** 와 서양의 교류가 활발하다.	ǀ 동양
27 37	avert	ǀ 두 정상 간의 만남이 전쟁을 **어버:트** 하는 방법이다.	ǀ 방지하다
27 38	prosecute	ǀ 검찰은 철저히 조사한 후 범인을 **프라:시큐:트** 했다.	ǀ 고발하다
27 39	crumb	ǀ 바닥에 떨어진 **크럼** 을 먹으려고 새들이 모였다.	ǀ 부스러기
27 40	tombstone	ǀ 그의 **툼:스토운** 에 이름과 생애가 쓰여 있었다.	ǀ 묘비

27 41	venerable	교장은 **베너러블** 한 교육자로 기억되길 바랐다.	공경할 만한
27 42	referral	동네 의사는 나에게 종합병원 검사를 **리퍼:럴** 했다.	추천
27 43	convention	여당과 야당과 모두 일요일에 **컨벤션** 을 열었다.	대회
27 44	cornfield	**콘:필:드** 에는 많은 허수아비가 세워져 있었다.	옥수수밭
27 45	hover	드론이 빌딩 위를 **허버** 하면서 사진을 찍었다.	허공을 맴돌다
27 46	inspection	화재 예방을 위한 안전 **인스펙션** 이 이뤄졌다.	검사
27 47	Buddhist	**부:디슽** 은 죽은 다음의 환생을 믿는다.	불교도
27 48	workplace	그는 본사에서 지사로 **워:크플레이스** 를 옮겼다.	일자리
27 49	reserve	나는 생일파티를 위해 8인석을 **리저:브** 했다.	예약하다
27 50	static	와인바의 의자는 **스태틱** 되어있어서 못 움직인다.	고정된
27 51	sole	그녀가 자동차 사고의 **소울** 한 생존자이다.	단 하나의
27 52	variety	그 커피숍은 **버라이어티** 한 음료를 판매한다.	다양성
27 53	rigid	그의 몸은 귀신을 본 순간 공포에 질려 **리쥗** 했다.	딱딱한
27 54	accountant	나는 무역회사의 **어카운턴트** 로 회계일을 했었다.	회계사
27 55	compensation	작업자는 작업 중 사고로 **캄:펀세이션** 을 받았다.	보상
27 56	rudimentary	그는 중학교 중퇴로 **루:디멘트리** 한 교육만 받았다.	가장 기본적인
27 57	optimum	과학 시간에 실험은 **앞:티멈** 의 환경에서 이뤄졌다.	최적의
27 58	invulnerable	아이언맨의 슈트는 대포로도 **인벌너러블** 이었다.	해칠 수 없는
27 59	abundant	우리나라도 천연자원이 **어번던트** 했으면 좋았다.	풍부한
27 60	flattery	사람의 마음은 **플래터리** 에 흔들리기 쉽다.	아첨

27 61	province	나주 **프라:빈스** 의 특산물은 맛있는 배다.	지방
27 62	diverge	해결책에 대해서 서로의 의견이 **다이버:쥐** 했다	갈라지다
27 63	intent	사기꾼은 그녀를 속일 **인텐트** 로 그녀에게 접근했다.	의도
27 64	predispose	심한 스트레스는 성인병을 **프리:디스포우즈** 한다.	잘 걸리게 하다
27 65	whimsical	에디슨의 **윔지클** 한 발명이 생활을 편리하게 했다.	기발한
27 66	lengthen	수선사가 짧은 바지를 길게 **렝썬** 했다.	늘이다
27 67	humid	장마철에는 덥고 **휴:미드** 해서 짜증이 저절로 난다.	습한
27 68	oblique	창문을 통해서 **어블릭:** 의 햇빛이 들어왔다.	사선의
27 69	contrive	그는 표류하는 배에서 하루를 **컨트라이브** 했다.	어떻게든 ~하다
27 70	counterpart	우리의 협상 **카운터파트** 가 우리 작전을 알아챘다.	상대방
27 71	rupture	의사가 수술하는 동안 혈관의 **럽쳐** 로 피가 났다.	파열
27 72	melancholy	그는 **멜런칼:리** 가 심각해져서 자살을 시도했다.	우울함
27 73	dissolvent	휘발유는 페인트를 **디살번트** 하는 물질이다.	용해력 있는
27 74	autocracy	**오:타:크러시** 에 맞서서 국민이 시위를 시작했다.	독재정치
27 75	cultivation	남부지방의 평야는 쌀 **컬터베이션** 으로 유명하다.	경작
27 76	standardize	정부는 한국어를 **스탠더다이즈** 하려고 조사했다.	표준화하다
27 77	fatty	살찐 사람이 **패티** 한 음식을 먹으면 심장에 나쁘다.	지방이 많은
27 78	diagonal	나는 일렬이 아닌 **다이애거늘** 주차가 편하다.	사선의
27 79	precocious	그는 7살이라는 나이에 비해 **프리코우셔스** 하다.	조숙한
27 80	acceleration	작업하면 할수록 점점 **액셀러레이션** 이 붙었다.	가속

27 81	colloquial	친구 사이에선 **컬로우퀴얼** 말을 사용해도 괜찮다.	구어체의
27 82	deforest	벌목으로 인해 넓은 면적의 땅이 **디:포:리슽** 되었다.	삼림을 없애다
27 83	detailed	그가 계약서의 **디:테일드** 한 내용을 설명해줬다.	상세한
27 84	ethic	회사는 직원들에게 **에씩** 교육을 정기적으로 한다.	윤리
27 85	morally	남의 물건을 훔치는 것은 **모:럴리** 잘못된 것이다.	도덕적으로
27 86	lessen	마취제는 환자의 고통을 **레슨** 할 수 있었다.	줄이다
27 87	venom	그는 **베넘** 이 있는 뱀에게 물려서 병원에 실려 갔다.	독
27 88	incidental	결혼에는 **인시덴틀** 한 책임과 의무가 따른다.	부수적인
27 89	sensation	정치인의 연설이 대중에게 **센세이션** 을 일으켰다.	돌풍
27 90	hereby	**히어바이**, 나는 상기 내용이 사실임을 증명합니다.	이로써
27 91	armistice	두 나라는 긴 전쟁을 끝낼 **아:미스티스** 를 맺었다.	휴전
27 92	rejoice	그녀는 수능시험 결과를 듣고 **리죠이스** 했다.	크게 기뻐하다
27 93	publication	저자는 출판사와 책의 **퍼블리케이션** 계약을 했다.	출판
27 94	distill	바닷물을 **디스틸** 해서 민물로 만들어 마셨다.	증류하다
27 95	means	그는 성공하기 위해 모든 **민:즈** 를 썼다.	수단
27 96	beforehand	난 회사를 그만둘 때 **비포:어핸드** 그에게 말해줬다.	사전에
27 97	faithful	**페이쓰플** 한 신하는 두 임금을 섬기지 않는다.	충실한
27 98	amity	한국과 중국은 **애머티** 를 위한 축구 경기를 했다.	친선
27 99	enterprising	그는 적극적이고 **엔터프라이징** 한 사업가였다.	진취적인
28 00	contain	이 음료수에는 알코올이 약간 **컨테인** 되어 있다.	~이 들어 있다

Review Test

standardize	piety	subvert	payroll	recital
mutate	Buddhist	luminous	inland	rectify
armistice	autocracy	detailed	dissolvent	blizzard
distill	monetary	sensation	workplace	affective
meaningless	reserve	strand	dedicate	avert
contrive	rudimentary	publication	faithful	chatterbox
ethic	humid	intent	prosecute	rupture
beforehand	sole	morally	invulnerable	cultivation
unbelievable	inspection	privilege	reality	contain
referral	oblique	acceleration	hereby	assure
compensation	cleric	disappointed	diagonal	tombstone
emulate	pastor	lessen	accountant	flattery
colloquial	amity	predispose	imbalance	hover
lengthen	shipbuilding	descend	rejoice	worldwide
counterpart	diverge	cornfield	venom	originate
enterprising	assemble	tackle	convention	multicultural
rigid	veterinarian	crumb	venerable	means
deforest	melancholy	precocious	fatty	lonesome
abundant	calligraphy	province	swollen	static
optimum	incidental	variety	Orient	whimsical

28 01	farther	우리 집은 친구 집보다 학교에서 **파:더** 에 있다.	더 멀리
28 02	embarrassment	그녀는 **임배러스먼트** 해서 얼굴이 빨개졌다.	당황
28 03	resident	19세 이상 한국의 **레지던트** 는 투표권이 있다.	거주민
28 04	heap	뷔페에서 나는 내 접시에 음식을 엄청 **힢:** 했다.	쌓아 올리다
28 05	societal	옛날엔 양반과 서민의 **서사이틀** 구조가 있었다.	사회의
28 06	organism	인간의 몸은 매우 복잡하고 정교한 **오:거니즘** 이다.	유기체
28 07	diplomatic	미국대사관은 **디플러매틱** 해결을 위해 협상했다.	외교의
28 08	theology	목사는 기독교대학에서 **씨알:러쥐** 을 전공했다.	신학
28 09	stroke	난 제야의 종 **스트로욱** 을 보러 보신각에 왔다.	때리기
28 10	muted	그들은 도서관에서 아주 **뮤:티드** 목소리로 말했다.	조용한
28 11	indignity	회장은 회사에 못 들어가는 **인디그너티** 를 당했다.	모욕
28 12	torpid	그는 여자친구와 헤어진 후 **토:피드** 한 상태다.	무기력한
28 13	equitable	근로자들이 에**퀴터블** 한 임금을 받도록 협상했다.	공평한
28 14	converse	두 사람은 **컨버:스** 하면서 서로를 잘 알게 되었다.	대화하다
28 15	harass	불량배가 동네 어린아이를 **허래스** 하고 있다.	괴롭히다
28 16	extinguisher	소방관이 **엑스팅귀셔** 로 화재를 진압했다.	소화기
28 17	moist	헤어질 때가 되자 모두의 눈이 **모이슽** 해졌다.	촉촉한
28 18	eligible	19세 이상부터 투표할 수 있는 **엘리져블** 이 된다.	자격이 있는
28 19	sacred	사찰은 스님들을 위한 **세이크립** 한 장소이다.	성스러운
28 20	trifling	**트라이플링** 문제로 나의 귀중한 시간을 허비했다.	하찮은

28 21	joint	노인은 나이가 들자 무릎 **죠인트** 에 염증이 생겼다.	관절
28 22	pigment	내 피부는 피**그먼트** 가 부족해서 창백하게 보였다.	색소
28 23	frustrating	혼잡할 때의 운전은 **프러스트레이팅** 한 일이다	짜증스러운
28 24	swivel	그녀는 의자에 앉아서 의자를 2바퀴 **스위블** 했다.	회전시키다
28 25	conversion	한글파일을 엑셀 파일로 **컨버:젼** 할 필요가 있다.	전환
28 26	synthetic	스웨터가 나일론이란 **신쎄틱** 한 실로 만들어졌다.	합성한
28 27	confide	나는 친한 친구에게 내 비밀을 **컨파이드** 했다.	털어놓다
28 28	scamper	여우가 사자를 피해서 동굴로 **스캠퍼** 했다.	빨리 움직이다
28 29	malice	그는 자신을 해고한 상사에게 **맬러스** 를 품었다.	악의
28 30	incessant	그의 **인세슨트** 한 불평에 이젠 짜증이 났다.	끊임없는
28 31	utterance	그녀는 수능시험에 대한 의견을 **어터런스** 했다.	입 밖에 냄
28 32	inspire	그의 성취는 다른 사람들에게 **인스파이어** 했다.	영감을 주다
28 33	tumble	큰 바윗덩어리가 언덕 아래로 **텀블** 했다.	굴러 떨어지다
28 34	pasture	**패스쳐** 에서 소와 양이 한가롭게 풀을 뜯고 있었다.	목초지
28 35	progressively	그녀의 백혈병은 **프러그레시블리** 악화가 되었다.	계속해서
28 36	dispatch	중동지역에 작전을 위해 군대가 **디스패취** 되었다.	파견하다
28 37	abolish	미국에서 노예제도는 수백 년 전에 **어발:리쉬** 됐다.	폐지하다
28 38	encompass	올림픽은 스포츠와 경제를 **인컴퍼스** 하는 축제다.	포함하다
28 39	stereotype	이제 남자 역할에 대한 **스테리어타잎** 을 깨야 한다.	고정관념
28 40	intact	태풍이 불었지만, 과수원의 사과나무는 **인택트** 했다.	온전한

28 41	curse	공주는 마녀한테 **커:스** 받아서 잠에 빠졌다.	저주하다
28 42	pervasive	생선을 구웠더니 냄새가 집 안에 **퍼베이시브** 했다.	퍼지는
28 43	theorize	갈릴레오는 지구가 둥글다고 **씨:어라이즈** 했다.	이론을 세우다
28 44	anticipation	주식전문가의 주가에 대한 **앤티서페이션** 은 틀렸다.	예상
28 45	notorious	그는 시간을 안 지키는 것으로 **노우토:리어스** 였다.	악명이 높은
28 46	inferior	그는 아버지에 비해서 **인피리어** 한 아들이었다.	보다 낮은
28 47	necessitate	그녀는 저혈당으로 급히 사탕이 **너세서테잍** 했다.	필요해지다
28 48	incinerate	미술관의 모든 그림이 화재에 **인시너레잍** 되었다.	소각하다
28 49	hobble	그는 목발을 짚고 **하:블** 하면서 연단에 올라섰다.	다리를 절다
28 50	allude	상사의 저녁 식사 주문은 연장 근무를 **얼루:드** 했다.	암시하다
28 51	clustered	벌들이 아카시아 꽃들에 **클러스터드** 있었다.	무리를 이룬
28 52	char	산에 있는 나무들이 이번 산불로 **챠:** 되었다.	숯이 되다
28 53	cultivator	벼농사를 짓기 위해 **컬터베이터** 로 논을 갈았다.	경운기
28 54	summarize	그는 선생님이 설명한 내용을 **서머라이즈** 했다.	요약하다
28 55	farmland	폭우로 많은 **팜:랜드** 가 침수되는 피해를 입었다.	농지
28 56	insertion	USB를 잭에 **인서:션** 전에 위아래를 확인했다.	삽입
28 57	jigsaw	우리는 세계지도로 **직소:** 를 하면서 놀았다.	조각그림 맞추기
28 58	overvalue	그는 자신의 실력을 너무 **오우버밸류** 한 것 같다.	과대평가하다
28 59	precaution	정부는 가뭄에 대한 **프리코:션** 으로 댐을 건설했다.	예방
28 60	herbicide	농부가 잡초를 없애려고 **허버사이드** 를 뿌렸다.	제초제

28 61	invincible	슈퍼맨은 거의 **인빈**서블 한 지구의 영웅이다.	무적의
28 62	disregard	그는 내가 한 충고를 완전히 **디스리가:드** 했다.	무시하다
28 63	respiratory	**레**스퍼토:리 의 질환은 환절기에 잘 발생한다.	호흡의
28 64	ominous	서양에서 13일의 금요일은 **아:미너스** 한 날이다	불길한
28 65	skeletal	백만 년 전 인간의 **스켈러틀** 잔해가 발견되었다.	해골의
28 66	evasion	그는 세금 **이베이젼** 으로 국세청 조사를 받았다.	회피
28 67	independently	나의 딸은 나가서 **인디펜던리** 사는 것을 원했다.	자주적으로
28 68	sensibly	그녀는 **센서블리** 옷을 잘 입은 직장여성이었다.	현저히
28 69	autism	혼자 있기 좋아하는 그는 **오:티즘** 진단을 받았다.	자폐증
28 70	manipulation	그는 주가 **머니퓰레이션** 으로 경찰에 체포되었다.	조작
28 71	instruct	선배가 후배에게 학교 규칙을 **인스트럭트** 했다.	가르치다
28 72	predominate	이 회사는 여자 직원이 **프리다:머네일** 하다.	우세하다
28 73	infirmary	선생님이 아픈 학생을 **인퍼:머리** 로 보냈다.	양호실
28 74	incredibly	난 앞을 못 보지만 **인크레더블리** 피아노를 잘 쳤다.	믿기 어려운
28 75	partake	우리 식구는 마라톤 대회에 **파:테익** 할 예정이다.	참여하다
28 76	heed	그는 항상 내 조언에 **히:드** 해서 듣고 실천했다.	주의하다
28 77	supremacy	황제는 신하에 대한 완전한 **수:프레머시** 를 가졌다.	지배권
28 78	naive	나는 10살 때는 정말 어리고 **나이:브** 한 아이였다.	순진한
28 79	tact	그는 위기를 헤쳐나가는 데 **택트** 와 용기가 있다.	재치
28 80	ascribe	그녀는 성공을 부모님에게 **어스크라입** 했다.	~의 탓으로 하다

28 81	mentally	ㅣ 외국에서 생활한다는 것은 멘**털리** 힘들었다.	ㅣ 정신적으로
28 82	loom	ㅣ 큰 여객선의 모습이 수평선 위로 **룸:** 했다.	ㅣ 서서히 보이다
28 83	submerge	ㅣ 요리사가 소고기를 찬물에 **섭머:쥐** 했다.	ㅣ 물속에 넣다
28 84	persuade	ㅣ 나는 아버지를 **퍼스웨이드** 해서 스마트폰을 샀다.	ㅣ 설득하다
28 85	unrealistic	ㅣ 그의 목표는 좋지만, 솔직히 **언리얼리스틱** 했다.	ㅣ 비현실적인
28 86	weave	ㅣ 샐리는 직접 털실로 옷을 **위:브** 하는 것을 좋아했다.	ㅣ 짜다
28 87	compete	ㅣ 두 팀은 서로 **컴피:트** 하면서 실력이 향상됐다.	ㅣ 경쟁하다
28 88	reassure	ㅣ 코치가 시합을 앞둔 선수들을 **리:어슈어** 했다.	ㅣ 안심시키다
28 89	requisition	ㅣ 이젠 온라인으로 환불을 **레쿼지션** 할 수 있다.	ㅣ 요청
28 90	tribute	ㅣ 지방의 관리들이 왕에게 **트리뷰:트** 를 바쳤다.	ㅣ 공물
28 91	unveil	ㅣ LG가 내일 새로운 노트북을 **언베일** 한다고 한다.	ㅣ 비밀을 밝히다
28 92	utilitarian	ㅣ 이 기계는 **유:틸러테리언** 이지만 디자인이 안 좋다.	ㅣ 실용적인
28 93	inclusion	ㅣ 그녀가 대표팀에 **인클루:젼** 돼서 논란이 되었다.	ㅣ 포함
28 94	moral	ㅣ 사회 지도층은 **모:럴** 한 삶을 살기를 요구받는다.	ㅣ 도덕적인
28 95	ubiquitous	ㅣ 요즘은 커피숍이 **유:비쿼터스** 이어서 편리하다.	ㅣ 어디에나 있는
28 96	capacity	ㅣ 이 엘러베이터의 최대 **커패시티** 는 1,000kg였다.	ㅣ 용량
28 97	sewage	ㅣ **수:이쥐** 처리로 쓰고 버린 물이 재활용된다.	ㅣ 하수
28 98	reprove	ㅣ 그녀는 아들이 말을 안 들어서 **리프루:브** 했다.	ㅣ 혼내다
28 99	bankrupt	ㅣ 회사가 사업 실패로 완전히 **뱅크럽트** 되었다.	ㅣ 파산한
29 00	monologue	ㅣ 이 연극은 주인공의 긴 **마:널로그** 로 시작한다.	ㅣ 독백

incinerate	inspire	ubiquitous	notorious	instruct
stereotype	monologue	bankrupt	loom	intact
infirmary	malice	embarrassment	harass	autism
hobble	summarize	compete	confide	extinguisher
naive	pasture	sacred	sewage	encompass
precaution	swivel	requisition	trifling	moist
resident	torpid	farmland	sensibly	overvalue
unveil	capacity	jigsaw	curse	cultivator
submerge	necessitate	pigment	equitable	scamper
tumble	mentally	organism	muted	allude
abolish	manipulation	moral	synthetic	anticipation
pervasive	stroke	eligible	reassure	utilitarian
utterance	clustered	partake	frustrating	insertion
farther	heap	predominate	inclusion	respiratory
weave	evasion	tribute	herbicide	ominous
joint	reprove	heed	independently	supremacy
unrealistic	theology	conversion	persuade	incredibly
progressively	incessant	tact	indignity	societal
invincible	converse	theorize	char	skeletal
disregard	inferior	ascribe	diplomatic	dispatch

29 01	divorce	저 부부는 결혼한 지 10년 만에 **디보:스** 했다.	이혼
29 02	inclined	난 킥보드보단 자전거를 사기로 **인클라인드** 했다.	~하고 싶은
29 03	facial	그녀는 젤을 발라서 **페이셜** 의 각질을 제거했다.	얼굴의
29 04	outset	두 사람의 말싸움의 **아웉셑** 은 사소한 것이었다.	발단
29 05	exclude	친구들이 여행 갈 때 나만 **엑스클루:드** 했다.	제외하다
29 06	deteriorate	안경을 쓴다고 눈이 **디티리어레잍** 하지 않는다.	더 나빠지다
29 07	vindicate	새롭게 발견된 증거가 그녀를 **빈디케잍** 해주었다.	무죄를 입증하다
29 08	yawn	그녀는 늦은 밤에 TV를 보면서 계속 **욘:** 했다.	하품하다
29 09	interference	그는 친구가 하는 일에 무조건 **인터피어런스** 했다.	간섭
29 10	disrespect	노인에게 **디스리스펙트** 하지 않도록 주의를 줬다.	무례
29 11	interdependent	한 팀의 구성원들은 서로 **인터디펜던트** 관계이다.	상호의존적인
29 12	midway	우린 영화를 보다가 재미없어서 **미드웨이** 나왔다.	중간에
29 13	derail	부산으로 가던 기차가 대전에서 **디레일** 했다.	탈선하다
29 14	avid	그녀는 팀에서 가장 **애비드** 한 배구 선수였다.	열심인
29 15	shallow	강물이 너무 **섈로우** 해서 걸어서 건널 수 있었다.	얕은
29 16	prevention	범죄 **프리벤션** 을 위해서 CCTV를 설치했다.	예방
29 17	microwave	그녀는 **마이크러웨이브** 로 음식을 따뜻하게 했다.	전자레인지
29 18	conservation	자연을 **칸:서베이션** 하는 것은 모두에게 중요하다.	보호
29 19	transportation	기차 **트랜스포:테이션** 은 값이 싸고 빠르다.	수송
29 20	douse	소방헬기들이 산불을 **다우스** 하기 위해 출동했다.	끄다

29 21	ovum	과학자가 정자를 **오우범** 에 수정시켰다.	난자
29 22	meteorology	그는 **미:티어랄:러쥐** 를 공부한 후 일기예보를 했다.	기상학
29 23	wag	우리 집 강아지는 주인을 보면 꼬리를 **왜그** 하다.	흔들다
29 24	befall	지진으로 인한 엄청난 쓰나미가 마을에 **버폴:** 했다.	닥치다
29 25	abbreviate	미국 사람들은 뉴욕을 NY로 **어브리:비에잍** 하다.	축약하다
29 26	firmly	나는 밤에 자기 전에 창문과 문을 **펌:리** 닫았다.	단호히
29 27	process	현장실습은 학습 **프러:세스** 의 일부분이다.	과정
29 28	entangle	날아가던 나비가 거미줄에 **인탱글** 되었다.	얽어매다
29 29	radiate	태양이 열과 빛을 지구까지 **레이디에잍** 했다.	발산하다
29 30	dynamic	난 너무 **다이내믹** 해서 한자리에 가만있지 못한다.	활동적인
29 31	inducement	회사는 사원들에게 **인두:스먼트** 를 제안했다.	유인책
29 32	infinite	밤하늘에는 **인피닡** 한 별이 떠 있다.	무한한
29 33	discern	판사는 범인의 진술 중에 거짓을 **디선:** 했다.	알아차리다
29 34	casualty	지진으로 인한 **캐쥬얼티** 가 시간이 지나자 늘었다.	사상자
29 35	chatter	친구들이 너무 **채터** 해서 공부에 집중이 안 된다.	수다를 떨다
29 36	terminology	변호사가 이해가 어려운 **터:머날러쥐** 를 사용했다.	전문용어
29 37	carefulness	의사가 **케어펄니스** 를 가지고 상처를 꿰맸다.	조심
29 38	coffin	장의사가 시체를 **코:핀** 에 넣은 후 뚜껑을 덮었다.	관
29 39	confirmation	나는 회원가입 **칸:퍼메이션** 이메일을 받았다.	확인
29 40	torture	CIA는 붙잡은 첩자를 정보를 위해 **토:쳐** 했다.	고문하다

29 41	metropolitan	ㅣ 서울은 한국의 **메트러팔:러튼** 지역이다.	ㅣ 수도의
29 42	transplant	ㅣ 의사가 메리에게 타인의 간을 **트랜스플랜트** 했다.	ㅣ 이식하다
29 43	temperament	ㅣ 나의 강아지는 매우 순한 **템퍼러먼트** 를 가졌다.	ㅣ 성질
29 44	erroneous	ㅣ 이 자료는 **이로우니어스** 한 정보를 포함하고 있다.	ㅣ 잘못된
29 45	vomit	ㅣ 그는 술을 너무 마시더니 결국 **바:밑** 했다.	ㅣ 토하다
29 46	blessing	ㅣ 제인은 우리 가족에겐 최고의 **블레싱** 이었다.	ㅣ 축복
29 47	appliance	ㅣ 가전 회사가 다양한 주방 **어플라이언스** 를 팔았다.	ㅣ 기기
29 48	discrepancy	ㅣ 경찰은 공범의 진술에서 **디스크레펀시** 를 찾았다.	ㅣ 차이
29 49	shiver	ㅣ 소년이 한겨울에 너무 추워서 **쉬버** 하고 있었다.	ㅣ 떨다
29 50	impolite	ㅣ 초면에 나이를 물어보면 **임펄라잍** 한 질문이다.	ㅣ 무례한
29 51	heartfelt	ㅣ 친구가 열심히 하면 **핱:펠트** 한 칭찬을 해줘라.	ㅣ 진심 어린
29 52	municipal	ㅣ 이 도서관은 **뮤:니시플** 의 지원으로 지어졌다.	ㅣ 지방자치제의
29 53	masterpiece	ㅣ 그녀의 조각상은 모두가 인정한 **매스터피:스** 였다.	ㅣ 걸작
29 54	decease	ㅣ 내가 **디시:스** 하면 딸과 아들이 재산을 상속받는다.	ㅣ 사망
29 55	engender	ㅣ 나는 고객의 신뢰를 **인젠더** 하려고 최선을 다했다.	ㅣ 불러일으키다
29 56	insulate	ㅣ 에너지 절약을 위해 집을 보온재로 **인설레잍** 했다.	ㅣ 단열처리하다
29 57	predominant	ㅣ 그의 그림에선 빨간색이 **프리다:머넌트** 색깔이다.	ㅣ 우세한
29 58	delinquency	ㅣ 청소년 **딜링퀀시** 예방을 위해 상담이 중요하다.	ㅣ 범죄
29 59	rescuer	ㅣ **레스큐어** 가 폐허 더미에서 생존자를 구출했다.	ㅣ 구조원
29 60	assumption	ㅣ 그가 말한 것은 어디까지나 **어섬션** 에 불과했다.	ㅣ 가정

29 61	disagreement	정말 친해도 의견 **디서그리:먼트** 가 있을 수 있다.	의견 충돌
29 62	flunk	그는 수학을 **플렁크** 해서 내년에 다시 들어야 한다.	낙제하다
29 63	prophecy	**프라:퍼시** 에 따르면 그는 왕이 될 운명이었다.	예언
29 64	annually	학급 발표회는 강당에서 **애뉴얼리** 열린다.	일년에 한 번
29 65	subsequent	그의 SF영화는 **섭시퀀트** 의 영화에 영향을 줬다.	그 다음의
29 66	numeral	로마 **누:머럴** 는 주로 시계 문자판에 사용된다.	숫자
29 67	plethora	**플레써라** 의 기자들이 유명한 여자배우를 둘러쌌다.	과다
29 68	electrify	회장의 집 담장은 방범을 위해 **일렉트리파이** 였다.	전기를 통하다
29 69	villain	**빌런** 이 노점상의 상인들을 계속해서 괴롭혔다.	악당
29 70	phenomenon	하늘에 뜬 무지개는 자연스러운 **퍼나:미넌** 이다.	현상
29 71	remainder	10에서 3을 빼면 **리메인더** 는 7이 된다.	나머지
29 72	annex	독일은 오스트리아를 무력으로 **애넥스** 했다.	합병하다
29 73	request	후배들이 내일 전시회를 도와달라고 **리퀘슽** 했다.	요청하다
29 74	cavity	**캐버티** 란 치아에 있는 구멍을 말한다.	충치
29 75	realm	자신의 **렐음** 을 방어하기 위해 군대가 꼭 필요하다.	영역
29 76	dissolve	그 알약은 찬물에도 잘 **디잘:브** 되었다.	용해되다
29 77	equate	너무 돈과 행복을 **이퀘잍** 하면 불행할 수 있다.	동일시하다
29 78	legal	경찰의 자료 제출은 **리:글** 한 근거가 전혀 없었다.	법률의
29 79	depiction	이 소설책은 주인공의 심리 **디픽션** 이 뛰어나다.	묘사
29 80	scorn	그녀는 가난하다는 이유로 친척을 **스콘:** 했다.	경멸하다

29 81	penitent	제니는 그녀의 잘못한 행동을 **페니턴트** 했다.	뉘우치는
29 82	sternly	그녀는 나의 제안을 듣자마자 **스턴리** 거절했다.	단호하게
29 83	devastation	태풍은 도시를 완전히 **데버스테이션** 하게 시켰다.	초토화
29 84	constipation	나는 **칸스터페이션** 때문에, 채소를 많이 먹고 있다.	변비
29 85	rigorous	학교는 학생들에게 **리거러스** 한 규칙을 적용했다.	엄격한
29 86	deformed	그는 선천적 병으로 인해 척추가 **디폼:드** 되었다.	기형의
29 87	degrade	너는 다른 사람의 노력을 **디그레이드** 하면 안 된다.	비하하다
29 88	undue	그는 상사의 **언두:** 한 업무지시에 스트레스 받았다.	지나친
29 89	egoistic	옛날부터 인간은 **이:고우이스틱** 존재라고 말한다.	이기적인
29 90	pathway	**패쓰웨이** 가 나무들 사이로 길게 나 있었다.	오솔길
29 91	ventilate	우리는 **벤털레잍** 하려고 자동차 창문을 내렸다.	환기하다
29 92	feasibility	정부는 신도시 건설의 **피:저빌러티** 를 조사했다.	실행 가능성
29 93	gland	땀 **글랜드** 는 땀을 흘려서 체온을 일정하게 해준다	분비선
29 94	beacon	**비:컨** 이 어두운 밤하늘을 환하게 밝혔다.	횃불
29 95	accusatory	나는 그녀의 **어큐:저토:리** 한 말투가 정말 싫다.	비난하는
29 96	emancipate	링컨은 전쟁으로 흑인 노예들을 **이맨서페일** 했다.	해방시키다
29 97	possessed	그는 귀신에 **퍼제슽** 되어 온 마을을 돌아다녔다.	홀린
29 98	speck	난 바지에 묻은 **스펙** 을 없애려고 세탁소에 맡겼다.	작은 얼룩
29 99	alleviate	의사가 처방한 진통제가 통증을 **얼리:비에일** 했다.	완화시키다
30 00	specify	신발을 주문할 때 크기를 **스페서파이** 해야 한다.	명시하다

transportation	casualty	subsequent	coffin	torture
disagreement	discern	feasibility	yawn	gland
dissolve	chatter	microwave	derail	masterpiece
radiate	possessed	prophecy	shallow	confirmation
specify	abbreviate	equate	shiver	egoistic
divorce	carefulness	infinite	metropolitan	speck
exclude	process	interference	phenomenon	legal
delinquency	plethora	discrepancy	befall	depiction
appliance	conservation	scorn	devastation	predominant
inducement	ventilate	engender	electrify	accusatory
meteorology	rigorous	entangle	alleviate	firmly
facial	remainder	ovum	vomit	municipal
insulate	wag	sternly	penitent	request
erroneous	flunk	realm	emancipate	constipation
annex	dynamic	numeral	impolite	deformed
rescuer	prevention	cavity	midway	undue
interdependent	deteriorate	decease	disrespect	annually
beacon	avid	terminology	douse	outset
blessing	vindicate	assumption	villain	inclined
temperament	degrade	pathway	heartfelt	transplant

영어단어장
4장

3001
~
4000
단어

| 00 01 | reflex | 그녀는 날아오는 공에 대한 **리:플렉스** 가 빨랐다. | 반사행동 |
| 00 02 | gallantry | 왕자는 지혜와 **갤런트리** 로 괴물과 싸웠다. | 용감함 |

영어 단어 읽기 1

1_ 예문 속의 영어 발음을 읽어본다
2_ 원어민 소리를 들으면서 따라 읽어본다
3_ 영어단어와 한글 발음을 보면서 읽어본다
4_ 영어단어만 보고 읽어본다
5_ 원어민 음성만 들으면서 따라 말해본다
6_ 리뷰 테스트의 100단어를 읽어본다

1_ 단어의미를 보면서 한글 예문을 읽는다
2_ 한글 예문을 보면서 의미를 되새겨 본다
3_ 한글의미를 보면서 영어단어를 말해본다
4_ 영어단어를 보면서 의미를 말해본다
5_ 원어민 음성 들으면서 의미를 말해본다
6_ 리뷰 테스트의 100단어 의미를 말해본다

단어 의미 암기 2

영어단어를 잘 외우려면 두 가지를 명심하라!

주의사항 필독 3

1_ 단어의 발음을 잘 읽으려고 노력하라!
   그래서 한글로 발음을 쓴 절대적 이유다

2_ 단어의 의미를 잘 느끼려고 노력하라!
   그래서 한글로 예문을 쓴 절대적 이유다

30 01	indefinite	협상결렬로 근로자가 **인데퍼닡** 한 파업을 선언했다.	무기한의
30 02	pretense	그녀는 아프다는 **프리텐스** 로 회사에 결근했다.	핑계
30 03	peek	범인은 창문을 통해 **피:크** 하다가 주인에게 걸렸다.	엿보다
30 04	colony	홍콩은 한때 영국의 **칼:러니** 였던 적이 있다.	식민지
30 05	separate	쓰레기를 버릴 때는 잘 **세퍼레읻** 해야 한다.	분리하다
30 06	ministry	그는 신학을 공부한 후 **미니스트리** 가 되었다.	목사
30 07	abbey	수녀들은 **애비** 에서 단체생활을 하며 살았다.	수도원
30 08	feminist	남성 중심의 사회에서 **페머니슽** 운동이 시작되었다.	여성주의자
30 09	jagged	등산할 때는 **재깉** 한 바위들을 조심해야 한다.	삐죽삐죽한
30 10	destine	그 커플은 천 년 전부터 만나도록 **데스틴** 되었다.	정해지다
30 11	patent	삼성은 애플이 **페이튼트** 을 침해했다고 소송했다.	특허권
30 12	exclusion	나는 **익스클루:젼** 없이 모든 사람을 포함시켰다.	제외
30 13	immemorial	설날에 떡국을 먹는 것은 **이메모;리얼** 풍습이다.	먼 옛날부터의
30 14	adversity	그녀는 용기와 지혜로 **애드버:시티** 을 극복했다.	역경
30 15	riot	어제 광화문 거리에서 **라이엍** 이 일어났다.	폭동
30 16	headquarters	우리 회사의 **헤드쿼:터즈** 는 서울에 있다.	본부
30 17	inexhaustible	잡스는 **이니그조:스터블** 아이디어를 가진 천재이다.	무궁무진한
30 18	capitalism	세계는 공산주의보다 **캐피털리즘** 이 우세하다.	자본주의
30 19	acknowledgment	그는 고객으로부터 **애크날리쥐먼트** 편지를 받았다.	감사
30 20	metabolism	그는 **머태벌리즘** 이 빠른지 금방 배고프다고 한다.	신진대사

30 21	underage	언더레이쥐 의 음주는 법으로 금지되어 있다.	미성년자의
30 22	adjourn	재판이 점심시간 동안 잠시 어전: 되었다.	휴정하다
30 23	inexpensive	여행객은 이닉스펜시브 한 호텔을 찾고 있었다.	비싸지 않은
30 24	culprit	경찰은 해외로 도망친 컬프릿 을 간신히 붙잡았다.	범인
30 25	sensitivity	땅콩에 센서티비티 가 있는 사람은 조심해야 한다.	민감성
30 26	immigrate	톰은 작년에 가족과 함께 호주로 이미그레잍 했다	이민가다
30 27	obstacle	우리 계획의 가장 큰 압:스터클 은 돈이었다.	장애물
30 28	deliberation	그는 딜리버레이션 을 갖고 계약서를 읽었다.	신중함
30 29	brokerage	아버지는 부동산 브로우커리쥐 회사에서 일하신다.	중개업
30 30	elevate	심한 스트레스는 혈압을 엘러베잍 할 수 있다.	들어 올리다
30 31	logically	그녀는 문제를 감정적이 아닌 라쥐컬리 대처했다.	논리적으로
30 32	storehouse	그는 고장 난 자동차를 스토:어하우스 에 두었다.	창고
30 33	paralyze	뱀의 독은 사람을 일순 패럴라이즈 시킬 수 있다.	마비시키다
30 34	grieve	손녀는 할아버지의 죽음에 그리:브 했다.	몹시 슬퍼하다
30 35	entitle	나도 연금을 받을 수 있도록 인타이틀 되었다.	자격을 주다
30 36	thoughtful	옆 사람까지 챙기는 그녀는 정말 쏱:플 한 여자이다.	사려 깊은
30 37	terms	선수와 소속팀은 서로에게 좋은 텀즈 로 계약했다.	조건
30 38	affliction	난 애완견의 죽음으로 정신적 어플릭션 을 겪었다.	고통
30 39	multiply	4에 2를 멀터플라이 하면 8이 된다.	곱하다
30 40	immeasurably	경쟁으로 인해서 서비스가 이메져러블리 좋아졌다.	셀 수 없을 만큼

30 41	admirable	그가 혼자서 끝냈다는 것은 **애드머러블** 한 일이다.	존경스러운
30 42	economically	그녀는 이미 **이:커나:미컬리** 부모에게서 독립했다.	경제적으로
30 43	unacceptable	어른에 대한 무례한 행동은 **언억셉터블** 이었다.	용납할 수 없는
30 44	tighten	나는 자전거의 나사를 풀리지 않도록 **타잍은** 했다.	조이다
30 45	redeem	나는 해킹을 당한 후 보완을 완벽히 **리딤:** 했다.	보완하다
30 46	administer	교장은 학교를 **애드미니스터** 하는 책임이 있다.	관리하다
30 47	stubbornly	그녀는 나의 도움을 끝까지 **스터번리** 거부했다.	완강하게
30 48	acknowledge	그는 자신의 패배를 결코 **애크날러쥐** 하지 않았다.	인정하다
30 49	reactive	호수에 던진 미끼에 **리액티브** 한 물고기가 있었다.	반응을 보이는
30 50	range	각 중계기가 담당하는 중계 **레인쥐** 는 50m이다.	범위
30 51	uncountable	하늘에는 **언카운터블** 한 별들이 빛나고 있었다.	셀 수 없는
30 52	literacy	한국은 세계에서 **리터러시** 비율이 높은 나라이다.	읽고 쓸 줄 앎
30 53	span	그녀와 나는 6년이란 **스팬** 동안 함께 잘 해왔다.	기간
30 54	expectancy	BTS의 팬들은 **엑스펙턴시** 하며 시작을 기다렸다.	기대
30 55	moderate	건강한 생활을 위해서 **마더릳** 한 운동은 필요하다.	적당한
30 56	constellation	**칸:스털레이션** 이란 하늘에 있는 별들의 패턴이다.	별자리
30 57	isolated	헬기로 **아이설레이티드** 이재민에게 음식을 보냈다.	고립된
30 58	immediate	심장발작은 **이미:디얼** 한 치료가 반드시 필요하다.	즉각적인
30 59	dispenser	종업원이 냅킨 **디스펜서** 에 냅킨을 다시 채웠다.	뽑아 쓰는 기구
30 60	ignoble	시험에서 부정행위는 **이그노우블** 한 짓이다.	비열한

30 61	modify	조건이 달라져서 나는 계약을 **마더파이** 해야 한다.	변경하다
30 62	frustration	나는 분노와 **프러스트레이션** 에 큰소리를 질렀다.	좌절감
30 63	revenue	경쟁회사 때문에 우리 회사의 **레버뉴:** 가 줄었다.	수익
30 64	attain	열심히 노력하면 너의 목표를 **어테인** 할 수 있다.	달성하다
30 65	elusive	그녀가 암에 걸린 원인이 아직 **일루:시브** 였다.	찾기 힘든
30 66	gleam	달빛이 바다 위로 어렴풋이 **글림:** 했다.	희미하게 빛나다
30 67	fairly	나는 어제 친구들과 **페얼리** 즐거운 시간을 보냈다.	상당히
30 68	rhetorical	그는 **리토:리컬** 한 표현을 지나치게 사용한다.	수사적인
30 69	strive	엠마는 최고가 되기 위해 항상 **스트라이브** 했다.	노력하다
30 70	innocent	우리는 그가 **이너슨트** 인지 유죄인지 아직 모른다.	무죄의
30 71	complementary	그 둘은 경쟁적이면서도 **캄:플리멘트리** 한 관계다.	상호보완적인
30 72	maintain	유엔은 중동 평화를 **메인테인** 위해 군대를 보냈다.	유지하다
30 73	intentionally	그녀는 **인텐셔늘리** 내 비밀을 언론에 폭로했다.	고의로
30 74	thesis	해리는 박사를 따기 위해 **씨:시스** 를 쓰고 있다.	학위논문
30 75	singular	영어에서 Boxes의 **싱귤러** 은 box 이다.	단수형
30 76	dropout	난 초등학교 **드랖아웉** 이지만 노력으로 성공했다.	중퇴자
30 77	altitude	우린 8,000피트 **앨터튜:드** 의 산정상에 도착했다.	고도
30 78	trespass	러시아 전투기가 한국 영공에 **트레스패스** 했다.	침입하다
30 79	democracy	다수결은 **디마:크러시** 의 가장 기본적인 원칙이다.	민주주의
30 80	departure	나는 기차의 **디파:쳐** 시간을 확실하게 확인했다.	출발

30 81	shatter	유리가 바닥에 떨어져서 조각으로 **섀더** 되었다.	산산이 부서지다
30 82	annoy	그녀의 똑같은 질문이 결국 나를 **어노이** 하게 했다.	짜증나게 하다
30 83	blueprint	그들은 사업에 대한 확실한 **블루:프린트** 를 가졌다.	청사진
30 84	disperse	경찰이 시위대를 **디스퍼:스** 하기 위해 돌진했다.	해산시키다
30 85	plummet	경제 불황으로 주식들이 계속 **플러밑** 하고 있다.	급락하다
30 86	lawless	이 지역은 밤이 되면 거의 **롤:리스** 한 장소가 된다.	무법의
30 87	commemorate	부부는 결혼식을 **커메머레잍** 하려고 파티를 열었다.	기념하다
30 88	effortful	빅데이터를 분석하는 것은 **에펄플** 한 일이다.	노력이 필요한
30 89	flexibility	사업에선 신념과 함께 **플렉서빌러티** 도 필요하다.	유연성
30 90	internal	인체의 **인터:늘** 장기에는 심장, 위, 폐가 있다.	내부의
30 91	nostalgia	나는 어린 시절에 대한 **너스탤쥐아** 느꼈다.	향수
30 92	annihilate	특수부대가 테러리스트를 **어나이얼레잍** 했다.	전멸시키다
30 93	workforce	이젠 여성이 한국 **워:크포:스** 의 절반을 차지한다.	노동력
30 94	slaughter	독일의 나치는 전쟁 중에 유대인을 **슬로:터** 했다.	학살
30 95	mourn	그녀는 애완견이 죽은 것에 몹시 **몬:** 했다.	슬퍼하다
30 96	respectable	그는 사회적으로 **리스펙터블** 한 직업을 가졌다.	훌륭한
30 97	chaotic	병원이 월요일에는 완전히 **케이아:틱** 상태가 된다.	혼란한
30 98	specimen	현미경의 슬라이드 위에 **스페서먼** 을 놓았다.	표본
30 99	commander	**커맨더** 가 병사들에게 발포 명령을 내렸다.	사령관
31 00	cowardly	그녀는 귀신을 무서워하는 **카우어들리** 소녀였다.	겁이 많은

thesis	trespass	storehouse	innocent	jagged
patent	stubbornly	lawless	administer	democracy
unacceptable	immediate	departure	grieve	acknowledge
redeem	riot	exclusion	blueprint	pretense
intentionally	modify	attain	respectable	underage
commander	mourn	destine	effortful	revenue
obstacle	inexhaustible	immemorial	strive	uncountable
expectancy	brokerage	indefinite	admirable	acknowledgment
range	capitalism	slaughter	rhetorical	tighten
immeasurably	annoy	separate	adjourn	headquarters
maintain	abbey	economically	colony	dropout
span	ignoble	elusive	isolated	specimen
frustration	affliction	inexpensive	flexibility	chaotic
internal	altitude	ministry	adversity	workforce
gleam	multiply	feminist	shatter	moderate
logically	immigrate	cowardly	terms	disperse
entitle	fairly	commemorate	constellation	complementary
metabolism	sensitivity	deliberation	plummet	dispenser
elevate	nostalgia	culprit	paralyze	peek
singular	annihilate	literacy	thoughtful	reactive

31 01	scope	l 이 문제는 우리 능력의 **스코웊** 을 넘어선 것 같다.	l	범위
31 02	infamous	l **인퍼머스** 한 살인범이 은신처에서 체포되었다.	l	악명 높은
31 03	nosedive	l 금리 인상으로 주가가 **노우즈다이브** 를 하고 있다.	l	급락
31 04	rusty	l **러스티** 한 경첩 때문에 창문에서 소리가 난다.	l	녹슨
31 05	omnivorous	l 돼지는 갖가지 음식을 먹는 **암:니버러스** 동물이다.	l	잡식성의
31 06	fiercely	l 초원의 사자가 사슴들을 **피어슬리** 하게 공격했다.	l	사납게
31 07	gallop	l 나의 말은 한참 **갤렆** 한 다음 거친 숨을 쉬었다.	l	질주하다
31 08	merely	l 그녀에게 민수는 **미얼리** 친한 학교 친구일 뿐이다.	l	단지
31 09	photograph	l 인공위성이 서울의 모습을 **포우터그래프** 했다.	l	사진을 찍다
31 10	obscene	l 난 최근에 **업신:** 한 스팸 메일을 많이 받고 있다.	l	음란한
31 11	paralysis	l 그녀는 뇌출혈로 다리에 **퍼랠러시스** 가 왔다.	l	마비
31 12	nonprofit	l 이 자선단체는 어린이를 위한 **넌프라핕** 기관이다.	l	비영리적인
31 13	inhalation	l 화재 대피 중 연기 **인헐레이션** 을 조심해야 한다.	l	흡입
31 14	assail	l 우리 군은 새벽에 적진을 **어세일** 하기로 결정했다.	l	공격을 가하다
31 15	vowel	l 나는 a, e, i, o, u 의 **바우얼** 을 발음할 수 있다.	l	모음
31 16	invariable	l 식사 전 기도는 우리 집의 **인베리어블** 한 규칙이다.	l	변함없는
31 17	deficiency	l 난 비타민 **디피션시** 를 막으려고 영양제를 먹는다.	l	결핍
31 18	sake	l 그는 체면의 **세익** 을 위해, 화가 났지만 참았다.	l	목적
31 19	recite	l 그녀는 윤동주의 서시를 **리사잍** 할 수 있다.	l	암송하다
31 20	interval	l 서울로 가는 버스는 20분 **인터블** 로 운행된다.	l	간격

31 21	deviant	기숙사에서 **디:비언트** 한 행동을 하면 처벌된다.	일탈적인
31 22	stimulate	낮은 가격이 고객의 구매 욕구를 **스티뮬레잍** 했다.	자극하다
31 23	trait	화를 잘 내는 것은 그의 대표적인 **트레잍** 이다.	특성
31 24	personally	그녀를 본 적은 있지만, **퍼:서널리** 잘 모른다.	개인적으로
31 25	repute	그 회사는 소비자들에게 좋은 **리퓨:트** 를 얻었다.	평판
31 26	materially	행복하려면 또한 **머티어리얼리** 풍족해야 한다.	물질적으로
31 27	speculate	난 그가 거짓말을 한 이유를 **스페큘레잍** 해봤다.	추측하다
31 28	censor	옛날엔 정부 **센서** 에 의해 노래가 금지되기도 했다.	검열관
31 29	perch	참새가 나의 어깨에 **퍼취** 해서 재빨리 잡았다.	앉다
31 30	evenly	그는 대문에 **이:븐리** 파란색 페인트를 발랐다.	고르게
31 31	intrigue	이 홍보 포스터는 소비자에게 **인트릭:** 할 것이다.	호기심 일으키다
31 32	anonymity	그녀는 **애너니머티** 의 조건으로 정보를 제공했다.	익명
31 33	transmitter	스마트폰 무선 **트랜스미터** 의 출력범위가 넓다.	송신기
31 34	polish	그는 행주로 더러워진 식탁을 깨끗이 **팔:러쉬** 했다.	닦다
31 35	bloat	개구리가 공기를 마셔서 배를 **블로웉** 하게 했다.	부풀게 하다
31 36	loudness	그녀는 힘을 주어서 **라우드니스** 로 노래를 불렀다.	큰 목소리
31 37	evolutionary	인류학자가 인간의 **에벌루:셔네리** 과정을 설명했다.	진화의
31 38	satire	개그맨들이 정치적 **새타이어** 를 방송에서 했다.	풍자
31 39	vivid	나는 어제 꾼 꿈이 **비빋** 아직도 하다.	생생한
31 40	tremendously	유명 가수의 노래가 **트러멘더슬리** 인기가 있었다.	엄청나게

31 41	assign	영화감독은 배역을 최고의 배우에게 **어사인** 했다.	할당하다
31 42	numb	너무 추워서 나의 손과 발이 완전히 **넘** 되었다.	감각이 없는
31 43	chemical	청소부들이 **케미클** 제품으로 화장실을 청소했다.	화학의
31 44	encircle	경찰들은 시위대를 둥그렇게 **인서:클** 했다.	둘러싸다
31 45	surplus	**서:플러스** 한 사과 때문에 사과값이 폭락했다.	과잉
31 46	incineration	쓰레기 처리에는 **인시너레이션** 과 매립이 있다.	소각
31 47	validate	나는 계좌를 **밸리데잍** 하기 위해 번호를 입력했다.	인증하다
31 48	brag	그녀는 수학시험에서 100점 맞은 것을 **브래그** 했다.	자랑하다
31 49	perpendicular	흰 종이에 위에서 아래로 **퍼:펀디큘러** 선을 그어라.	수직적인
31 50	surveillance	이젠 어디서나 CCTV의 **서:베일런스** 를 받는다.	감시
31 51	cumulate	아무도 없는 집에 먼지가 산처럼 **큐:뮬레잍** 했다.	쌓아 올리다
31 52	lag	마라톤에서 2군 그룹이 서서히 **래그** 하기 시작했다.	뒤떨어지다
31 53	opportunity	교수님의 해외연수 제안은 좋은 **아:퍼튜:니티** 이다.	기회
31 54	intruder	경호원들이 **인트루:더** 를 재빨리 제압했다.	침입자
31 55	tendency	그는 말을 할 때 크게 말하는 **텐던시** 를 가졌다.	성향
31 56	penniless	마크는 아직도 **페닐러스** 의 무명가수이다.	무일푼의
31 57	collaborate	가수들이 **컬래버레잍** 해서 새로운 노래를 발표했다.	협력하다
31 58	Celsius	튀김기름을 **셀시어스** 180도까지 예열하세요.	섭씨의
31 59	glorious	대회에서 우승한 오늘은 **글로:리어스** 한 날이었다.	영광스러운
31 60	installment	자동차를 24개월 **인스톨:먼트** 납부로 구매했다.	할부금

31 61	mischievous	그는 어려서부터 **미스취비어스** 한 아이였다.	장난이 심한
31 62	reproduction	타인의 작품을 **리:프러덕션** 하는 것은 불법이다.	복사
31 63	entity	자녀들은 부모로부터 완전한 **엔터티** 가 될 수 없다.	독립체
31 64	loan	나는 남동생이 안양집을 사는데 돈을 **로운** 했다.	빌려주다
31 65	disturbance	공부하는데 **디스터:번스** 를 하지 않도록 조심했다.	방해
31 66	dividend	주식 투자로 주당 1,000원의 **디비덴드** 을 받았다.	배당금
31 67	outweigh	수요가 공급보다 **아웉웨이** 해서 가격이 올라갔다.	~보다 더 크다
31 68	deprived	범죄는 **디프라이브드** 지역에서 많이 발생 된다.	궁핍한
31 69	vertical	그 절벽은 거의 **버:티클** 의 각도에 가까웠다.	수직의
31 70	urine	환자는 피검사와 함께 **유런** 검사를 받았다.	소변
31 71	parable	난 벌거벗은 왕이란 **패러블** 을 읽어본 적이 있다.	우화
31 72	bulk	이불의 **벌크** 가 너무 커서 장롱에 들어가지 않았다.	부피
31 73	stabilize	정부는 물가를 **스테이벌라이즈** 하는 정책을 폈다.	안정시키다
31 74	bequest	돌아가신 아빠는 딸에게 **비퀘슽** 으로 집을 남겼다.	유산
31 75	motive	그가 모임에 참여한 **모우티브** 는 그녀 때문이었다.	동기
31 76	prelude	우린 콘서트에 늦게 와서 **프릴루:드** 를 못 들었다.	전주곡
31 77	giggle	그는 뭐가 좋은지 하루 종일 **기글** 하고 있었다.	낄낄 웃다
31 78	voucher	**바우쳐** 가 있으면 식당이나 마켓에서 쓸 수 있다.	상품권
31 79	serpent	동물원의 **서:펀트** 가 주기적으로 허물을 벗었다.	뱀
31 80	constrain	그는 자신만 믿으라고 나에게 **컨스트레인** 했다.	강요하다

31 81	democratic	대통령은 **데머크**래**틱** 한 절차에 따라 선출되었다.	민주적인
31 82	repetitive	이 일은 **리**페**터티브** 한 일로 금방 지루할 수 있다.	반복적인
31 83	pelt	그는 적을 향해 돌을 **펠트** 하며 달려갔다.	내던지다
31 84	reinstate	회사는 지점장을 다시 본사로 **리:인스**테**잍** 했다.	복귀시키다
31 85	redemption	네가 **리뎀션** 을 원하면, 먼저 죄를 회개해야 한다.	구원
31 86	tolerate	이웃집 개가 짖는 소리를 **탈:러레잍** 할 수 없었다.	참다
31 87	breadth	내가 덮는 담요의 **브렏쓰** 는 3m 이다.	폭
31 88	nervousness	면접을 앞두고 그녀는 심한 **너:버스니스** 를 느꼈다.	초조함
31 89	obligatory	안전띠를 매는 것은 **어블리거토:리** 한 일이다.	의무적인
31 90	conserve	그녀는 물을 **컨서:브** 하려고 씻은 물로 청소했다.	아껴 쓰다
31 91	renowned	김연아는 **리**나**운드** 한 한국의 피겨선수이다.	유명한
31 92	costly	바다낚시는 생각보다 **코슬리** 해서 부담이 된다.	비용이 드는
31 93	antiquity	이 황금잔은 **앤티쿼티** 이집트의 유물이다.	고대
31 94	restrain	그녀는 분노를 가까스로 **리스트레인** 했다.	억누르다
31 95	confession	경찰은 범인의 **컨페션** 을 받아내려고 증거를 댔다.	자백
31 96	amber	그녀는 소나무 송진으로 된 **앰버** 장신구를 샀다.	호박
31 97	irritable	그는 긴 여행에 지쳤는지 자꾸 **이리터블** 해졌다.	짜증을 내는
31 98	corrode	금속으로 된 것은 습기에 **커로우드** 되기 쉽다.	부식시키다
31 99	detection	스텔스 비행기가 레이더의 **디텍션** 을 피했다.	탐지
32 00	improper	경비원이 입구에서 **임프라:퍼** 한 입장을 제지했다.	부적절한

Review Test

recite	surveillance	opportunity	validate	assign
deprived	confession	vowel	loan	invariable
interval	parable	evenly	detection	disturbance
installment	urine	corrode	scope	trait
obscene	pelt	fiercely	mischievous	evolutionary
surplus	outweigh	intruder	obligatory	nosedive
antiquity	sake	nonprofit	polish	tremendously
inhalation	deviant	dividend	democratic	prelude
serpent	Celsius	amber	tendency	redemption
censor	reinstate	gallop	repetitive	stimulate
glorious	photograph	chemical	costly	renowned
perpendicular	improper	assail	brag	stabilize
lag	speculate	incineration	collaborate	repute
omnivorous	restrain	cumulate	vivid	merely
encircle	paralysis	motive	tolerate	vertical
deficiency	irritable	anonymity	intrigue	nervousness
entity	rusty	transmitter	loudness	materially
personally	numb	giggle	conserve	bequest
reproduction	infamous	bulk	breadth	perch
satire	penniless	bloat	voucher	constrain

32 01	compliment	선생님이 숙제를 잘했다고 **컴플러먼트** 해주셨다.	칭찬하다
32 02	rarely	우리는 추운 겨울에는 밖에 **레얼리** 나가지 않는다.	거의~하지 않는
32 03	cowardice	불의에 **카우어디스** 를 떨치고 용기 있게 맞섰다.	비겁
32 04	subsidy	정부는 비영리단체에 대한 **섭시디** 를 삭감했다.	보조금
32 05	relocate	사장은 잘 장사가 안돼서 점포를 **리:로우케잍** 했다.	이전시키다
32 06	acoustic	**어쿠:스틱** 신호가 안 잡혀서 음악 소리가 안 난다.	음향의
32 07	attire	그녀는 격식 차린 **어타이어** 를 입고 결혼식에 왔다.	복장
32 08	propensity	그는 뭐든지 과장해서 말하는 **프러펜시티** 가 있다.	경향
32 09	landmark	에펠탑은 프랑스의 유명한 **랜드마:크** 이다.	주요 지형지물
32 10	satellite	각국이 수많은 **새털라잍** 을 우주에 쏘아 올렸다.	인공위성
32 11	enmity	그는 내가 그를 도와주지 않아서 **엔미티** 를 가졌다.	원한
32 12	bestow	교장이 졸업생들에게 표창장을 **비스토우** 했다.	수여하다
32 13	biological	생물학자가 쥐로 **바이어라:쥐클** 실험을 하고 있다.	생물학의
32 14	ignition	그녀는 출발을 위해 자동차의 **이그니션** 을 켰다.	점화장치
32 15	cooperation	다른 사람과 **코우아:퍼레이션** 이 필요할 때가 있다.	협력
32 16	predict	점쟁이도 미래를 정확히 **프리딕트** 할 수 없다.	예언하다
32 17	peddler	난 전통시장에서 거리의 **페들러** 에게 물건을 샀다.	행상인
32 18	moan	그는 다친 데가 아파서 밤새도록 **모운** 했다.	신음하다
32 19	postwar	그 영화는 한국의 **포우스트워:** 모습을 잘 보여줬다.	전후의
32 20	captor	그 **캪터** 는 10명의 인질을 붙잡고 돈을 요구했다.	포획자

32 21	preclude	경비원이 콘서트장에 입장하는 걸 **프리클루:드** 했다.	못하게 하다
32 22	storage	나는 안 쓰는 가구를 **스토:리쥐** 에 보관했다.	창고
32 23	deceit	똑똑한 사람이 오히려 **디시:트** 에 당하기 쉽다.	사기
32 24	spokesperson	정부의 **스포욱스퍼:슨** 이 기자회견을 열었다.	대변인
32 25	occupancy	새 아파트는 아직 **아:큐펀시** 허가가 나지 않았다.	사용
32 26	rod	그녀는 커튼의 고리를 철로 만든 **라:드** 에 걸었다.	막대
32 27	elector	이번 선거의 **일렉터** 는 여성 숫자가 더 많았다.	유권자
32 28	stroller	아기를 업은 여자가 **스트로울러** 를 힘들게 밀었다.	유모차
32 29	dagger	자객이 잠자는 왕의 가슴에 **대거** 를 찔렀다.	단검
32 30	helplessly	문이 잠겨서 그는 **헬플리슬리** 화장실에 갇혔다.	어쩔 수 없이
32 31	disabled	그는 사고로 **디스에이블드** 된 후 휠체어를 탔다.	장애를 가진
32 32	bombard	포병부대가 적진을 향해 폭탄을 **밤:바:드** 했다.	퍼붓다
32 33	swirl	수영장에서 물이 빠지면서 세차게 **스월:** 했다.	소용돌이치다
32 34	infrared	내 **인퍼레드** 카메라는 어두워도 잘 찍을 수 있다.	적외선의
32 35	intervention	법원의 **인터벤션** 으로 결국 소송인들은 합의했다.	중재
32 36	worrisome	놀다 보니 며칠 후 있을 시험이 **워:리섬** 된다.	걱정스러운
32 37	retribution	우린 죄를 지은 그에게 **레트리뷰:션** 을 기도했다.	응징
32 38	override	회장이 회원들의 의견을 완전 **오우버라이드** 했다.	무시하다
32 39	dissolute	그는 젊어서 큰 돈을 벌더니 **디설루:트** 해졌다.	방탕한
32 40	deliverance	동굴에 갇힌 우리는 **딜리버런쓰** 되기만 기다렸다.	구출

32 41	capacious	100명이 일 할 **커페이셔스** 한 사무실을 얻었다.	널찍한
32 42	ethics	**에씩스** 는 인간 행위에 대한 규범을 연구한다.	윤리학
32 43	viewpoint	똑같은 문제를 그는 다른 **뷰:포인트** 에서 생각했다.	관점
32 44	infuse	그의 성공은 나에게 새로운 희망을 **인퓨:즈** 했다.	주입하다
32 45	suitor	나의 **수:터** 는 마음을 바꿔서 고소를 취하했다.	소송인
32 46	specification	난 제조사에 제품의 **스페시피케이션** 을 요청했다.	설명서
32 47	investor	외국인 **인베스터** 가 우리 회사의 주식을 사고 있다.	투자자
32 48	irrational	불만이 너무 쌓이면 **이래셔늘** 한 행동을 하기 쉽다.	비이성적인
32 49	pensive	그녀는 **펜시브** 해서 잔잔한 호수를 쳐다보았다.	생각에 잠긴
32 50	narrowly	저격수가 쏜 총알은 **내럴리** 그의 머리를 빗겨 갔다.	간신히
32 51	execution	살인죄를 저지른 죄수의 **엑시큐:션** 은 지난주였다.	사형
32 52	coherent	수능시험은 **코우히런트** 계획하에 개정되어야 한다.	일관성 있는
32 53	arise	학교에서는 수많은 일이 **어라이즈** 할 수 있다.	발생하다
32 54	sweep	오늘 아침 청소부가 걸레로 바닥을 **스윞:** 했다.	청소하다
32 55	lineage	진돗개의 순수 **리니이쥐** 을 찾아서 진도에 갔다.	혈통
32 56	overpower	복싱선수가 상대방을 쉽게 **오우버파우어** 했다.	제압하다
32 57	humiliation	난 공개적으로 비난을 받아서 **휴:밀리에이션** 했다.	창피
32 58	trickery	사기꾼이 **트리커리** 로 사람들의 돈을 빼앗았다.	속임수
32 59	depreciation	달러화 대비 원화의 **디프리:쉬에이션** 은 10%였다.	가치의 하락
32 60	reluctantly	아이들은 **릴럭턴리** 본인들의 방을 청소했다.	마지못해서

207

32 61	neglect	부모가 자신의 아이들을 **니글렉트** 해서 비난받았다.	방치하다
32 62	authenticity	이 증명서의 **오쎈티시티** 는 정부가 보증한다.	진짜임
32 63	caravan	폴은 그의 **캐러밴** 을 야영지 주변에 주차했다.	이동식 주택
32 64	prescription	의사는 약을 타기 위한 **프리스크맆션** 을 주었다.	처방전
32 65	commodity	생명은 서로 사고 팔 수 있는 **커마:더티** 이 아니다.	상품
32 66	estimation	그녀에 대한 친구들의 **에스터메이션** 는 좋았다.	평가
32 67	judgment	이 일을 할지 말지는 너의 **져쥐먼트** 에 달렸다.	판단
32 68	marital	그들은 **매러틀** 문제가 전혀 없는 잉꼬부부다.	결혼의
32 69	synthesize	타이어를 만들 새로운 고무를 **신써사이즈** 했다.	합성하다
32 70	conversely	아이는 부모에 의지한다. **컨버:슬리** 부모도 그렇다.	거꾸로
32 71	paradise	놀이공원은 아이들에게 **패러다이스** 와 같다.	천국
32 72	cosmopolitan	뉴욕은 가장 **카:즈머팔러튼** 한 도시 중의 하나다.	국제적인
32 73	tactile	난 신경치료 후 손에 **택타일** 감각을 느낄 수 있었다.	촉각의
32 74	qualification	변호사가 되려면 무슨 **콸러피케이션** 이 필요하죠?	자격
32 75	consumption	열대야 때문에 전기 **컨섬션** 이 급격히 증가했다.	소비
32 76	chubby	그는 한 때 **쳐비** 했지만, 지금은 너무 말랐다.	통통한
32 77	restock	점원이 마켓의 빈 선반에 상품을 **리:스탁:** 했다.	다시 보충하다
32 78	loneliness	난 친구도 없이 **로운리니스** 로 가득한 삶을 살았다.	고독
32 79	temperance	음식에 대한 **템퍼런스** 는 다이어트하려면 필요하다.	절제
32 80	clarity	그는 난해한 이야기를 **클래리티** 있게 설명해줬다.	명확성

32 81	heterogeneous	미국은 **헤터로쥐:니어스** 한 민족으로 구성되었다.	이종의
32 82	pluck	내 아들이 나의 흰 머리카락을 핀셋으로 **플럭** 했다.	뽑다
32 83	irrelevant	내가 말한 내용은 회의 주제와는 **이렐러번트** 했다.	무관한
32 84	contemptuous	그는 종종 동료들을 **컨템츄어스** 할 때가 있다.	업신여기는
32 85	veil	그녀는 결혼식 때 **베일** 이 달린 면사포를 썼다.	덮개
32 86	penalty	존은 주차위반을 해서 **페널티** 로 60달러를 냈다.	벌금
32 87	impatience	그는 기차 도착 시간이 되자 **임페이션스** 를 냈다.	조바심
32 88	repose	우리는 기차를 타고 가는 동안 **리포우즈** 을 취했다.	휴식
32 89	plaster	그녀는 부러진 다리에 **플래스터** 를 발랐다.	석고 반죽
32 90	inappropriate	그의 복장은 오늘 파티에 **이너프로우프리얼** 했다.	부적합한
32 91	definitively	나는 그의 질문에 **디피니티블리** 대답할 수 없었다.	명확하게
32 92	lyric	작곡가는 **리릭** 의 시를 노래로 만들었다.	서정적인
32 93	unfulfilled	군인이 임무를 **언풀필드** 한 채 적진에서 전사했다.	실현되지 않은
32 94	preoccupied	난 집안일에 **프리아:큐파이드** 되어 회의를 대충 했다.	정신이 팔린
32 95	willingness	난 그녀가 **윌링니스** 로 도와준 것에 감사했다.	기꺼이 함
32 96	tremble	그는 몹시 긴장해서 몸을 **트렘블** 하고 있었다.	떨다
32 97	companion	오늘 회사 **컴패년** 과 함께 식당에서 회식했다.	동료
32 98	mating	거의 모든 동물이 **메이팅** 시즌에 새끼를 낳는다.	짝짓기
32 99	lifespan	하루살이는 정말 짧은 **라잎스팬** 을 가지고 있다.	수명
33 00	physicist	아인슈타인은 독일 세계적인 **피지시스트** 이다.	물리학자

lyric	coherent	attire	overpower	unfulfilled
cooperation	stroller	qualification	occupancy	caravan
depreciation	paradise	infuse	neglect	clarity
synthesize	ethics	infrared	compliment	postwar
pensive	rarely	swirl	specification	bestow
subsidy	pluck	moan	companion	cosmopolitan
judgment	restock	deceit	preclude	elector
rod	relocate	landmark	definitively	ignition
temperance	enmity	prescription	lineage	execution
dissolute	estimation	propensity	willingness	acoustic
lifespan	repose	tremble	satellite	suitor
peddler	storage	humiliation	arise	bombard
conversely	dagger	irrational	authenticity	marital
plaster	investor	sweep	spokesperson	retribution
reluctantly	disabled	worrisome	viewpoint	predict
inappropriate	captor	commodity	consumption	capacious
impatience	loneliness	cowardice	physicist	irrelevant
deliverance	heterogeneous	trickery	veil	preoccupied
narrowly	chubby	override	intervention	biological
penalty	tactile	contemptuous	mating	helplessly

33 01	aquatic	피터는 수상스키와 같은 **어콰틱** 운동을 좋아한다.	수생의
33 02	chemotherapy	암 치료를 위해 그녀는 **키:모우쎄러피** 가 필요하다.	화학요법
33 03	fabric	내가 입은 옷의 재질은 가죽이 아닌 **패브릭** 이다.	직물
33 04	physiology	난 생물의 생활을 배우는 **피지알:러쥐** 을 전공했다.	생리학
33 05	appeal	그는 도와달라고 그녀의 좋은 마음씨에 **어필:** 했다.	호소하다
33 06	turnover	트럭이 도로에서 좌회전 중 **턴:오우버** 되었다.	뒤집혔다.
33 07	overtake	그는 앞차를 **오우버테익** 하려고 속력을 냈다.	따라잡다
33 08	conspire	범인은 범죄 증거를 없애려고 **컨스파이어** 했다.	음모를 꾸미다
33 09	integrate	회사는 전국의 AS 센터를 하나로 **인티그레일** 했다.	통합하다
33 10	viper	그는 풀숲에서 **바이퍼** 에 물려서 죽다 살아났다.	독사
33 11	enticing	그녀의 제안은 **인타이싱** 해서 거절하기 힘들었다.	유혹적인
33 12	regime	독재 **리쥠:** 은 결국 국민의 힘으로 막을 내렸다.	정권
33 13	moreover	그날은 매우 추웠다. **모:어오우버**, 비도 계속 왔다.	게다가
33 14	resentful	그는 팀에서 제외되었다고 심하게 **리젠플** 했다.	분개하는
33 15	subtraction	나는 오늘 수학 시간에 덧셈과 **섭트랙션** 을 배웠다.	빼냄
33 16	introspect	그는 사업 실패 후 철저하게 **인트러스펙트** 했다.	자기 반성하다
33 17	outbreak	중동에 전쟁의 **아울브레익** 으로 피난민이 생겼다.	발발
33 18	preoccupation	그는 스님의 **프리아:큐페이션** 을 깨는 행동을 했다.	고정관념
33 19	console	제이크는 시험에서 떨어진 여동생을 **컨소울** 했다.	위로하다
33 20	inconsistency	그의 이야기는 앞뒤가 안 맞는 **인컨시스턴시** 이다	모순

33 21	ritualize	리츄얼라이즈 된 회의가 아닌, 열띤 회의를 했다.	의례적으로 하다
33 22	outrun	소매치기는 결국 경찰들을 아웃런 할 수 없었다.	멀리 달아나다
33 23	substandard	그 회사는 섭스탠더드 한 핸드폰을 만들어 팔았다.	수준 이하의
33 24	malicious	대변인은 멀리셔스 한 기자의 질문을 무시했다.	악의적인
33 25	assassinate	미국 대통령이 연설 도중에 어새서네일 되었다.	암살하다
33 26	secular	스님은 파계한 다음 세큘러 한 사회로 돌아왔다.	세속적인
33 27	manual	이 차는 자동이 아닌 매뉴얼 의 기어로 움직인다.	수동의
33 28	first aid	소방대원이 퍼:슷 에일 요령에 대해서 알려줬다.	응급처치
33 29	chorus	학생들이 학예회에서 부를 코:러스 를 연습했다.	합창곡
33 30	prune	농부가 사과나무의 죽은 가지를 프룬: 하고 있었다.	가지 치다
33 31	discrete	이 둘은 디스크리:트 의 문제지만 둘 다 중요하다.	별개의
33 32	factually	노력했지만 팩츄얼리 그는 실패했다고 할 수 있다.	사실상
33 33	amend	그는 보고서의 내용을 전체적으로 어멘드 했다.	수정하다
33 34	inhale	미세먼지를 인헤일 하지 않도록 마스크를 썼다.	흡입하다
33 35	pertinent	선배가 수험생에게 퍼:트넌트 한 조언을 해줬다.	적절한
33 36	inspector	인스펙터 가 공사현장을 불시에 조사했다.	조사관
33 37	restrict	비만의 사람은 식사량을 리스트릭트 해야 한다.	제한하다
33 38	due	그 사고는 운전자의 운전미숙으로 듀: 해 발생했다.	~로 인한
33 39	susceptible	나는 더위에 서셉터블 해서 여름을 싫어한다	민감한
33 40	wield	거인이 괴물을 향해 큰 몽둥이를 윌:드 했다	휘두르다

33 41	prophet	위대한 **프라:핕** 이 한국의 미래를 좋게 예언했다.	예언자
33 42	abide	나는 추위를 **어바이드** 할 수 없어서 히터를 켰다.	참다
33 43	emanate	갑자기 싸우는 소리가 방에서 에**머네잍** 했다.	발산하다
33 44	eventual	그녀의 **이벤츄얼** 목표는 골프대회 우승이었다.	최종적인
33 45	malfunction	발전소의 **맬펑션** 으로 전 지역이 정전되었다.	고장
33 46	catastrophe	연이어 닥친 태풍은 마을에 **커태스트러피** 이었다.	재앙
33 47	peculiarity	그의 발걸음엔 **피큘:리애러티** 가 있어서 금방 안다.	특색
33 48	empathy	성우가 **엠퍼씨** 를 해서 윤동주의 서시를 읽었다.	감정이입
33 49	engrave	나는 금반지에 나의 이름을 **인그레입** 했다.	새기다
33 50	impediment	난 혀 때문에 말할 때 **임페더먼트** 를 가지고 있다.	장애
33 51	quota	곡물은 매년 **쿼타** 에 따라서 엄격하게 수입이 된다.	한도
33 52	enrage	아들의 거짓말이 엄마를 **인레이쥐** 하게 했다.	화나게 하다
33 53	civilian	현장조사 중이던 **서빌리언** 이 지뢰 폭발로 다쳤다.	민간인
33 54	abound	할아버지의 과수원에는 사과가 **어바운드** 하다.	풍부하다
33 55	invaluable	그의 컴퓨터 책은 **인밸류어블** 한 정보를 담고 있다.	귀중한
33 56	inductive	난 죽는다. 고로 사람은 죽는다는 **인덕티브** 추론이다	귀납적인
33 57	correlate	흡연과 폐암 사망률은 깊은 **코:럴레잍** 있다.	연관성이 있다
33 58	breach	그가 잔금을 주지 않은 것은 계약 **브리:취** 이다.	위반
33 59	arduous	농사를 짓는 것은 생각보다 **아:듀어스** 한 일이었다.	몹시 힘든
33 60	setback	주전 선수의 부상으로 팀은 우승에 **셑백** 이 있었다.	차질

33 61	confine	증인은 사실에 **컨파인** 해서 진술해야 한다.	국한시키다
33 62	appreciation	나는 도와준 친구에게 **어프리:쉬에이션** 을 표했다.	감사
33 63	craftsmanship	털실로 옷을 만드는 그녀의 **크랲스먼쉽** 은 놀랍다.	손재주
33 64	indiscriminate	**인디스크리미닡** 한 벌목으로 민둥산이 되었다.	무분별한
33 65	enlist	캡틴은 애국심의 방편으로 군대에 **인리슽** 했다.	입대하다
33 66	soluble	그녀는 찬물에도 잘 **살:류블** 한 커피를 샀다.	녹는
33 67	undamaged	태풍에도 불구하고 사과나무는 **언대미쥗** 였다.	손상되지 않은
33 68	virtue	우리의 소중한 **버:츄** 는 웃어른에 대한 존경이다.	미덕
33 69	convince	담당자는 임원들을 **컨빈스** 하려고 발표회를 열었다.	설득하다
33 70	approximately	이번 파티에는 **어프락:시멀리** 200명이 참여했다.	대략
33 71	disclosure	군인이 국가기밀 **디스클로우져** 로 체포를 당했다.	폭로
33 72	inverse	왕자와 거지는 완전히 **인버:스** 의 상황에 있었다.	반대의
33 73	warfare	현대사회는 무역으로 **워:페어** 를 한다고 할 수 있다.	전쟁
33 74	dwell	많은 개구리가 연못에 **드웰** 하면서 울었다.	살다
33 75	pinnacle	그도 한때는 성공의 **피너클** 에 있었던 적이 있다.	정점
33 76	creativity	신제품 개발을 위해 **크리:에이티비티** 가 요구된다.	창의성
33 77	maternal	아이의 **머터:늘** 유대는 정서적으로 영향을 미친다.	어머니의
33 78	reflection	그녀는 거울에 비친 본인 **리플렉션** 을 보고 놀랬다.	반사된 모습
33 79	honorary	그는 대학으로부터 **아:너레리** 박사학위를 받았다.	명예의
33 80	overestimate	팬들은 그의 축구 실력을 **오우버에스티메잍** 했다.	과대평가하다

33 81	sniffle	그는 감기에 걸린 후 하루 종일 **스니플** 하고 있다.	훌쩍거리다
33 82	grim	많은 사람이 **그림** 한 표정으로 장례식을 지켜봤다.	엄숙한
33 83	heartbeat	달리기한 다음의 나의 **핱:비:트** 은 매우 빨랐다.	심장박동
33 84	essential	인내심은 성공하는데 **이센셜** 한 요소이다.	필수적인
33 85	outdistance	여당의 후보가 야당의 후보를 **아울디스턴스** 했다.	훨씬 앞서다
33 86	advocacy	그녀는 유기견 보호법에 **애드버커시** 을 보냈다.	지지함
33 87	celebrity	난 우리 마을에 온 **설레브러티** 의 사인을 받았다.	유명인사
33 88	breeding	**브리:딩** 을 위해서 짝짓기 때 암수 곰을 같이 뒀다.	번식
33 89	receptionist	그녀는 신라호텔의 **리셉셔니슽** 로 일하고 있다.	접수 담당자
33 90	disbelieve	그는 거짓말쟁이라서 나는 그를 **디스빌리:브** 했다.	믿지 않다
33 91	contend	검찰은 범인에게 죄가 있다고 **컨텐드** 했다.	주장하다
33 92	valid	의료보험은 전국 어느 병원에서나 **밸리드** 하다.	유효한
33 93	embassy	난 여권을 잃어버린 후 **엠버시** 에서 재발급받았다.	대사관
33 94	slay	기사는 칼로 용을 **슬레이** 하고 공주를 구했다.	죽이다
33 95	deepen	시간이 지나면서 그녀의 얼굴 주름살이 **디:픈** 했다.	깊어지다
33 96	peculiar	그는 **피큘:리어** 한 아이디어가 가득한 사람이다.	독특한
33 97	defeat	우리는 적군을 **디피:트** 해서 마을을 지켜냈다.	물리치다
33 98	evaluate	정부가 지원사업을 꼼꼼하게 **이밸류에잍** 했다.	평가하다
33 99	ally	미국과 한국은 **앨라이** 로 서로에게 도움을 준다.	동맹국
34 00	dissent	어떤 의견이든 항상 **디센트** 를 하는 사람이 있다.	반대

heartbeat	catastrophe	console	prune	wield
disclosure	malfunction	quota	conspire	soluble
dwell	integrate	undamaged	civilian	appeal
chorus	turnover	reflection	contend	outbreak
susceptible	amend	outdistance	invaluable	peculiar
valid	breeding	craftsmanship	indiscriminate	inspector
restrict	resentful	aquatic	moreover	pertinent
ritualize	inverse	convince	inconsistency	substandard
pinnacle	malicious	appreciation	abide	ally
outrun	breach	celebrity	dissent	warfare
peculiarity	honorary	eventual	subtraction	overtake
confine	factually	emanate	maternal	defeat
grim	empathy	introspect	evaluate	prophet
chemotherapy	creativity	preoccupation	inhale	disbelieve
abound	discrete	setback	fabric	inductive
regime	receptionist	first aid	impediment	essential
overestimate	deepen	slay	due	physiology
secular	arduous	enlist	enrage	sniffle
correlate	virtue	embassy	viper	enticing
advocacy	assassinate	engrave	approximately	manual

34 01	irresistible	마켓은 **이리지스터블** 한 가격으로 물건을 팔았다.	거부할 수 없는
34 02	derelict	그는 데**럴릭트** 한 땅을 개간해서 농사를 지었다.	버려진
34 03	steadily	최근에 휘발유의 가격이 **스테딜리** 올라갔다.	꾸준히
34 04	profitable	그 유전은 조만간 **프라:피터블** 한 사업이 될 것이다	이득이 되는
34 05	diabetes	단 음식을 너무 먹으면 **다이어비:티:즈** 에 걸린다.	당뇨병
34 06	quake	지진으로 발밑의 땅이 심하게 **퀘익** 했다.	흔들리다
34 07	relent	그녀는 나의 결정에 마지못해 **럴렌트** 했다.	동의하다
34 08	supposition	모든 증거는 나의 **서퍼지션** 이 옳았다고 말한다.	가정
34 09	babble	나는 바보처럼 심사위원들 앞에서 **배블** 했었다.	횡설수설하다
34 10	peck	암탉이 마당에서 먹이를 **펙** 하고 있었다.	쪼다
34 11	nap	**냅** 은 낮에 아주 짧게 자는 것을 말한다.	낮잠
34 12	disparage	그는 나의 점수를 **디스패리쥐** 하는 말을 했다.	깔보다
34 13	sluggish	앞차 사고로 고속도로 위의 차들이 **슬러기쉬** 했다.	움직임이 느린
34 14	nutritional	블루베리는 **누트리셔늘** 한 가치가 높은 식품이다.	영양상의
34 15	donate	빌 게이츠는 많은 돈을 자선단체에 **도우네잍** 했다.	기부하다
34 16	erect	그는 걸을 때 상체를 **이렉트** 한 상태로 유지했다.	똑바로 선
34 17	sequel	마블은 그 영화의 **시:퀄** 을 제작하고 있다고 한다.	속편
34 18	misfire	포로를 구출하려던 계획은 **미스파이어** 로 끝났다.	불발에 그치다
34 19	prosecutor	**프라:서큐:터 는** 범죄를 입증하는 증거를 제시했다.	검사
34 20	squirt	오징어가 먹물을 우리를 향해 **스쿼:트** 했다.	찍 짜다

34 21	tickle	내가 동생의 겨드랑이를 **티클** 하자 크게 웃었다.	간지럼 태우다
34 22	sensitive	우리의 몸은 계절의 변화에 매우 **센서티브** 하다	민감한
34 23	deluxe	손님은 일반실이 아닌 **딜럭스** 객실에서 묵었다.	고급의
34 24	deliberate	그녀는 **딜리버레잍** 한 태도로 수학 문제를 풀었다.	신중한
34 25	flavor	난 와인의 **플레이버** 를 음미하면서 천천히 마셨다.	맛
34 26	abrogate	일본과의 조약이 일방적으로 **애브러게잍** 되었다	폐지하다
34 27	avail	그녀의 충고는 나의 사업에 정말 **어베일** 했다.	도움이 되다
34 28	frivolous	그가 사기꾼을 믿고 투자한 것은 **프리벌러스** 했다.	경솔한
34 29	appraisal	회사는 매년 직원 **어프레이즐** 로 승진을 결정했다.	평가
34 30	rebate	나는 구매한 옷을 취소하고 그대로 **리:베잍** 받았다.	환불
34 31	clockwise	나는 교차로에서 차를 **클락와이즈** 방향으로 돌렸다.	시계방향의
34 32	disgusting	그는 며칠을 안 씻었는지 **디스거스팅** 냄새가 난다.	역겨운
34 33	devotion	그녀의 가족에 대한 **디보우션** 은 감탄스럽다.	헌신
34 34	pneumonia	그는 폐에 염증이 생기는 **누:모우니어** 로 입원했다.	폐렴
34 35	jeer	관중이 패한 선수들에게 **쥐어** 하는 말을 했다.	조롱하다
34 36	alignment	나는 문서의 **얼라인먼트** 를 왼쪽으로 맞췄다.	정렬
34 37	carriage	그들은 **캐리쥐** 를 타고 남이섬을 구경했다.	마차
34 38	rapt	그녀는 **랲트** 한 표정으로 게임을 하고 있었다.	몰입한
34 39	regain	그는 의식을 잃었지만, 다행히 곧바로 **리게인** 했다.	회복하다
34 40	command	지휘관이 병사들에게 집중 공격을 **커맨드** 했다.	명령하다

34 41	correspondence	나와 그는 **코:러스판:던스** 왕래가 전혀 없는 사이다.	서신
34 42	scrutinize	정찰병이 경계지역을 세심히 **스크루:터나이즈** 했다.	정찰하다
34 43	nameless	기자는 **네임러스** 한 사람으로부터 제보를 받았다.	익명의
34 44	discard	그녀는 고장 나서 못 쓰는 가구를 **디스카:드** 했다.	버리다
34 45	convergence	문과와 이과의 **컨버:젼스** 의 교육이 중요해졌다.	통합
34 46	slumber	공주는 왕자가 올 때까지 깊은 **슬럼버 에** 빠졌다.	수면
34 47	misconception	내가 그를 싫어한다는 것은 정말 **미스컨셒션** 이다.	오해
34 48	outburst	그녀의 울음 **아울버:슽 에** 친구들이 순간 당황했다.	폭발
34 49	grassland	얼룩말 무리가 **그래스랜드** 에서 풀을 뜯고 있다.	초원
34 50	nullify	쌍방의 합의 후에 부동산계약을 **널러파이** 시켰다.	무효화하다
34 51	injure	아이가 장난감을 가지고 놀다가 크게 **인져** 했다.	부상을 입다
34 52	recede	겨울이 되자 성을 에워쌌던 적군이 **리시:드** 했다.	물러나다
34 53	sensational	그의 노래가 청년 사이에서 **센세이셔늘** 한 인기다.	선풍적인
34 54	subordinate	그가 말한 것은 근본이 아닌 **서보:디닐** 한 원인이다	부수적인
34 55	routinely	사람들은 **루:틴:리** 아침저녁으로 양치질을 한다.	일상적으로
34 56	polar	**포울러** 곰은 대부분 시간을 얼음 위에서 보낸다.	북극의
34 57	deficit	회사는 **데퍼싵** 을 줄이기 위해 지출을 줄였다.	적자
34 58	assertive	그녀는 **어서:티브** 한 자세로 회의에 참여했다.	적극적인
34 59	refined	시인이 **리파인드** 된 언어로 이별 감정을 표현했다.	정제된
34 60	whirl	마술사가 여러 막대기 위에서 접시를 **월** 했다.	빙글 돌리다

34 61	situate	l 병원은 찾기 쉽게 시내 중심에 시**츄에일** 되어있다.	l 위치시키다
34 62	hereafter	**히어애프터** 인공지능을 AI로 줄여서 말합니다.	l 이후로
34 63	conception	l 그는 확률에 대한 **컨셒션** 을 좀처럼 이해 못 했다.	l 개념
34 64	incubate	l 암탉은 알을 **잉큐베일** 하려고 계속 앉아 있었다.	l 알을 품다
34 65	profound	l 현자의 말에는 **프러파운드** 한 지혜가 숨어 있다.	l 심오한
34 66	diaper	l 아기가 다**이퍼** 를 갈아야 할 때를 울어서 알려준다.	l 기저귀
34 67	earnest	l 그녀의 어**:니슽** 한 태도는 승진으로 보상받았다.	l 성실한
34 68	invert	l 시험관을 몇 번 인**버:트** 해서 용액을 혼합했다.	l 뒤집다
34 69	traitor	l 그는 독립운동의 트**레이터** 로 몰려서 처형되었다.	l 반역자
34 70	prioritize	l 문제에 프**라이오:러타이즈** 한 후 하나씩 해결했다.	l 우선순위 매기다
34 71	unexpected	l 식당은 구청의 **언익스펙티드** 한 위생검사를 받았다.	l 예기치 않은
34 72	emigrant	l 중동분쟁으로 수많은 에**미그런트** 가 발생했다.	l 이민자
34 73	dormancy	l 백두산이 현재는 도:**먼시** 이지만 곧 활동할 수 있다.	l 휴면상태
34 74	mow	l 수지는 방과 후에 정원의 잔디를 모**우** 했다.	l 풀을 베다
34 75	avalanche	l 폭우가 온 뒤 애**벌랜취** 로 집이 매몰되었다.	l 산사태
34 76	bridegroom	l 브라**잎그룸:** 과 신부가 예식장을 알아보고 있다.	l 신랑
34 77	irritant	l 꽃가루 같은 이**리턴트** 에 피부에 문제가 생겼다.	l 자극물
34 78	illusion	l 그는 자신이 영웅이라고 일**루:젼** 을 하는 것 같다.	l 착각
34 79	relevant	l 한글 창제는 왕의 애민 정신과 **렐러번트** 하다.	l 관련 있는
34 80	congenial	l 그들은 어려서부터 알고 지낸 컨**쥐:니얼** 한 친구다.	l 마음이 통하는

34 81	thunderclap	그의 목소리는 마치 **썬더클랩** 처럼 컸었다.	천둥소리
34 82	piracy	그 가수는 신곡이 **파이러시** 를 해서 비난을 받았다.	저작권 침해
34 83	exploitation	아동의 노동력 **엑스플로이테이션** 은 금지되었다.	착취
34 84	bioethics	인간복제는 **바이오우에씩스** 와 깊은 관련이 있다.	생명윤리
34 85	customize	우리는 주방기구를 **커스터마이즈** 하는 회사다.	주문 제작하다
34 86	accolade	그는 우승에 대한 **애컬레이드** 로 자동차를 받았다.	포상
34 87	suspicion	그는 사람들에게 사기 쳤다는 **서스피션** 을 받았다.	의심
34 88	researcher	연구실의 **리서:쳐** 가 신약을 흰 쥐한테 실험했다.	연구원
34 89	orphanage	그녀는 일요일에 **오:퍼니쥐** 에서 자원봉사했다.	고아원
34 90	compose	홈페이지를 내 마음대로 **컴포우즈** 할 수 있다.	구성하다
34 91	ambivalent	난 그가 좋기도 싫기도 한 **앰비벌런트** 한 마음이다.	상반된 감정의
34 92	accommodate	그녀는 오랜만에 놀러 온 친구를 **어카:머데일** 했다.	숙박시키다
34 93	dispel	그의 조언으로 유학에 대한 환상이 **디스펠** 되었다	없애다
34 94	organization	그는 정부 **오:거니제이션** 에서 일하는 공무원이다.	기관
34 95	theoretical	그의 주장은 **씨:어레티클** 한 기반이 전혀 없다.	이론적인
34 96	speculation	그녀의 사생활에 대해 많은 **스페큘레이션** 이 있다.	추측
34 97	mobilize	그는 폭동 진압을 위해 군대를 **모우벌라이즈** 했다.	동원하다
34 98	flip	나는 상대방의 딱지를 **플립** 하려고 세게 쳤다.	확 뒤집다
34 99	disable	그는 자동차 사고로 왼쪽 다리가 **디스에이블** 됐다.	장애를 입히다
35 00	nobleman	**노우블먼** 의 아들이 사회적 물의를 크게 일으켰다.	상류층

221

polar	sensitive	mobilize	mow	frivolous
researcher	piracy	conception	accolade	compose
deliberate	abrogate	supposition	steadily	irresistible
suspicion	avail	ambivalent	exploitation	unexpected
orphanage	clockwise	nobleman	regain	sensational
theoretical	incubate	derelict	illusion	earnest
recede	diaper	whirl	slumber	bridegroom
speculation	traitor	disgusting	diabetes	grassland
irritant	deficit	tickle	invert	dormancy
rebate	disparage	routinely	convergence	squirt
organization	carriage	bioethics	quake	misfire
subordinate	discard	profound	correspondence	profitable
devotion	rapt	customize	babble	hereafter
jeer	flip	sequel	outburst	nutritional
accommodate	nameless	pneumonia	erect	avalanche
disable	misconception	peck	assertive	relent
deluxe	refined	sluggish	thunderclap	nap
situate	nullify	congenial	flavor	dispel
alignment	injure	prosecutor	command	prioritize
relevant	donate	emigrant	appraisal	scrutinize

Step 01

36 day

35 01	retrospect	**레트러스펙트** 해보면 그때는 내가 어려서 몰랐다.	회상
35 02	dare	그가 우리나라 축구선수에게 **데어** 도전하다니!	감히 ~하다
35 03	nationality	나는 입국신고서의 **내셔낼러티** 에 한국을 적었다.	국적
35 04	regulation	운전할 때는 교통 **레귤레이션** 을 꼭 지켜야 한다.	법규
35 05	distribute	나는 피자를 잘라서 2조각씩 **디스트리뷰:** 했다.	분배하다
35 06	salvation	목사님이 세상의 **샐베이션** 을 위해 새벽 기도했다.	구원
35 07	functional	이 기계는 디자인보단 **펑셔늘** 한 면이 마음에 든다.	실용적인
35 08	county	인천시 강화 **카운티** 에서는 강화인삼이 유명하다.	군
35 09	physiologist	**피지알:러쥐슽** 는 생물의 기능을 연구하는 학자다.	생리학자
35 10	rationale	그의 일방적 주장은 전혀 **래셔낼** 이 없었다.	근거
35 11	espouse	그녀는 내가 제안한 프로젝트를 **이스파우즈** 했다.	지지하다
35 12	disloyal	국왕은 **디스로이얼** 한 신하들을 일시에 제거했다.	불충한
35 13	consistent	그는 가난할 때나 돈이 많을 때나 **컨시스턴트** 했다.	한결같은
35 14	primitive	**프리머티브** 의 사람들은 주로 동굴에서 살았다.	원시의
35 15	determination	그는 성공하겠다는 굳은 **디터:머네이션** 을 보였다.	결의
35 16	eloquence	정치인이 군중을 사로잡는 **엘러퀀스** 로 유명하다.	웅변
35 17	gadget	고장 난 차를 수리하려면 새로운 **개쥣** 이 필요하다.	(작은) 장치
35 18	hazardous	휘발유는 폭발할 수 있어 **해저더스** 한 물질이다.	위험한
35 19	immigration	불법 **이미그레이션** 을 막기 위해 장벽을 설치했다.	이민
35 20	debris	가스폭발로 깨진 유리와 **디브리:** 이 가득했다.	잔해

35 21	thud	거대한 운석이 땅 위에 **써드** 하며 떨어졌다.	쿵
35 22	fervent	그 후보자는 유권자의 **퍼:번트** 한 지지를 받았다.	열렬한
35 23	beneficial	녹차를 마시면 **베너피셜** 한 효과가 있다고 한다.	이로운
35 24	transparent	내 방의 문은 **트랜스패런트** 해서 안이 다 보인다.	투명한
35 25	immunization	전염병 예방을 위한 **이뮤너제이션** 접종을 했다.	면역
35 26	diminish	저출산으로 대한민국 인구가 **디미니쉬** 하고 있다.	감소하다
35 27	hallmark	농협은 품질기준에 맞는 사과에 **홀마:크** 를 붙였다.	품질보증 표시
35 28	blurry	그녀는 노안 때문에 책의 글씨가 **블러리** 했다.	흐릿한
35 29	deplorable	일본의 역사 왜곡은 **디플로:러블** 할 만한 문제다.	통탄할
35 30	align	그는 발표문의 문장들을 왼쪽으로 **얼라인** 했다.	정렬시키다
35 31	standpoint	윤리적 **스탠포인트** 에서 보면 그는 비난받을만하다.	관점
35 32	mundane	나는 **먼데인** 한 삶을 벗어나 신나는 여행을 했다.	평범한
35 33	abandon	그는 기르던 애완견을 **어밴던** 해서 비난받았다.	버리다
35 34	inanimate	금속과 같은 **인애니멑** 한 물체는 어디에나 있다.	무생물의
35 35	reiterate	그는 어제 말했던 것을 오늘 또 **리이터레잍** 했다.	반복하다
35 36	righteous	힘든 사람을 도와주는 것은 **라이쳐스** 한 행동이다.	옳은
35 37	verge	환자가 매우 위독해서 죽음의 **버:쥐** 에 와 있었다.	가장자리
35 38	aspiration	그녀는 기업 CEO가 되는 **애스퍼레이션** 을 가졌다.	포부
35 39	insignificant	올해의 자선냄비 모금액이 **인시그니피컨트** 했다.	하찮은
35 40	persecution	유대인은 독일의 **퍼:시큐:션** 로 많은 사람이 죽었다.	박해

35 41	additive	이 유기농 주스는 다른 **애더티브** 가 안 들어갔다.	첨가물
35 42	invasive	환자는 **인베이시브** 한 암으로 손 쓸 틈이 없었다.	급속히 퍼지는
35 43	tragedy	자동차 사고로 온 가족이 죽은 것은 **트래쥐디** 였다.	비극
35 44	advent	비행기의 **애드벤트** 가 해외여행의 붐을 일으켰다.	출현
35 45	specifically	이 영양제는 **스피시피클리** 아이 성장에 도움 된다.	특별히
35 46	prudence	부모님에게 드릴 선물을 **프루:든스** 하게 골랐다.	신중
35 47	ravage	전쟁이 일어나자마자 나라 전체가 **래비쥐** 되었다.	파괴하다
35 48	strenuous	음식 먹은 다음 **스트레뉴어스** 한 운동을 하지 마라.	몹시 힘든
35 49	therapeutic	음악 감상은 환자에게 **써레퓨:틱** 한 도움이 된다.	치료상의
35 50	clique	**클릭:** 의 문화란 끼리끼리만 뭉치고 봐주는 문화다.	패거리
35 51	indignation	난 무시를 당하자 **인디그네이션** 이 치밀어 올랐다.	분노
35 52	archaic	그는 너무 **아:케익** 한 가구들을 새 가구로 바꿨다.	낡은
35 53	bidding	그녀는 경매에서 고려청자의 **비딩** 에 참여했다.	입찰
35 54	defendant	판사는 **디펜던트** 에게 유죄라고 판결을 내렸다.	피고
35 55	virtuous	스님이 **버츄어스** 한 삶을 위해서 경전을 공부했다.	도덕적인
35 56	longitude	써니호는 **란져투:드** 138° 북위 36° 로 항해했다.	경도
35 57	explorer	무인도의 보물이 **익스플로:러** 에 의해 발견되었다.	탐험가
35 58	dimension	요즘 게임들은 3 **디멘션** 으로 정말 실감이 난다.	차원
35 59	courtesy	첫 만남에서 악수하는 것은 흔한 **커:티시** 이다.	예의
35 60	glare	잘못해서 발을 밟았더니 그녀가 나를 **글레어** 했다..	노려보다

35 61	inoculation	겨울철이 되면 독감 **이나큘레이션**을 실시한다.	예방접종
35 62	frantically	그녀는 **프랜티컬리** 낙엽 더미를 뒤지기 시작했다.	미친 듯이
35 63	readily	그는 실험에 필요한 재료를 **레딜리** 구할 수 없었다.	손쉽게
35 64	literal	시는 **리터럴** 의 이해보단 숨겨진 의미가 중요하다.	문자 그대의
35 65	tempt	악마는 아담과 이브를 먹음직한 사과로 **템트** 했다.	유혹하다
35 66	opaque	창문이 **오우페익** 한 유리라서 실내가 안 보인다.	불투명한
35 67	urbanization	빠른 **어:버나이제이션** 으로 주택문제가 심각하다.	도시화
35 68	eventually	그는 **이벤츄얼리** 마라톤을 중도에 포기했다.	결국
35 69	profuse	그녀는 수술 중에 **프러퓨:스** 한 피를 흘렸다.	많은
35 70	proficient	상디는 영어와 독일어에 **프러피션트** 한 천재다.	능숙한
35 71	interlock	그는 팔짱을 **인터락:** 하고 나의 옆을 지나갔다.	서로 맞물리다
35 72	outlast	우리 배터리가 경쟁사 배터리보다 **아웃래슽** 했다.	~보다 오래 가다
35 73	mast	해적선의 깃발이 배의 **매스트** 에 걸려있었다.	돛대
35 74	sheer	그녀는 **쉬어** 한 자신의 노력만으로 성공했다.	순전한
35 75	burial	나의 할아버지는 국립묘지에 **베리얼** 되었다.	매장
35 76	coma	조로는 충격으로 쓰러진 후 아직 **코우마** 이었다.	혼수상태
35 77	cavern	그 **캐번** 의 벽에는 동물들의 그림이 새겨져 있었다.	동굴
35 78	autonomy	회사 직원들은 사장에게 **오:타:너미** 를 요구했다.	자율성
35 79	admission	7세 이하는 축구장 **애드미션** 이 무료이다.	입장
35 80	lucid	수학 선생님의 **루:시드** 한 설명 덕분에 이해가 갔다.	명쾌한

35 81	sophisticated	그녀는 **서**피**스티케이팅** 디자인의 원피스를 입었다.	세련된
35 82	precise	그는 나에게 **프리**사**이스** 한 금액을 송금했다.	정확한
35 83	competitor	그녀를 이기려고 하는 **컴**페**티터** 가 수십 명이었다.	경쟁자
35 84	ambiguous	문장 속에서 이 단어의 의미는 **앰비규어스** 했다.	애매모호한
35 85	entice	그녀는 사탕으로 아이들을 **인타이스** 했다.	유혹하다
35 86	kinetic	**커**네**틱** 에너지는 움직임으로 생기는 에너이이다.	운동의
35 87	constructively	너의 귀중한 시간을 **컨스트**럭**티블리** 사용해라.	건설적으로
35 88	odds	시합을 이길 **아즈** 는 5:1로 우리 편에게 있다.	가능성
35 89	applaud	우리는 공을 넣은 농구선수에게 **어플로:드** 했다.	박수치다
35 90	boredom	우린 **보:덤** 을 없애기 위해서 오목게임을 했다.	지루함
35 91	convey	수많은 트럭이 모래를 건설현장으로 **컨베이** 했다.	나르다
35 92	designation	장군은 그를 부대의 지휘관으로 **데지그네이션** 했다.	임명
35 93	summons	용의자는 법원의 **서먼즈** 를 이유 없이 거부했다.	소환
35 94	untold	그는 젊어서 **언토울드** 한 고난을 이겨낸 사람이다.	말로 할 수 없는
35 95	durable	이 책상은 **듀러블** 한 목재로 만들어서 튼튼하다.	내구성 있는
35 96	passion	그녀는 그림 그리기에 대단한 **패션** 을 가지고 있다.	열정
35 97	utility	소비자는 그 도구의 **유:틸리티** 를 알게 될 것이다.	유익
35 98	unpaid	**언페이드** 한 전기요금 때문에 결국 전기가 끊겼다.	미납의
35 99	blocker	여름엔 자외선 **블라커** 를 바르고 밖에 나가야 한다.	차단제
36 00	rural	그 부부는 은퇴 후의 **루럴** 의 생활에 만족해했다.	시골의

Review Test

durable	ambiguous	frantically	burial	summons
hazardous	blocker	transparent	passion	salvation
distribute	deplorable	dimension	align	longitude
fervent	readily	inoculation	righteous	beneficial
unpaid	additive	outlast	invasive	untold
utility	regulation	interlock	kinetic	literal
explorer	entice	odds	clique	reiterate
coma	immunization	specifically	ravage	rural
aspiration	consistent	convey	competitor	mast
physiologist	sophisticated	tragedy	lucid	county
retrospect	admission	mundane	cavern	gadget
advent	eventually	opaque	autonomy	dare
standpoint	therapeutic	courtesy	diminish	virtuous
inanimate	boredom	abandon	prudence	indignation
strenuous	espouse	disloyal	thud	glare
nationality	verge	applaud	defendant	primitive
blurry	archaic	hallmark	profuse	precise
determination	urbanization	insignificant	bidding	constructively
tempt	functional	eloquence	sheer	immigration
rationale	debris	designation	proficient	persecution

36 01	haunting	그 노래의 리듬은 나에게 평생 **혼:팅** 한 리듬이다.	잊을 수 없는
36 02	communism	중국은 지금까지도 **카:뮤니즘** 의 체제를 유지한다.	공산주의
36 03	reprimand	선생님은 수업 중에 떠든 학생을 **레프러맨드** 했다.	질책하다
36 04	integrated	한국은 **인티그레이티드** 된 버스시스템을 자랑한다	통합적인
36 05	hateful	내 옆에 앉은 남자는 냄새가 너무 나서 **헤일플** 했다.	혐오스러운
36 06	relieve	크게 웃으면 스트레스를 **릴리:브** 한다고 알려졌다.	경감하다
36 07	dissolution	난 화학 시간에 약품의 **디설루:션** 속도를 측정했다.	용해
36 08	dynasty	조선 **다이너스티** 는 과거 500년 동안 이어졌다.	왕조
36 09	modification	파일 이름이 영문으로 **마:더피케이션** 이 필요하다.	변경
36 10	effective	처방받은 약은 비염에 매우 **이펙티브** 이었다.	효과적인
36 11	transmit	이 카메라는 찍은 영상을 유튜브로 **트랜지밑** 한다.	전송하다
36 12	detestation	그녀는 전 남자친구를 매우 **디:테스테이션** 한다.	증오
36 13	undervalue	사람들이 피카소의 작품도 처음엔 **언더밸류** 했다.	과소평가하다
36 14	glorify	신앙인들을 본인이 믿는 신을 **글로:러파이** 한다.	찬송하다
36 15	remedial	죄수들은 하루 한 시간 **리미:디얼** 교육을 받았다.	교정의
36 16	courageous	남수는 불의에 맞선 **커레이져스** 한 남자였다.	용감한
36 17	refract	무지개는 빛이 물방울에 **리프랙트** 되어서 생긴다.	굴절시키다
36 18	decisive	난 그의 범죄를 입증할 **디사이시브** 증거를 찾았다.	결정적인
36 19	adjusted	내 동생은 군대 생활에 바로 **애져스티드** 했다.	적응한
36 20	infect	감기 환자가 다른 환자들에게 감기를 **인펙트** 했다.	감염시키다

36 21	friar	ㅣ **프라이어** 가 수도원에서 먹을 음식을 구해왔다.	ㅣ 수도사
36 22	unlimited	ㅣ 그녀는 데이터를 **언리미티드** 한 요금제로 쓴다.	ㅣ 무제한의
36 23	clarification	ㅣ 난 집에서 물을 **클래러피케이션** 해서 마시고 있다.	ㅣ 정화
36 24	release	ㅣ 그녀는 그물에 걸린 거북이를 바다에 **릴리:스** 했다.	ㅣ 놓아 주다
36 25	collusion	ㅣ 은행털이범이 은행을 털려고 **컬루:젼** 을 했다.	ㅣ 공모
36 26	apologetic	ㅣ 나는 실수로 컵을 깨뜨린 것에 **어팔:러줴틱** 했었다.	ㅣ 미안해하는
36 27	foster	ㅣ 그녀는 혼자서 5명의 자녀를 **포:스터** 하고 있었다.	ㅣ 양육하다
36 28	obedience	ㅣ 병사는 지휘관의 명령에 **오우비:디언스** 해야 한다.	ㅣ 복종
36 29	excellence	ㅣ 이번 대회가 태권도의 **엑셀런스** 를 알릴 기회였다.	ㅣ 우수성
36 30	testify	ㅣ 목격자는 법정에서 **테스터파이** 하길 거부했다.	ㅣ 증언하다
36 31	filthy	ㅣ 점원이 **필씨** 한 물컵을 줘서, 나는 안 먹고 나왔다.	ㅣ 불결한
36 32	flexible	ㅣ 빵 봉투는 **플랙서블** 한 철사로 묶여 있었다.	ㅣ 잘 구부러지는
36 33	completion	ㅣ 도로가 10년 공사를 끝내고 거의 **컴플리:션** 되었다.	ㅣ 완성
36 34	notification	ㅣ 난 인증하라는 이메일 **노우티피케이션** 을 받았다.	ㅣ 통지
36 35	interpreter	ㅣ 난 미국인과 대화할 때 **인터:프리터** 에게 부탁한다.	ㅣ 통역사
36 36	coincidence	ㅣ 헤어진 여자친구를 만난 것은 **코우인시던스** 였다.	ㅣ 우연의 일치
36 37	arrogance	ㅣ 그 가수는 인기를 얻더니 너무 **애러건스** 해졌다.	ㅣ 거만
36 38	attendance	ㅣ 그는 학교 **어텐던스** 일수 부족으로 유급을 당했다.	ㅣ 참석
36 39	incorporate	ㅣ 내가 말한 장소가 여행일정에 **인코:퍼레잍** 되었다	ㅣ 포함하다
36 40	predictable	ㅣ 이 소설책은 완전히 **프리딕터블** 한 결말로 끝났다.	ㅣ 예측 가능한

36 41	waver	황제의 박해로 기독교인의 믿음이 **웨이버** 했다.	흔들리다
36 42	myriad	하늘엔 셀 수 없을 정도로 별들이 **미리어드** 있다.	무수함
36 43	compile	오늘까지 모은 자료를 **컴파일** 하는데 며칠 걸렸다.	편집하다
36 44	parasite	**패러사잍** 은 숙주에 빌붙어서 사는 벌레를 말한다.	기생충
36 45	throwaway	일회용 컵은 **쓰로우어웨이** 문화의 대표적 예다.	쓰고 버리는
36 46	geometric	벽지가 타원의 **쥐:어메트릭** 한 패턴으로 되어있다.	기하학의
36 47	consequent	두 사람 사이의 증오로 인한 **칸서퀜트** 살인이었다.	결과에 따른
36 48	approval	여행을 가려면 부모님의 **어프루:블** 이 필요하다.	찬성
36 49	favorable	그는 면접관들에게 **페이버러블** 한 평가를 받았다.	호의적인
36 50	freckle	말괄량이 삐삐는 얼굴에 많은 **프레클** 이 있었다.	주근깨
36 51	inattentive	주인이 손님에게 **이너텐티브** 한 점원을 혼냈다.	신경쓰지 않는
36 52	observe	그는 망원경을 통해서 하늘의 별들을 **업저:브** 했다.	관찰하다
36 53	proposition	나는 상대 회사에 사업상의 **프라:퍼지션** 을 말했다.	제안
36 54	comprehensive	이 자료는 일본에 관한 **캄:프리헨시브** 안내서이다.	포괄적인
36 55	adoption	미혼모가 낳은 아기를 **어닾:션** 시설에 맡겼다.	입양
36 56	calculation	그녀는 덧셈과 뺄셈의 **캘큘레이션** 이 빠르다.	계산
36 57	imitative	모국어는 **이미테이티브** 훈련을 통해서 터득한다.	모방적인
36 58	requisite	취업하는데 중요한 것은 **레퀴짙** 한 경력의 유무다.	필요한
36 59	carbohydrate	몸속 지방을 빼려고 **카보우하이드레잍** 을 줄였다.	탄수화물
36 60	analytical	그는 **애널리티클** 한 능력으로 문제해결이 빨랐다.	분석적인

36 61	broth	엄마는 더운 여름날 닭 **브로:쓰** 를 만들었다.	수프
36 62	torturous	코치는 대회를 위한 **토:쳐러스** 훈련과정을 설명했다.	고통스러운
36 63	squeak	생쥐들이 시끄럽게 천장에서 밤새도록 **스퀵:** 했다.	찍찍 울다
36 64	stagnant	그 숲의 중앙에는 **스태그넌트** 한 연못이 있었다.	고여 있는
36 65	omen	까마귀 떼가 날아다닌 것은 나쁜 **오우먼** 이었다.	징조
36 66	basically	우리는 **베이시클리** 비슷한 의견을 가지고 있었다.	근본적으로
36 67	terminate	그는 임대계약을 **터:미네잍** 하기로 결정했다.	끝내다
36 68	condone	아버지는 아들의 거짓말을 **컨:도운** 하지 않았다.	용납하다
36 69	overly	루피는 모든 일을 **오우벌리** 낙관적으로 생각했다.	몹시
36 70	combat	나의 할아버지는 봉오동 **캄:뱉** 에서 전사하셨다.	전투
36 71	grad	그는 2년 전에 하버드 대학교를 졸업한 **그랟** 이다.	졸업생
36 72	consciousness	권투선수가 얼굴에 맞고 **칸셔스니스** 를 잃었다.	의식
36 73	nimble	그녀가 일할 때 보면 남들보다 손발이 **님블** 하다.	재빠른
36 74	ripe	**라잎** 한 사과가 나무에서 저절로 떨어졌다.	익은
36 75	flick	친구가 장난으로 나한테 물을 **플릭** 했다.	튀기다
36 76	wary	아이한테 낯선 사람들을 **웨어리** 하라고 말했다.	조심하는
36 77	rebirth	기독교에서는 **리버:쓰** 의 개념을 자주 사용한다.	부활
36 78	suspense	나는 공포영화의 **서스펜스** 를 견딜 수 없었다.	긴장감
36 79	finite	석유나 석탄은 **파이나잍** 한 자원이라고 할 수 있다.	유한한
36 80	handheld	나는 **핸드헬드** 한 노트북을 가지고 업무를 본다.	손바닥 크기의

3681	ideology	한국은 자본주의 **아이디알:러쥐** 를 따른다..	이념
3682	insolvent	회사는 사업에 실패해서 결국 **인살:번트** 했다.	파산한
3683	misconceive	도시 사람이 시골 생활에 대해 **미스컨시:브** 했다.	오해하다
3684	protein	닭고기는 지방이 적은 대신 **프로우틴:** 이 많다.	단백질
3685	forlorn	그녀가 혼자 밥 먹는 모습은 **펄론:** 하게 보였다.	쓸쓸한
3686	gifted	그는 **기프티드** 한 가수이지만 연습을 안 했다.	타고난
3687	participation	대회에 나이에 상관없이 **파:티서페이션** 할 수 있다.	참가
3688	disgust	나는 남을 잘 속이는 그에게 **디스거슽** 을 느꼈다.	혐오감
3689	hypothesis	우주에 생명체가 있다는 **하이파:써시스** 를 세웠다.	가설
3690	liberation	독립운동가는 민족의 **리버레이션** 을 위해 투쟁했다.	해방
3691	acquisition	언어학자가 어린이의 언어 **애퀴지션** 을 연구했다.	습득
3692	exploration	해양 **엑스플러레이션** 을 위해 탐사선을 띄웠다.	탐사
3693	relish	그녀는 둘레길을 걸어 다니는 것을 **렐리쉬** 했다.	즐기다
3694	mistreat	남편이 아내를 **미스트리:트** 한다는 신고가 왔다.	학대하다
3695	conveyor	집배원은 우편물을 배달하는 **컨베이어** 이다.	전달자
3696	constriction	보아뱀은 몸통으로 먹이를 **컨스트릭션** 해서 죽인다.	압축
3697	reportedly	**리포:티들리** 그 커플은 올해 초에 헤어졌다고 한다.	소문에 의하면
3698	flap	나무 위 앵무새가 하늘로 날려고 날개를 **플랲** 했다.	퍼덕이다
3699	officiate	목사님이 성도의 장례식을 **어피쉬에일** 했다.	식을 집행하다
3700	trilogy	이번 SF 시리즈는 **트릴리쥐** 로 사전 제작이 되었다.	3부작

inattentive	broth	hypothesis	liberation	compile
combat	proposition	flick	unlimited	suspense
adjusted	transmit	flexible	misconceive	remedial
effective	collusion	infect	ripe	reprimand
arrogance	freckle	overly	rebirth	glorify
requisite	gifted	incorporate	friar	torturous
attendance	wary	imitative	officiate	handheld
parasite	communism	mistreat	flap	predictable
foster	forlorn	reportedly	coincidence	insolvent
calculation	analytical	apologetic	filthy	undervalue
participation	carbohydrate	protein	favorable	notification
acquisition	myriad	obedience	completion	ideology
dissolution	basically	disgust	nimble	omen
clarification	observe	stagnant	haunting	consciousness
hateful	constriction	detestation	geometric	grad
trilogy	dynasty	squeak	condone	release
adoption	decisive	interpreter	testify	excellence
courageous	finite	comprehensive	relieve	terminate
exploration	approval	throwaway	relish	waver
modification	refract	consequent	conveyor	integrated

38 day

37 01	incredible	헐크는 **인크레더블** 한 강력한 힘을 가지고 있다.		믿을 수 없는
37 02	association	그는 **어소우쉬에이션** 에서 탈퇴하기로 결심했다.		협회
37 03	accustom	나는 이제 규칙적인 생활에 **어커스텀** 하게 되었다.		익숙해지다
37 04	acquire	아이들은 언어를 빨리 **어콰이어** 하는 편이다.		습득하다
37 05	disciple	베드로는 예수의 12 **디사이플** 중 한 명이었다.		제자
37 06	waterproof	그녀는 수영할 때 **워:러프루프** 시계를 찬다.		방수의
37 07	executive	은행의 **이그제큐티브** 가 대출신청서를 검토했다.		간부
37 08	furnished	최고의 설비가 **퍼:니쉬트** 된 스튜디오가 개업했다.		가구가 배치된
37 09	restful	그녀는 **레스플** 한 잠을 위해 잔잔한 음악을 틀었다.		편안한
37 10	likewise	두 번째 시도도 결국 **라익와이즈** 실패로 돌아갔다.		똑같이
37 11	mash	릴리는 샐러드를 위해서 감자를 **매쉬** 했다.		으깨다
37 12	complimentary	나는 일을 잘 한 그에게 **캄:플러멘트리** 말을 했다.		칭찬하는
37 13	implausible	그의 이야기는 너무 황당해서 **임플라:저블** 했다.		믿기 어려운
37 14	traverse	많은 트럭이 한강대교를 **트러버:스** 하고 있다.		횡단하다
37 15	definite	이 기계를 쓰면 **데퍼닡** 한 장점 두 가지가 있다.		확실한
37 16	pragmatic	새로 나온 튀김기는 **프래그매틱** 한 면이 많다.		실용적인
37 17	mob	축구를 응원하려는 **맙:** 이 광화문으로 모였다.		군중
37 18	complacent	**컴플레이슨트** 한 사람이 되면, 변화를 거부한다.		현실에 안주하는
37 19	submission	적은 나에게 **섭미션** 과 죽음 중에 선택하도록 했다.		항복
37 20	philosopher	아리스토텔레스는 철학을 연구한 **필라서퍼** 이었다.		철학자

37 21	tenant	공동전기요금은 **테넌트** 가 서로 나눠서 부담했다.	세입자
37 22	portion	그가 나보다 이익의 많은 **포:션** 을 가져갔다.	부분
37 23	indefensible	수업 중에 떠든 것은 **인디펜서블** 한 행동이었다.	변명의 여지없는
37 24	participate	100명의 사람이 마라톤에 **파:티서페잍** 했다.	참가하다
37 25	fright	그녀는 무대 **프라잍** 이 있어서 말을 더듬었다.	공포
37 26	mute	선생님이 설명하는 동안 학생이 **뮤:트** 하며 들었다.	말없는
37 27	seep	비가 내린 후에 빗물이 지하실로 **싶:** 했다.	스며들다
37 28	eerie	그녀는 **이어리** 한 어두운 골목길을 혼자 걸어갔다.	으스스한
37 29	wilderness	정부는 **윌더니스** 를 개간해서 농부에게 분양했다.	황무지
37 30	humanist	톨스토이는 인간성을 존중한 **휴:머니슽** 이었다.	인문주의자
37 31	migrate	철새는 계절에 따라서 사는 곳을 **마이그레잍** 한다.	이주하다
37 32	introvert	**인트러버:트** 는 대부분 파티에 참석하기를 꺼린다.	내성적인 사람
37 33	stoop	그는 길에 떨어진 휴지를 줍기 위해 **스툽:** 했다.	몸을 굽히다
37 34	ensemble	나는 예술의 전당에서 재즈 **안:삼블** 을 봤다.	합주단
37 35	profoundly	나의 부모님은 나에게 **프러파운리** 영향을 미쳤다.	깊이
37 36	hedge	그는 **헤쥐** 로 정원과 도로를 분리하도록 했다.	산울타리
37 37	defect	그녀는 선천적 **디펙트** 로 다리에 장애가 있다.	결함
37 38	commencement	그 가게는 **커멘스먼트** 부터 장사가 정말 잘 됐다.	개시
37 39	psychological	그는 **사이컬라:쥐클** 한 문제로 불면증을 앓고 있다.	정신적인
37 40	weary	그는 게임을 한 후 **위리** 한 눈으로 나를 쳐다봤다.	피곤한

37 41	coverage	유명 배우의 인터뷰가 신문 커**버리쥐** 에 나왔다.	보도
37 42	machinery	우리는 경운기 같은 농업 **머쉬:너리** 를 취급한다.	기계류
37 43	spinal	그는 **스파이늘** 의 부상으로 잘 움직일 수 없었다.	척추의
37 44	negative	그녀는 온라인 기사에 네**거티브** 한 평을 남겼다.	부정적인
37 45	grandeur	는 그리스 시대의 건물의 **그랜**져 에 감탄했다.	장엄함
37 46	scornful	그 직장상사는 신입 사원을 매우 **스콘:플** 했다.	멸시하는
37 47	recess	판사가 검토를 위해 잠시 **리세스** 를 선언했다.	휴회
37 48	sovereign	영국의 **사:브런** 이 국빈방문으로 스페인에 갔다.	국왕
37 49	revelation	배우의 사생활 **레벌레이션** 로 팬들이 충격받았다.	폭로
37 50	climatology	난 기후를 연구하는 **클라이머탈:러쥐** 를 전공했다.	기후학
37 51	hostility	난 나를 멸시했던 그녀에게 **하:스틸러티** 을 품었다.	적대감
37 52	instill	훌륭한 리더는 구성원에게 도전정신을 **인스틸** 했다.	스며들게 하다
37 53	motionless	그는 바닥에 쓰러져서 잠시 **모우션러스** 누워있었다.	움직이지 않는
37 54	provocative	방송이 어린이에겐 **프러바:커티브** 한 내용이었다.	자극적인
37 55	kinship	그녀와 나는 고모와 조카의 **킨쉽** 의 관계이다.	친족
37 56	groundless	그 신문기사는 온통 **그라운러스** 한 내용뿐이었다.	근거가 없는
37 57	despite	추운 날씨 **디스파잍** 에도 우린 밖에 놀러 나갔다.	~에도 불구하고
37 58	dazzling	남자가 대**즐링** 한 금반지를 여자친구에게 선물했다.	눈부신
37 59	insurance	나는 지난주에 생명 **인슈어런스** 에 가입했다.	보험
37 60	regard	요샌 애완견을 가족으로 **리가:드** 하는 경향이 있다.	~로 여기다

37 61	imaginary	난 드디어 **이매쥐네리** 의 섬 엘도라도를 발견했다.	가상적인
37 62	gloss	그는 구두의 **글라스** 를 더 내려고 구두약을 발랐다.	광택
37 63	inventory	그녀는 창고의 **인번토리** 를 매달 갱신해야 했다.	**물품목록**
37 64	snare	멧돼지가 **스네어** 에 걸려서 도망가지 못했다.	올가미
37 65	injustice	난 회사의 **인져스티스** 한 승진에 이의를 제기했다.	부당성
37 66	curb	말을 타기 전 기수는 말의 입에 **컵:** 를 물렸다.	재갈
37 67	pasty	그는 충격적인 소식에 **페이스티** 한 얼굴이 되었다.	창백한
37 68	foretell	정작 점쟁이도 본인의 미래를 **포:텔** 할 수 없다.	예지하다
37 69	antagonism	한국인은 일본에 대해 강한 **앤태거니즘** 을 가졌다.	적대감
37 70	greasy	자전거 체인을 고쳤더니 손이 온통 **그리:시** 였다.	**기름이 묻은**
37 71	fasting	우리는 다이어트를 위해 오늘 **패스팅** 하기로 했다.	단식
37 72	impertinent	어른에게 말대꾸하는 건 **임퍼:트넌트** 한 행동이다.	무례한
37 73	toll	고속도로 입구를 나가면서 **토울** 을 계산했다.	통행료
37 74	presumptuous	**프리점츄어스** 한 그는 내가 하는 일에 참견했다.	건방진
37 75	sneak	파커는 **스니:크** 해서 타노스의 뒤로 접근했다.	**살금살금 가다**
37 76	gregarious	벤은 사람과 잘 어울리는 **그리게리어스** 성격이다.	사교적인
37 77	remark	나는 그녀의 **리마:크** 를 농담으로 간주했다.	발언
37 78	pandemic	매년 겨울철이며 독감은 **팬데믹** 한 질병이다.	**전국에 유행하는**
37 79	complaint	**컴플레인트** 가 있으면 나는 상사에게 직접 말했다.	불평
37 80	vehement	정부의 발표 후 **비:어먼트** 한 시위가 일어났다.	격렬한

37 81	dominate	독재자의 꿈은 세계를 **다:머네잍** 하는 일이었다.	지배하다
37 82	persecute	테러리스트가 여성과 아이들을 **퍼:시큐:트** 했다.	박해하다
37 83	subcultural	**서브컬쳐럴** 패션이 미래에 대중화가 되기도 한다.	하위문화의
37 84	abduct	낯선 사람이 돈을 목적으로 아이를 **앱덕트** 했다.	유괴하다
37 85	autonomous	미래에는 **오:타너머스** 한 자동차를 탈 수 있다.	자주적인
37 86	tropics	**트라픽스** 에서 맛있는 바나나가 재배되고 있다.	열대지방
37 87	resolve	나는 올해 반드시 담배를 끊기로 **리잘:브** 했다.	결심하다
37 88	temporary	그녀는 담임선생님 대신의 **템퍼러리** 선생님이었다.	임시의
37 89	barbarous	주인의 **바:버러스** 한 행동에 노예들이 도망갔다.	잔혹한
37 90	enable	인터넷은 내가 정보를 찾는 것을 **이네이블** 했다.	가능하게 하다
37 91	blunt	칼날이 **블런트** 해서 고기를 자를 수가 없다.	무딘
37 92	counterfeit	위조범들이 10,000원권 지폐를 **카운터핕** 했다.	위조하다
37 93	drastically	이 제품을 쓰면 연료비를 **드래스티컬리** 절약해준다.	과감하게
37 94	ceasefire	이스라엘과 팔레스타인이 **시:스파이어** 를 선언했다.	휴전
37 95	divorcee	명절 후 **디보:세이** 의 숫자가 갑자기 증가했다.	이혼자
37 96	lurk	악어가 먹이를 기다리면서 늪에서 **러:크** 하고 있다.	숨어 있다
37 97	nonetheless	그 책은 두꺼웠다. **넌덜레스**, 전혀 지루하지 않았다.	그럴더라도
37 98	aquarium	엄마가 아이와 함께 고래를 보러 **어퀘리엄** 에 갔다.	수족관
37 99	eternity	그의 이름은 사람들에게 **이터니티** 기억될 것이다.	영원
38 00	disposition	그녀는 정말 화끈한 **디스퍼지션** 을 가진 사람이다	성격

Review Test

eerie	wilderness	curb	sovereign	pasty
complacent	philosopher	weary	impertinent	coverage
participate	seep	portion	ceasefire	disposition
introvert	instill	dazzling	hostility	migrate
inventory	sneak	complaint	implausible	scornful
machinery	commencement	fasting	groundless	motionless
gregarious	waterproof	tropics	insurance	pragmatic
furnished	snare	lurk	fright	greasy
blunt	temporary	mash	revelation	negative
autonomous	tenant	climatology	resolve	mute
despite	gloss	restful	eternity	profoundly
persecute	humanist	association	nonetheless	mob
subcultural	antagonism	imaginary	kinship	injustice
definite	likewise	acquire	toll	executive
remark	traverse	dominate	aquarium	drastically
defect	ensemble	complimentary	provocative	enable
barbarous	regard	vehement	recess	hedge
abduct	disciple	counterfeit	psychological	foretell
divorcee	stoop	submission	pandemic	presumptuous
grandeur	accustom	indefensible	spinal	incredible

38 01	harpoon	고래잡이 선원이 고래를 향해 **하:푼:** 을 던졌다.	작살
38 02	conduction	모든 물질은 **컨덕션** 에 의해 에너지가 이동된다.	전도
38 03	moderately	그 식당은 맛도 좋고 **마:더럴리** 붐벼서 자주 간다.	적당히
38 04	altruistic	그의 약자를 위한 **앨트루:이스틱** 삶은 존경스럽다.	이타적인
38 05	preference	나의 **프레퍼런스** 한 자리는 창문 쪽 좌석이다.	선호
38 06	sentimental	그는 로맨스 책을 읽고 **센티멘틀** 한 기분이 되었다.	감상적인
38 07	registration	입장하려면 **레쥐스트레이션** 카드를 작성하세요.	등록
38 08	oppose	그는 내 제안을 아무 이유 없이 **어포우즈** 했다.	반대하다
38 09	overcrowd	오늘 아침에 출근 버스가 **오우버크라우드** 되었다.	많이 수용하다
38 10	variation	농산물의 가격은 공급에 따라 **베리에이션** 이 있다.	변화
38 11	wage	근로자들이 사장에게 **웨이쥐** 의 인상을 요구했다.	임금
38 12	knowledgeable	우리 교수님은 헌법을 **날:리져블** 한 법학자이다.	많이 아는
38 13	benevolent	천사가 아이에게 **버네벌런트** 한 미소를 지었다.	인자한
38 14	replicate	그는 다른 사람 논문을 **레플리케잇** 하다가 걸렸다.	복제하다
38 15	stubborn	그는 너무 **스터번** 해서 다른 사람 말을 안 듣는다.	고집스러운
38 16	marvelously	나의 계획은 **마:벌러슬리** 잘 진행되고 있다.	놀라울 만큼
38 17	concave	그녀는 **칸:케이브** 한 그릇에 과자를 담았다..	오목한
38 18	rebuff	도와주겠다는 나의 제안은 그녀에게 **리버프** 맞았다.	퇴짜
38 19	teeming	해운대해수욕장은 놀러 온 사람들로 **티:밍** 이었다.	바글거리는
38 20	heretic	교회는 그녀를 **헤러틱** 으로 간주하여 추방했다.	이단자

38 21	perplex	그녀의 뜬금없는 고백은 시청자를 **퍼플렉스** 했다.	당혹케 하다
38 22	preposterous	그녀가 첩자라는 것은 **프리파:스터러스** 생각이다.	말도 안 되는
38 23	commandment	하늘의 신이 10개의 **커맨드먼트** 를 돌에 새겼다.	계명
38 24	meddlesome	**그는 메들섬** 한 친구 때문에 일을 마음대로 못했다.	참견을 좋아하는
38 25	peer	그는 대회에서 우승한 후 **피어** 에게 축하를 받았다.	동료
38 26	herald	전국의 벚꽃은 봄이 온다는 것을 **헤럴드** 한다.	예고하다
38 27	floodgate	댐의 수위 조절로 **플러드게잍** 을 열고 방류했다.	수문
38 28	wanderer	그는 여기저기 돌아다니며 사는 **완:더러** 신세였다.	방랑자
38 29	succinct	그는 내 질문마다 알기 쉽게 **석싱트** 한 대답을 했다.	간단명료한
38 30	narrate	그녀는 유럽 여행담을 흥미 진지하게 **내레잍** 했다.	이야기하다
38 31	inclusive	요금은 봉사료를 **인클루:시브** 한 금액이었다.	포함하여
38 32	ultimatum	아군은 적군에게 항복하라는 **얼티메이텀** 을 보냈다.	최후통첩
38 33	requirement	전국 점포들의 **리콰이어먼트** 는 신상품공급이었다.	요구
38 34	ornate	**오:네잍** 한 드레스를 입고 배우가 카펫 위를 걸었다.	화려하게 장식한
38 35	grammatical	원어민인 그도 가끔은 **그러매티클** 한 실수를 한다.	문법의
38 36	ethical	직원들은 매달 1번씩 **에씨클** 교육을 받아야 한다.	윤리적인
38 37	increment	그의 월급 **잉크러멘트** 는 9월에 이뤄질 예정이다.	증가
38 38	toughen	미국은 한국과의 관계를 **터픈** 하기로 약속했다.	강화하다
38 39	originally	이 소설책은 **어리져널리** 영어로 출간되었다.	원래
38 40	sublime	우린 극장에서 헨델의 **서브라임** 한 음악을 들었다.	웅장한

38 41	concession	나는 버스에서 좌석을 임산부에게 **컨**세**션** 했다.	양보
38 42	outlaw	그는 10년 전에 살인하고 도망 중인 **아**울**라:** 였다.	범법자
38 43	convex	우리 집은 **칸:벡스** 한 지붕을 가지고 있다.	볼록한
38 44	magnificent	나의 **매그니피슨트** 한 차를 친구들이 부러워했다.	멋진
38 45	frightening	오늘 본 영화는 정말 **프라**이트닝 한 공포영화였다.	무서운
38 46	exertion	톰은 좋은 성적을 받기 위해 진짜 **에그저:션** 했다.	노력
38 47	unison	우리는 모두 **유**너슨 하여 자리에서 일어났다.	일치
38 48	dump	주부가 음식물 쓰레기를 쓰레기통에 **덤읖** 했다.	버리다
38 49	faith	그는 약속을 자꾸 어겨서 그에 대한 **페**이쓰 가 없다.	믿음
38 50	ardor	그는 음악에 대해 대단한 **아:더** 를 가지고 있다.	열정
38 51	encounter	컴버배치는 친구를 우연히 길에서 **인카**운터 했다.	마주치다
38 52	disgrace	나쁜 짓을 저지른 그는 가족의 **디스그레**이스 였다.	망신
38 53	sensibility	작품을 통해 그의 깊은 **센서빌러티** 를 느낄 수 있다.	감수성
38 54	virtual	우리가 그 게임에 대한 **버:츄얼** 한 독점권을 가졌다.	사실상의
38 55	brass	이 식당에서는 **브래스** 로 만든 밥그릇을 사용한다.	놋쇠
38 56	preface	책의 **프레퍼스** 에는 작가의 사상이 잘 나타난다.	서문
38 57	uncaring	그녀는 아이들에게 **언케어링** 하고 이기적이었다.	무정한
38 58	feudal	**퓨:들** 제도에서 영주는 신하에게 영토를 분배했다.	봉건적인
38 59	detest	그는 목욕하는 걸 **디테슽** 해서 몸에서 냄새가 난다.	몹시 싫어하다
38 60	infringe	그는 내가 저작권을 **인프린쥐** 했다고 신고를 했다.	침해하다

38 61	conviction	대법원은 그의 살인죄에 대한 **컨빅션** 을 뒤집었다.	유죄선고
38 62	perpetual	**퍼페츄얼** 한 공장의 소음때문에 스트레스를 받았다.	계속되는
38 63	importance	우리는 살면서 건강의 **임포:튼스** 을 깨닫게 된다.	중요성
38 64	distinctive	이 식당은 **디스팅티브** 한 궁중요리로 유명하다.	독특한
38 65	devastate	적의 융단폭격이 마을 전체를 **데버스테잍** 했다.	완전히 파괴하다
38 66	goddess	행운의 **가:더스** 가 우리 선수단의 손을 들어주었다.	여신
38 67	masterful	지휘자는 청중에게 **매스터플** 한 연주를 선사했다.	거장다운
38 68	prone	내 아들은 차만 타면 멀미를 **프로운** 한다.	~하기 쉬운
38 69	disposed	나는 그에게 영어를 가르칠 **디스포우즈드** 이다.	마음이 있는
38 70	vein	간호사가 손등에서 **베인** 을 찾아서 주사를 놨다.	정맥
38 71	incompatible	그 소프트웨어는 다른 기기에서 **인컴패터블** 이었다.	호환되지 않는
38 72	undermine	이번 사건은 우리의 신뢰 관계를 **언더마인** 했다.	약화시키다
38 73	refugee	중동사태로 수많은 **레퓨:쥐** 가 자기 나라를 떠났다.	피난민
38 74	receptive	그는 새로운 것에 대해 **리셉티브** 한 태도를 보였다.	수용적인
38 75	crackle	벽난로에서 장작불이 **크래클** 하면서 활활 탔다.	탁탁 소리 내다
38 76	revenge	그는 가족을 괴롭힌 사람에게 똑같이 **리벤쥐** 했다.	복수하다
38 77	medicinal	그녀는 불면증때문에 **메디시늘** 한 허브차를 마셨다.	약효가 있는
38 78	recruitment	많은 청년이 대기업에 **리크룯:먼트** 원서를 냈다.	채용
38 79	indolence	그의 방은 **인덜런스** 로 인해 항상 지저분하다.	게으름
38 80	delicate	아기의 피부는 **델러킽** 해서 조심히 다뤄야 한다.	연약한

38 81	verse	시인이 운율이 있는 **버:스** 를 많이 썼다.	운문
38 82	contemptible	네가 친구를 배신한 것은 **컨템터블** 한 일이다.	경멸받을 만한
38 83	rewarding	그녀는 의사가 **리워:딩** 한 직업이라고 생각한다.	보람 있는
38 84	metropolis	시카고는 미국의 **메트라:펄리스** 중 한 곳이다.	대도시
38 85	liver	알코올 중독자는 대부분 **리버** 질환으로 고통받는다.	간
38 86	permanent	그는 임시직이 아닌 **퍼:머넌트** 한 일자리를 찾았다.	영구적인
38 87	publisher	작가는 원고의 일부를 유명 **퍼블리셔** 에 보냈다.	출판사
38 88	routine	그에게 샤워하는 것은 하루 **루:틴:** 의 한 부분이다.	일과
38 89	wail	어린 소년이 엄마를 잃고 길에서 **웨일** 하고 있다.	통곡하다
38 90	archaeology	**아:키알:러쥐** 를 통해 옛사람의 생활을 알 수 있다.	고고학
38 91	amazement	바다를 처음 본 그는 **어메이즈먼트** 표정을 지었다.	놀라움
38 92	woeful	존은 이번 달 판매실적이 **워우플** 할 정도였다.	한심한
38 93	periodically	나는 친구들과 한달에 한번 **피리아:디클리** 만난다.	정기적으로
38 94	mischief	아이의 불 **미스취프** 가 큰 화재로 이어질 수 있다.	장난
38 95	engaged	그녀는 일에 **인게이쥐드** 되어 가정을 소홀히 했다.	~하느라 바쁜
38 96	elated	부모님은 나의 대학합격에 **일레이티드** 되셨다.	신이 난
38 97	implication	그의 말은 중요한 의미를 **임플러케이션** 하고 있다.	암시
38 98	confront	우리는 전혀 예기치 못한 문제에 **컨프런트** 했다.	직면하다
38 99	symmetry	무용수들이 완벽하게 좌우 **세머트리** 를 유지했다.	대칭
39 00	remarkable	대한민국은 세계에서 **리마:커블** 한 경제발전을 했다.	주목할 만한

oppose	variation	ardor	registration	verse
goddess	ethical	outlaw	woeful	disposed
masterful	amazement	routine	originally	requirement
brass	peer	disgrace	wanderer	undermine
incompatible	confront	succinct	altruistic	toughen
benevolent	ornate	preposterous	receptive	distinctive
indolence	magnificent	preface	archaeology	symmetry
elated	metropolis	concave	replicate	delicate
liver	contemptible	sensibility	meddlesome	sentimental
teeming	sublime	ultimatum	wail	detest
grammatical	herald	wage	frightening	periodically
engaged	preference	prone	encounter	stubborn
concession	conduction	devastate	heretic	faith
moderately	remarkable	infringe	perpetual	virtual
marvelously	importance	convex	recruitment	mischief
conviction	commandment	implication	crackle	overcrowd
floodgate	harpoon	feudal	increment	exertion
revenge	narrate	uncaring	refugee	vein
unison	rebuff	medicinal	inclusive	permanent
rewarding	perplex	knowledgeable	publisher	dump

39 01	astonishment	그녀는 **어스타:니쉬먼트** 하면서 낯선 사람을 봤다.	놀람
39 02	undercut	우리 가게는 경쟁 가게보다 5% **언더컽** 하고 있다.	저가로 팔다
39 03	stain	나는 **스테인** 된 바지를 세탁소에 맡겼다.	얼룩지다
39 04	transaction	회사는 대기업과의 **트랜잭션** 으로 매출이 상승했다.	거래
39 05	initiate	정부는 실종자에 대한 수색을 **이니쉬에일** 했다.	개시하다
39 06	stealth	테러리스트가 생물학 무기를 **스텔쓰** 로 구입했다.	몰래함
39 07	decipher	고고학자가 이집트의 고대문자를 **디사이퍼** 했다.	해독하다
39 08	affluent	그는 큰 집이 즐비한 **애플루언트** 지역에서 산다.	부유한
39 09	aggregation	인간의 신체는 세포의 **애그리게이션** 의 결과물이다.	집합
39 10	normalize	약을 먹으면 높은 혈압을 **노:멀라이즈** 할 수 있다.	정상화하다
39 11	visibility	오늘은 비와 안개 때문에 **비저빌러티** 가 안 좋다.	가시성
39 12	disdainful	그녀는 마약을 하는 사람들을 **디스데인플** 한다.	무시하는
39 13	peep	경찰은 열쇠 구멍을 통해 실내를 **핖:** 했다.	엿보다
39 14	visible	구매전 제품에 **비저블** 한 문제가 있는지 확인했다.	눈에 보이는
39 15	inconsiderable	그는 이번 행사에서 **인컨시더러블** 역할을 맡았다.	적은
39 16	breakthrough	뉴턴은 과학계에서 대단한 **브레익쓰루:** 을 이뤘다.	업적
39 17	priest	그 **프리:슽** 는 예배에서 이웃사랑을 설교했다.	성직자
39 18	equator	**이퀘이터** 는 지구를 남반구와 북반구로 나눈다.	적도
39 19	contention	사형의 필요성에 대해서는 아직도 **컨텐션** 중이다.	논쟁
39 20	summon	지휘관이 쉬고 있는 병사들을 부대로 **서먼** 했다.	소환하다

39 21	diameter	이 특별한 농구공의 **다이애미터** 는 약 1m이다.	지름
39 22	fishery	이곳은 고기가 잘 잡히는 **피셔리** 로 소문이 났다.	어장
39 23	complex	두 사람 사이엔 **컴플렉스** 한 문제가 있는 것 같다.	복잡한
39 24	slot	나는 게임을 하려고 **슬랕:** 에 500원 동전을 넣었다.	가늘고 긴 구멍
39 25	didactic	우리는 대체로 **다이댁틱** 한 충고를 듣기 싫어한다.	교훈적인
39 26	taint	공장폐수가 상수원의 물을 심하게 **테인트** 했다.	오염시키다
39 27	processed	패스트푸드의 대부분은 **프로우세슫** 된 음식이다.	가공처리 된
39 28	extrinsic	인생에서 돈은 **엑스트린직** 이고 행복이 본질이다.	외적인
39 29	potential	인간은 **퍼텐셜** 한 능력의 절반도 활용하지 못한다.	잠재적인
39 30	metaphor	유리천장이란 장벽에 대한 **메터포:어** 한 표현이다.	비유
39 31	scarcity	음식 **스케어시티** 로 친구들 사이에 싸움이 일었다.	부족
39 32	motif	우리 집 벽지의 **모우티프:** 은 꽃을 주제로 했다.	문양
39 33	tactic	경찰은 다양한 **택틱** 을 사용해서 범인을 검거했다.	전략
39 34	era	앞으로의 **에라** 는 4차산업혁명이 주도한다고 한다.	시대
39 35	bitterly	그녀는 남자친구와 헤어진 후 **비털리** 울었다.	비통하게
39 36	esteem	그 교수는 학생들로부터 크게 **이스팀:** 을 받았다.	존경
39 37	exaggerate	그는 자신의 업적을 크게 **이그재져레일** 했다.	과장하다
39 38	conflicting	우리는 **컨플릭팅** 한 의견을 잘 협의해 나갔다.	모순되는
39 39	agreeably	오늘 날씨는 **어그리:어블리** 따뜻해서 나가기 좋다.	기분 좋게
39 40	telephony	KT에서는 **텔레퍼니** 서비스를 제공하고 있다.	전화통신

39 41	workaholic	그녀는 휴일에도 일하는 진짜 **워:커홀:릭** 이다.	일 중독자
39 42	butler	나의 **벌러** 가 손님들을 파티장으로 안내했다.	집사
39 43	clerical	**클레리클** 직원의 실수로 잘못된 일정을 통보했다.	사무직의
39 44	endurance	난 **엔두런스** 를 통해 고난을 극복하는 법을 배웠다.	인내
39 45	nursery	지금 우리 아기는 **너:서리** 에서 자고 있다.	유아원
39 46	prevalent	독감이 전국적으로 **프레벌런트** 해서 난리가 났다.	널리 퍼져있는
39 47	hardship	불황으로 많은 사람이 경제적 **하:드쉽** 을 겪었다.	어려움
39 48	employment	그는 실직한 후 새로운 **임플로이먼트** 를 찾고 있다.	일자리
39 49	foregoing	**폰:고우잉** 의견은 단지 내 의견일 뿐임을 밝혔다.	방금 말한
39 50	crust	난 식빵에서 **크러슽** 를 잘라낸 후 먹는다.	빵 껍질
39 51	recruit	회사는 올해 새로운 직원을 대거 **리크루:트** 했다.	모집하다
39 52	via	나는 대전을 **바이아** 해서 부산으로 갔다.	경유하여
39 53	impressionist	미술관에는 고흐 같은 **임프레셔니슽** 작품이 걸렸다.	인상파화가
39 54	insolvency	회사는 은행 빚을 갚지 못해서 결국 **인살번시** 했다.	파산
39 55	evacuate	건물에 불이 나서 사람들이 **이배큐에일** 했다.	대피하다
39 56	namely	**네임리**, 밤에 음식을 먹는 것은 건강에 좋지 않다.	즉
39 57	unemployment	취업 못한 청년들의 **언임플로이먼트** 가 증가했다.	실업률
39 58	expected	비행기의 **엑스펙티드** 한 도착 시각은 2시이다.	예상되는
39 59	unavoidable	실패는 성공하는데 **어너보이더블** 한 과정이다.	불가피한
39 60	donation	그녀의 **도우네이션** 으로 쌀을 양로원에 전달했다.	기부

39 61	crucial	｜ 그는 범인을 잡는데 **크루:셜** 정보를 제공했다.	결정적인
39 62	impair	｜ 잦은 음주는 당신의 간을 **임페어** 할 수 있다..	손상시키다
39 63	languish	｜ 나는 이번에 프랑스에 2개월 **랭귀쉬** 할 예정이다.	머물다
39 64	inauspicious	｜ 기차를 놓친 것은 **이노:스피셔스** 한 시작이었다.	불길한
39 65	desperation	｜ 범인은 **데스퍼레이션** 한 맘으로 순순히 자백했다.	자포자기
39 66	equivalent	｜ 이 영어단어의 **이퀴벌런트** 한 한국어단어를 찾았다.	동등한
39 67	brutality	｜ 범죄자의 **브루:탤러티** 가 사람을 공포에 떨게 했다.	잔인성
39 68	intersect	｜ 선 AB와 CD는 점 E에서 **인터섹트** 한다.	교차하다
39 69	unmoved	｜ 내가 그녀에게 매달렸지만, 그녀는 **언:무브드** 했다.	냉정한
39 70	preach	｜ 공자는 제자들에게 정치에 대해서 **프리:취** 했다.	설교하다
39 71	anachronism	｜ 그가 미신을 굳게 믿는 것은 **어내크러니즘** 이다.	시대착오
39 72	cohesive	｜ 우리 팀은 잘 **코우히:시브** 하고 활력이 넘친다.	결합하는
39 73	monotonous	｜ 그녀는 **머나:터너스** 한 어조로 사과의 말을 했다.	단조로운
39 74	transient	｜ 채소 가격의 급등은 **트랜지언트** 한 문제였다.	일시적인
39 75	foreboding	｜ 그는 시험에 떨어질 것 같은 **포:보우딩** 이 들었다.	예감
39 76	brochure	｜ 회사는 신상품을 위해 새 **브로우슈어** 를 만들었다.	홍보책자
39 77	impudent	｜ 너는 어른에게 **임퓨던트** 한 행동을 해선 안 된다.	무례한
39 78	crush	｜ 나는 상자를 **크러쉬** 해서 부피를 줄인 후 버렸다.	눌러 부수다
39 79	propel	｜ 선수들은 노를 저어서 보트를 **프러펠** 했다.	나아가게 하다
39 80	muse	｜ 경찰관은 용의자의 알리바이에 대해서 **뮤:즈** 했다.	골똘히 생각하다

39 81	invigorate	실외 놀이는 어린아이들을 **인비거레잍** 하게 하다.	기운 나게 하다
39 82	prop	아버지는 한 가족의 **프랖:** 으로 여러 책임이 있다.	지주
39 83	token	네잎클로버는 행운의 **토우큰** 으로 알려져 있다.	징표
39 84	manifestation	그의 회의결석은 퇴사의 **매니페스테이션** 이었다.	징후
39 85	easygoing	루피는 고난 속에서도 **이지고우잉** 한 사람이다.	태평한
39 86	lodging	사냥꾼은 숲속의 움막을 **라:쥥** 으로 정했다.	임시숙소
39 87	applause	강연자는 청중으로부터 힘찬 **어플로:즈** 를 받았다.	박수갈채
39 88	introspection	성장을 위해 때때로 **인트러스펙션** 은 꼭 필요하다.	자기성찰
39 89	lousy	그는 골프를 할 때 **라우지** 한 자세로 공을 쳤다.	엉망인
39 90	despise	부자가 가난한 사람을 **디스파이즈** 해서 멀리했다.	경멸하다
39 91	exception	학교 규칙은 **익셒션** 없이 모든 학생에게 적용된다.	예외
39 92	literary	난 시를 소개하는 **리터레리** 잡지 회사에서 일한다.	문학의
39 93	lament	메리는 친한 친구의 죽음에 몹시 **러멘트** 했다.	슬퍼하다
39 94	ashtray	애연가가 재를 털 **애쉬트레이** 를 찾고 있었다.	재떨이
39 95	intrude	그녀는 나의 사생활에 맘대로 **인트루:드** 했다.	침범하다
39 96	formality	강의에서 중요한 것은 **포:맬러티** 가 아닌 내용이다.	격식
39 97	construe	나는 너의 대답을 동의의 표시라고 **컨스트루:** 했다.	이해하다
39 98	rake	스님이 마당의 낙엽 청소를 할 때 **레익** 을 사용했다.	갈퀴
39 99	reconciliation	두 사람의 식사는 **레컨실리에이션** 를 위한 시도다.	화해
40 00	reclaim	톰은 세계 복싱챔피언의 타이틀을 **리클레임** 했다.	되찾다

manifestation	workaholic	crush	extrinsic	transaction
introspection	construe	stain	clerical	endurance
peep	expected	prevalent	brochure	evacuate
decipher	lament	impressionist	intrude	potential
equivalent	foregoing	brutality	contention	monotonous
motif	stealth	exaggerate	conflicting	visibility
crucial	desperation	telephony	invigorate	anachronism
didactic	equator	employment	propel	slot
normalize	crust	aggregation	priest	reconciliation
rake	cohesive	hardship	summon	exception
era	token	diameter	disdainful	unmoved
impair	foreboding	unavoidable	scarcity	applause
affluent	transient	esteem	impudent	formality
unemployment	muse	visible	namely	prop
reclaim	donation	initiate	preach	complex
despise	breakthrough	lodging	taint	tactic
undercut	nursery	butler	easygoing	ashtray
recruit	via	literary	lousy	insolvency
inconsiderable	bitterly	intersect	agreeably	metaphor
languish	astonishment	inauspicious	fishery	processed

고등 수능 영단어 5000

영어단어장
5장

4001
~
5000
단어

| 00 01 | reflex | 그녀는 날아오는 공에 대한 **리:플렉스** 가 빨랐다. | 반사행동 |
| 00 02 | gallantry | 왕자는 지혜와 **갤런트리** 로 괴물과 싸웠다. | 용감함 |

영어 단어 읽기 1

1_ 예문 속의 영어 발음을 읽어본다
2_ 원어민 소리를 들으면서 따라 읽어본다
3_ 영어단어와 한글 발음을 보면서 읽어본다
4_ 영어단어만 보고 읽어본다
5_ 원어민 음성만 들으면서 따라 말해본다
6_ 리뷰 테스트의 100단어를 읽어본다

1_ 단어의미를 보면서 한글 예문을 읽는다
2_ 한글 예문을 보면서 의미를 되새겨 본다
3_ 한글의미를 보면서 영어단어를 말해본다
4_ 영어단어를 보면서 의미를 말해본다
5_ 원어민 음성 들으면서 의미를 말해본다
6_ 리뷰 테스트의 100단어 의미를 말해본다

단어 의미 암기 2

영어단어를 잘 외우려면 두 가지를 명심하라!

주의사항 필독 3

1_ 단어의 발음을 잘 읽으려고 노력하라!
그래서 한글로 발음을 쓴 절대적 이유다

2_ 단어의 의미를 잘 느끼려고 노력하라!
그래서 한글로 예문을 쓴 절대적 이유다

40 01	fluency	제인은 영어의 **플루:언시** 를 위해서 매일 연습했다.	유창성
40 02	consent	그를 의장으로 임명하는데 회원들이 **컨센트** 했다.	동의하다
40 03	terrified	난 고소공포증이 있어서 높은 곳을 **테러파읻** 한다.	무서워하는
40 04	successor	어린 왕자는 왕의 **석세서** 로서 적격이었다.	후임자
40 05	retired	**리타이어드** 한 의사가 시골 병원에서 봉사했다.	퇴직한
40 06	allocation	아파트 관리비의 **앨러케이션** 이 소폭 증가했다.	할당량
40 07	respective	파티에는 **리스펙티브** 의 짝을 데리고 와야 한다.	각자의
40 08	expert	문제가 생기면, **엑스퍼:트** 에게 물어보면 빠르다.	전문가
40 09	bleach	이 검은 티셔츠는 절대 **블리:취** 하지 마라.	표백하다
40 10	stationery	나는 자와 종이를 사러 **스테이셔네리** 에 갔다.	문방구
40 11	potent	이것은 **포우튼트** 한 마취 효과가 있는 약초이다.	강력한
40 12	mortgage	그는 집을 담보로 받은 **모:기쥐** 를 매달 갚고 있다.	대출금
40 13	ongoing	그는 **안:고우잉** 한 일을 중단하고 우리를 도왔다.	진행 중인
40 14	enlighten	친구가 방과 후에 수학 문제를 **인라읻은** 해줬다.	이해시키다
40 15	invisible	해리는 **인비저블** 한 망토를 쓰고 방을 빠져나갔다.	보이지 않는
40 16	exult	천문학자가 새로운 별을 발견하고 **이그절트** 했다.	크게 기뻐하다
40 17	unleaded	나는 자동차에 **언레디드** 휘발유를 가득 넣었다.	무연의
40 18	peripheral	그는 컴퓨터에 연결된 **퍼리퍼럴** 장치를 제거했다.	주변의
40 19	embarrass	기자의 즉석 질문은 대변인을 **임배러스** 하게 했다.	당황하게 만들다
40 20	reservoir	그 **레저브와:** 에는 1억 톤의 물이 저장되어 있다.	저수지

40 21	artery	자해 환자의 **아:터리** 에서 많은 피가 뿜어졌다.	동맥
40 22	concept	그는 시간 **컨:셉트** 가 없는지 너무 자주 늦었다.	개념
40 23	quotation	이 책은 저자 본인 말보다 **코우테이션** 더 많았다.	인용문
40 24	negotiate	인질범이 경찰과 **니고우쉬에잍** 하기를 원했다.	협상하다
40 25	inaction	그는 직장에서 심한 **인액션** 으로 해고당했다.	게으름
40 26	violation	나는 속도 **바이얼레이션** 으로 범칙금을 내야 했다.	위반
40 27	retailing	그는 아버지 가게에서 **리:테일링** 경력을 쌓았다.	소매업
40 28	hail	한여름에 느닷없이 **헤일** 이 내 차 위에 떨어졌다.	우박
40 29	circulate	혈액은 체내를 끊임없이 **서:큘레잍** 하고 있다.	순환하다
40 30	suffice	이 정도 돈이면 집을 사는데 **서파이스** 할 것이다.	충분하다
40 31	conspicuous	난 등산복을 위해서 **컨스피큐어스** 색상을 골랐다.	눈에 잘 띄는
40 32	individuality	그는 자신의 **인디비쥬앨러티** 를 살려 옷을 입는다.	개성
40 33	spurious	고문관이 용의자에게 **스퓨리어스** 자백을 받아냈다.	겉으로 그럴싸한
40 34	passive	때론 **패시브** 한 방어보단 적극적 반격이 필요하다.	수동적인
40 35	observance	제한속도의 **업저:번스** 는 안전운전에 필수다.	규칙준수
40 36	production	회사는 한 달 동안의 **프러덕션** 일정을 공지했다.	생산
40 37	pious	그는 항상 예배에 참석하는 **파이어스** 한 신도이다.	경건한
40 38	mortal	사람은 **모:틀** 한 운명을 안고 태어난 존재이다.	반드시 죽는
40 39	sovereignty	무역에 너무 의존해서 경제적 **사:브런티** 를 잃었다.	자주권
40 40	reap	농부는 가을에 잘 익은 쌀을 **맆:** 했다.	수확하다

40 41	temperate	호주는 활동하기 좋은 **템퍼럴** 한 기후를 가졌다.	온화한
40 42	decoration	우리는 소나무 위에 **데커레이션** 을 걸어 놓았다.	장식품
40 43	asthma	난 **애즈마** 을 앓고 있어서 기침과 감기로 고생한다.	천식
40 44	contradiction	그의 설명에는 많은 자기 **칸:트러딕션** 이 있었다.	모순
40 45	hospitality	나는 여관 주인의 **하:스피탤러티** 에 감사했다.	환대
40 46	meanwhile	너는 숙제를 했다. **민:와일** 나는 TV를 보고 있었다.	그동안에
40 47	woe	모든 사람의 인생은 행복과 **워우** 의 반복이다.	비통함
40 48	accessible	내가 사이트에 올린 정보는 누구나 **액세서블** 했다.	접근 가능한
40 49	downtime	그녀는 계속된 야근 이후에 **다운타임** 이 필요했다.	휴식시간
40 50	credence	그의 보물선 이야기에는 **크리:든스** 가 전혀 없었다.	신빙성
40 51	exposure	방사능에 오염된 공기의 **익스포우져** 은 위험하다.	노출
40 52	vague	**베이그** 한 형체가 안갯속에서 서서히 나타났다.	희미한
40 53	emission	이산화탄소가 자동차 배기가스로 **이미션** 되고 있다.	배출
40 54	blockage	난 도로 위에 떨어진 **블라:키쥐** 를 치우고 운전했다.	장애물
40 55	hardy	규칙적인 운동으로 **하:디** 한 체력을 만들 수 있다.	강한
40 56	unconcern	정치인은 유권자들의 정치적 **언컨선:** 을 걱정했다.	무관심
40 57	breed	연어들이 **브리:드** 하기 위해 강으로 다시 돌아왔다.	새끼를 낳다
40 58	instinctive	부모의 자식 사랑은 **인스팅티브** 한 행동이다.	본능적인
40 59	tempest	3일 동안의 **템페슽** 가 농작물을 완전히 망쳐 놨다.	폭풍
40 60	scowl	복싱선수들이 시합 전에 서로를 **스카울** 했다.	노려보다

40 61	ebb	해안가에는 밀물과 엡 이 번갈아 나타난다.	썰물
40 62	oriented	사장은 고객 우선주의 오리엔티드 한 정책을 폈다.	지향하는
40 63	misgiving	그녀는 고향에서 온 편지에 미스기빙 을 느꼈다.	불안감
40 64	snatch	소매치기가 나의 핸드백을 스내취 해서 도망갔다.	잡아채다
40 65	jury	쥬어리 은 피고에게 일부 유죄를 평결했다.	배심원단
40 66	munch	쵸파는 배가 너무 고파서 햄버거를 먼취 했다.	우적우적 먹다
40 67	overcharge	그 술집은 술에 취한 나에게 오우버차:쥐 했다.	많이 청구하다
40 68	geometry	난 선과 점을 연구하는 쥐아:머트리 를 좋아한다.	기하학
40 69	ludicrous	보물선이 있다고 믿은 것은 루:디크러스 생각이었다.	터무니없는
40 70	gallant	우리의 갤런트 한 군인들이 전쟁에서 승리했다.	용감한
40 71	creed	모든 사람은 자기만의 크리:드 를 가지고 있다.	신념
40 72	management	올해의 적자는 부실한 매니쥐먼트 의 결과이다.	경영
40 73	reference	나는 수학 공부하려고 레프런스 책을 10권 샀다.	참고
40 74	aquaculture	과학자는 토양 없이 기르는 아:쿼컬쳐 를 연구했다.	수경재배
40 75	hesitancy	그는 어떤 헤지턴시 도 없이 내 의견에 동의했다.	망설임
40 76	migrant	부산에서 서울로 간 마이그런트 수가 감소했다.	이주자
40 77	depart	내 비행기는 예정된 시간에 디파:트 할 것이다.	출발하다
40 78	strain	고등학교 3학년은 스트레인 을 받으며 공부한다.	압박
40 79	stall	그녀는 시장 스톨: 에서 악세사리를 만들어 팔았다.	가판대
40 80	monarchy	마:너키 는 임금에 의해서 통치되는 정치 형태이다.	군주제

40 81	readership	주요 신문들의 **리:더쉽** 은 몇 년 동안 변함이 없다.	독자 수
40 82	chemistry	난 물질의 성질을 배우는 **케미스트리** 를 좋아한다.	화학
40 83	succession	실패의 **석세션** 으로 난 완전히 자포자기 상태였다.	연속
40 84	constitution	한 나라의 **칸:스터튜션** 은 모든 법의 기초이다.	헌법
40 85	detrimental	과도한 술은 신체에 **데트리멘틀** 한 영향을 끼친다.	해로운
40 86	jeopardy	그는 첩자라는 것이 밝혀져 생명이 **줴퍼디** 했다.	위험
40 87	prejudge	우리는 신입회원의 성격을 잘못 **프리:져쥐** 했다.	예단하다
40 88	optical	유령처럼 보인 것은 빛에 의한 **앞:티클** 한 착각이다	시각적인
40 89	perceive	난 공부하느라 누가 왔는지 **퍼시:브** 하지 못했다.	인지하다
40 90	cicada	**시케이다** 는 여름에 나무에서 시끄럽게 운다.	매미
40 91	jest	나의 **줴스트** 는 재미없어서 아무도 안 웃었다.	농담
40 92	exodus	여름철에는 해변으로의 **엑서더스** 가 일어난다.	이동
40 93	occupation	그녀의 **아:큐페이션** 은 병원에서 일하는 간호사다.	직업
40 94	synchronize	난 프로그램으로 소리와 영상을 **싱크러나이즈** 했다.	동시에 일어나다
40 95	beneficent	상디는 가난한 사람에게 **베네피슨트** 한 성격이다.	도움을 주는
40 96	inhabitant	그는 이 마을에서 제일 오래 산 **인해비턴트** 이다.	주민
40 97	sharpen	나는 수업 전에 연필을 연필깎이로 **샤:픈** 했다.	날카롭게 하다
40 98	indicate	저 표시는 앞길에 급커브가 있음을 **인디케잍** 한다.	가리키다
40 99	cram	나에게 너의 생각을 무리하게 **크램** 하지 마라.	밀어 넣다
41 00	unification	나는 조만간 평화로운 **유:니피케이션** 을 믿는다.	통일

259

Review Test

contradiction	stationery	misgiving	synchronize	downtime
migrant	allocation	decoration	pious	respective
woe	stall	ebb	successor	sovereignty
observance	indicate	individuality	unconcern	temperate
suffice	detrimental	snatch	cram	retired
spurious	concept	reap	inaction	instinctive
production	geometry	sharpen	management	succession
hardy	aquaculture	scowl	circulate	jest
jury	cicada	unification	asthma	fluency
tempest	hail	constitution	hesitancy	terrified
gallant	readership	retailing	oriented	optical
consent	overcharge	jeopardy	chemistry	reference
inhabitant	depart	monarchy	bleach	emission
mortgage	strain	embarrass	enlighten	accessible
credence	potent	prejudge	vague	exodus
peripheral	violation	unleaded	exult	artery
quotation	breed	ludicrous	conspicuous	negotiate
hospitality	mortal	blockage	passive	expert
ongoing	creed	perceive	beneficent	reservoir
invisible	meanwhile	exposure	occupation	munch

41 01	abstraction	피카소는 **앱스트랙션** 그림의 대표적 화가이다.		추상
41 02	prevent	소방관들이 불이 더 번지는 것을 **프리벤트** 했다.		막다
41 03	explosive	**익스플로우시브** 한 물질을 난로 옆에 두지 마라.		폭발하기 쉬운
41 04	impartial	**임파:셜** 한 판사가 누구나 인정할 판결을 내렸다.		공정한
41 05	peril	호랑이 굴에 들어가는 **페럴** 을 감수해야 성공한다.		위험
41 06	invocation	신부가 난민들을 위해 신에게 **인버케이션** 을 했다.		기도
41 07	relic	고대 이집트 왕의 **렐릭** 이 사막에서 발견되었다.		유물
41 08	adaptation	곰돌이는 야생환경의 **애댑테이션** 기간을 거쳤다.		적응
41 09	expedition	북극 **엑스퍼디션** 을 하던 대원이 펭귄을 발견했다.		탐험
41 10	rejection	나는 그녀의 제안에 **리젝션** 의 의견을 전달했다.		거절
41 11	revise	그녀는 문서의 틀린 곳을 **리바이즈** 해서 제출했다.		수정하다
41 12	plague	중세시대엔 마녀가 **플레익** 을 퍼트린다고 여겼다.		전염병
41 13	sober	술주정뱅이가 어젯밤엔 **소우버** 한 상태로 잠들었다.		술 취하지 않은
41 14	constraint	난 시간적 **컨스트레인트** 으로 하고 싶은 걸 못한다		제약
41 15	impart	선생님이 학생에게 그녀의 지식을 **임파:트** 했다.		전하다
41 16	decay	지난주에 만든 샐러드에서 **디케이** 한 냄새가 났다.		부패
41 17	urge	프랑키는 친구에게 고향으로 돌아오라고 **어:쥐** 했다.		촉구하다
41 18	decorative	그녀는 **데커러티브** 한 꽃을 집 안 여기저기 두었다.		장식용의
41 19	irritability	계속된 통증이 환자에게 **이러터빌러티** 를 초래했다.		화를 잘 냄
41 20	frigid	문을 열자 **프리쥗** 한 공기가 방안으로 확 들어왔다.		몹시 추운

41 21	warranty	제시는 TV를 사면서 3년 **워:런티** 를 받았다.	품질 보증서
41 22	stainless	주방에선 **스테인리스** 칼들을 써야 위생적이다.	녹슬지 않는
41 23	reside	이 마을에는 5명의 주민만 **리자이드** 하고 있다.	거주하다
41 24	initiation	너의 바둑 세계 **이니쉬에이션** 을 정말 축하한다.	입문
41 25	vanity	그는 **배니티** 에 들떠서 돈을 물 쓰듯 썼다.	허영심
41 26	veteran	그녀는 애완견을 다루는데 **베터런** 한 수의사다.	전문가
41 27	hostile	내 친구 둘은 **하스타일** 사이라서 서로 말도 안 한다.	적대적인
41 28	secure	어린이는 부모와 함께 있으면 **시큐어** 하게 느낀다.	안전한
41 29	rejuvenate	뜨거운 물에 목욕하면 몸이 **리쥬:버네잍** 해진다.	활기를 되찾다
41 30	barter	초등학생들이 토요일장에서 게임카드를 **바:터** 했다.	물물 교환하다
41 31	meditate	그녀는 매주 일요일 절에 가서 **메디테잍** 했다.	명상하다
41 32	quantify	그녀에 대한 나의 사랑을 **콴터파이** 할 수는 없다.	수량화하다
41 33	probable	브롤린의 이론은 엉뚱했지만 **프라:버블** 한 말이었다.	있을 것 같은
41 34	vapor	뜨거워진 쿠쿠 밥솥에서 **베이퍼** 가 뿜어져 나왔다.	증기
41 35	burrow	두더지가 땅에 깊게 **버:로우** 해서 숨어 있었다.	굴을 파다
41 36	inscription	고고학자가 비석에 새겨진 **인스크맆션** 을 해독했다.	비문
41 37	exaltation	난 원하던 학교에 합격 후 **에그졸:테이션** 을 느꼈다.	행복감
41 38	indolent	공부할 때 **인덜런트** 하면 성적이 나쁠 수밖에 없다.	게으른
41 39	monopolize	MS가 PC 운영체제 시장을 **머나:펄라이즈** 하고 있다.	독점하다
41 40	prominent	조로는 직장에서 **프라:미넌트** 한 신입사원이었다.	유명한

262

41 41	significance	그는 이번 결정의 **시그니피컨스** 을 전혀 몰랐다.	중요성
41 42	generously	손님이 웨이터에게 줴**너러슬리** 팁을 주었다.	후하게
41 43	accountable	이번 사고는 무단횡단한 사람도 **어카**운터블 했다.	책임이 있는
41 44	misconstrue	나는 그녀의 선물을 **미스컨스트루:**한 것 같았다.	오해하다
41 45	astronomical	우솝은 무역으로 **애스트러나:미클** 한 돈을 벌었다.	천문학적인
41 46	doubtless	그가 이번에 승진할 거라는 소문은 다**웃러스** 이다.	거의 틀림없이
41 47	elaborate	그녀의 팔찌는 **일래버레일** 한 모양으로 만들어졌다.	정교한
41 48	restrictive	사우디는 가장 **리스트릭티브** 한 국가 중의 하나다.	제한하는
41 49	populace	정치꾼이 **파:퓰러스** 을 선동해서 폭동을 일으켰다.	대중들
41 50	confident	시합에서는 칸:**피던트** 한 사람만이 우승할 수 있다.	자신감 있는
41 51	glamorous	자동차디자인은 **글래머러스** 한 직업으로 보인다.	매력적인
41 52	coarse	그는 사포로 **코:스** 한 바닥을 매끄럽게 문질렀다.	거친
41 53	vulgar	그 영화에는 배우들이 **벌거** 한 말들을 너무 썼다.	저속한
41 54	bolster	잘 된 메이크업이 그녀의 자신감을 보**울스터** 했다.	북돋우다
41 55	misunderstand	나는 친구의 말을 **미스언더스**탠드 한 적이 있었다.	오해하다
41 56	perception	그는 실내의 분위기 변화에 대한 **퍼셉션** 이 빨랐다.	자각
41 57	dexterity	그녀는 노래하는데 대단한 **덱스테러티** 를 가졌다.	재주
41 58	intellectual	바둑은 매우 **인털렉츄얼** 한 능력이 필요하다.	지적인
41 59	conscience	사기꾼은 남을 속일 때 **컨셔스** 의 가책을 안 느낀다.	양심
41 60	cope	우리가 함께 노력하면 이 상황을 **코웁** 할 수 있다.	극복하다

41 61	treatise	나는 박사학위를 위해 열심히 **트리:티스** 를 썼다.	논문
41 62	eminent	모차르트는 세계적으로 에**머넌트** 한 작곡가다.	저명한
41 63	jolt	비행기가 돌풍을 만나서 심하게 **죠울트** 했다.	덜컹거리다
41 64	compressed	기술자는 **컴프레슽** 의 공기로 컴퓨터를 청소했다.	압축된
41 65	civilize	선교인들이 아프리카 원주민을 시**벌라이즈** 했다.	교화하다
41 66	formula	그녀는 수학 포:**뮬라** 를 이용해서 문제를 풀었다.	공식
41 67	soak	로빈은 소고기를 찬물에 1시간 동안 **소욱** 했다.	담그다
41 68	dominant	그 회사는 시장에서 다:**머넌트** 한 위치를 차지했다.	지배적인
41 69	haze	**헤이즈** 는 대기 중에 연기나 먼지로 인해 발생한다.	연무
41 70	freshness	채소의 프레**쉬니스** 를 유지하려고 냉장고에 넣었다.	신선도
41 71	publicity	배우가 자선활동으로 좋은 **퍼블리시티** 를 받았다.	언론의 관심
41 72	equatorial	요즈음 에쿼토:**리얼** 지역이 사막으로 변한다고 한다.	적도의
41 73	slightly	그녀는 항상 모자를 **슬라잍리** 비스듬하게 썼다.	약간
41 74	relocation	사무실 리:로우케**이션** 비용이 생각보다 많이 들었다.	이전
41 75	consultation	나는 소송에 대해서 변호사와 **칸:슬테이션** 을 했다.	상의
41 76	frugal	브룩은 프루:**걸** 한 삶을 통해서 저축을 많이 했다.	절약하는
41 77	upheaval	인공지능의 발달로 세상에 엎히:**블** 이 일어나고 있다.	격변
41 78	demanding	나에게 기말고사 시험 범위는 정말 **디맨딩** 했다.	부담이 큰
41 79	collision	3대의 차가 교차로에서 **컬리전** 하는 사고가 났다.	충돌
41 80	compensate	제조사는 내 차의 고장에 대해 캄:**펀세잍** 해줬다.	보상하다

41 81	sunburst	선**버:슽** 가 눈이 부셔서 눈을 제대로 뜰 수 없었다.	강렬한 햇살
41 82	conjecture	나의 **컨젝쳐** 대로, 한국 축구팀이 가볍게 우승했다.	추측
41 83	geology	그는 **쥐알:러쥐** 시간에 토양의 구성을 공부했다.	지질학
41 84	privation	경제적 **프러베이션** 이 절도 같은 범죄로 이어진다.	궁핍
41 85	undesirable	이 신약에는 **언디자이어러블** 한 부작용이 있다.	달갑지 않은
41 86	certification	수업과정을 수료했다는 **서:티피케이션** 을 제출했다.	인증서
41 87	intensity	여름에 한낮이 되니 더위가 **인텐시티** 를 더해갔다.	강렬함
41 88	itchiness	두피 **이취니스** 으로 긁었더니 머리카락이 빠졌다.	가려움
41 89	characterize	난 그 영화를 재미없는 영화로 **캐릭터라이즈** 한다.	특징짓다
41 90	breathless	마라톤 선수는 10Km 달린 후 **브레쓸러스** 이었다.	숨이 찬
41 91	guarantee	내가 산 컴퓨터는 2년 **개런티:** 를 받을 수 있다.	보증
41 92	modest	징베의 집은 5명이 살기에 **마:디슽** 한 크기였다.	적당한
41 93	economical	궁핍할 때는 **이:커나미클** 한 자동차가 제격이다.	경제적인
41 94	tilt	그녀는 그림 액자를 약간 **틸트** 해서 벽에 걸었다.	기울이다
41 95	suspend	그는 전등을 천장에서 내려오도록 **서스펜드** 했다.	매달다
41 96	lightweight	달리기를 할 때는 최대한 **라잍웨잍** 한 옷을 입었다.	가벼운
41 97	botany	나는 식물의 생활을 연구하는 **바:터니** 를 전공했다.	식물학
41 98	initial	그는 이름의 **이니셜** 로 사인을 만들어 사용한다.	첫 글자
41 99	vent	지하철에는 쾌적한 공기를 위해 많은 **벤트** 가 있다.	환기구
42 00	heritage	인디언들은 조상이 남긴 **헤리티쥐** 를 지켜냈다.	유산

265

Review Test

compressed	suspend	consultation	urge	confident
rejuvenate	veteran	dominant	collision	decay
initiation	bolster	dexterity	relic	characterize
abstraction	barter	expedition	restrictive	eminent
coarse	burrow	cope	explosive	frigid
inscription	plague	vulgar	itchiness	decorative
formula	haze	freshness	monopolize	geology
generously	secure	probable	demanding	populace
heritage	compensate	tilt	prominent	vent
peril	modest	doubtless	warranty	conscience
constraint	elaborate	treatise	adaptation	botany
vanity	civilize	intellectual	upheaval	certification
quantify	glamorous	soak	perception	conjecture
impartial	intensity	impart	meditate	equatorial
jolt	revise	frugal	indolent	privation
guarantee	misunderstand	accountable	breathless	misconstrue
prevent	irritability	publicity	sunburst	undesirable
significance	initial	reside	rejection	relocation
hostile	stainless	vapor	slightly	economical
invocation	astronomical	sober	exaltation	lightweight

42 01	elegy	시인은 연인을 떠나보낸 후 **엘러쥐** 를 썼다.	애가
42 02	bondholder	그는 회사의 채권에 투자해서 **반호울더** 가 되었다.	채권소유자
42 03	timely	경찰의 **타임리** 출동에 싸움을 예방할 수 있었다.	시기적절한
42 04	barbarian	그는 **바:베리언** 처럼 고기를 익히지 않고 먹었다.	야만인
42 05	mere	그녀가 숙제를 다 마치는데 **미어** 10분이 걸렸다.	단지~에 불과한
42 06	tracing	그는 **트레이싱** 용지를 대고 지도를 그대로 그렸다.	투사
42 07	livelihood	난 김밥을 팔아 가족의 **라이블리후드** 를 책임졌다.	생계
42 08	meantime	그는 새 폰을 신청했다. **민:타임** 내 폰을 쓰라고 했다.	그동안
42 09	ancestral	우린 추석에 **앤세스트럴** 묘에 들러서 제사 지냈다.	조상의
42 10	justify	어떤 변명도 너의 잘못을 **져스터파이** 할 수 없다.	정당화하다
42 11	advancement	의학의 **애드밴스먼트** 이 생명의 연장을 가져왔다.	발전
42 12	accommodation	난 5명이 하룻밤 묵을 **어카머데이션** 을 찾고 있다.	숙소
42 13	council	그녀는 시 **카운슬** 의 의원으로 예산을 심의했다.	의회
42 14	corps	해병 **코어** 가 포로 구출을 위해 파견되었다.	부대
42 15	methodology	교수들은 효과적인 학습 **메써달:러쥐** 를 토론한다.	방법론
42 16	nonbeliever	종교인이 길거리에서 **난빌리:버** 에게 말씀을 전했다.	비신자
42 17	plain	그녀는 **플레인** 한 영어를 사용해서 이해가 잘 된다.	간단한
42 18	pioneer	그는 백신 프로그램의 **파이어니어** 로 알려져 있다.	선구자
42 19	heir	왕이 나이가 들어서 이젠 **에어** 를 정할 때이다.	상속자
42 20	advocate	그녀는 자유무역주의의 열렬한 **애드버컷** 이었다.	지지자

42 21	remedy	불면증을 <u>레</u>머디 하는 간단한 방법은 노동이다.	치료하다
42 22	identical	옆집의 쌍둥이들은 정말 **아이**덴**티클** 하게 보인다.	동일한
42 23	imperative	신뢰를 쌓는데 약속을 지키는 것은 **임페**러**티브** 하다.	반드시 해야 하는
42 24	blemish	그녀는 얼굴의 **블레**미**쉬** 에 크림을 발라서 숨겼다.	반점
42 25	emerge	귀신이 공동묘지에서 갑자기 **이머:쥐** 했다.	나타나다
42 26	untainted	그녀는 **언테**인**티드** 한 흰색 드레스를 입고 있었다.	때 묻지 않은
42 27	obviously	에디슨은 **아:**비어**슬리** 뛰어난 천재인 것 같다.	분명히
42 28	peninsula	한국인은 3 면이 바다인 **퍼닌실라** 에 살고 있다.	반도
42 29	precautious	용의자는 경찰의 질문에 **프리코:셔스** 한 답을 했다.	조심하는
42 30	configuration	컴퓨터의 **컨피규레이션** 을 변경하려고 재부팅했다.	환경설정
42 31	considerable	그는 **컨시더러블** 한 돈을 옷을 사는 데 소비했다.	상당한
42 32	adhesive	난 부러진 안경다리를 순간 **앤히:시브** 로 붙였다.	접착제
42 33	slavish	그는 정부 정책에 **슬라비쉬** 한 지지자는 아니었다.	맹종하는
42 34	exposition	유아용품을 위한 **엑스퍼지션** 이 코엑스에서 열렸다.	박람회
42 35	dilute	그녀는 주스 원액을 물로 **딜루:트** 해서 마셨다.	희석하다
42 36	endangered	환경부는 **인데인줘드** 한 동물의 사냥을 금지했다.	위기에 처한
42 37	simplify	정부는 여권 발급의 절차를 대폭 **심플러파이** 했다.	간소화하다
42 38	automatic	정문은 사람이 오면 열리는 **오:터매틱** 한 문이다.	자동의
42 39	mandatory	학교에서 교복을 입는 것은 **맨더토:리** 한 규칙이다.	의무적인
42 40	freight	우리 회사는 **프레잍** 을 항공으로 구매자에게 보낸다.	화물

42 41	illiteracy	한국은 글을 못 읽는 **일리터러시** 가 매우 적다.	문맹
42 42	allocate	자원봉사자는 비상식량을 균등하게 **앨러케잍** 했다.	할당하다
42 43	copious	댐이 무너지자 **코우피어스** 한 물이 쏟아졌다.	대량의
42 44	donor	한 **도우너** 가 자선단체에 식료품을 기부했다.	기부자
42 45	transition	그는 청년에서 성인으로의 **트랜지션** 를 겪고 있다.	변화
42 46	haste	우린 열차 시각에 맞춰 **헤이슽** 해서 밥을 먹었다.	서두름
42 47	retrogress	적의 공격을 받고 군인들이 **레트러그레스** 했다.	후퇴하다
42 48	efficiently	그는 **이피션리** 회사 일을 하기 위해 팀을 정했다.	능률적으로
42 49	faculty	그 대학은 우수한 법학 **패컬티** 를 갖추고 있다.	교수진
42 50	lunatic	어떤 **루:너틱** 이 갑자기 내 차 앞으로 뛰어들었다.	미치광이
42 51	misfortune	그는 어려서 부모님을 잃는 **미스포:쳔** 을 겪었다.	불행
42 52	venue	PD가 전국노래자랑을 위한 **베뉴:** 를 찾고 있다.	행사장소
42 53	enterprise	이 **엔터프라이즈** 는 위험도 크지만, 이익도 크다.	큰 사업
42 54	intuition	나는 **인투이션** 으로 그가 거짓말을 한다고 믿었다.	직관
42 55	concur	그녀와 나는 여러 가지 의견에서 **컨커:** 하다.	동의하다
42 56	censure	배우가 말실수로 대중들의 **센셔** 의 대상이 되었다.	비난
42 57	withhold	나는 싸우려고 하는 친구들을 **위드호울드** 했다.	억제하다
42 58	cuisine	요즈음 베트남 **퀴진:** 이 한국인에게 인기가 있다.	요리
42 59	scarcely	나는 그가 누구인지 **스케어슬리** 알아볼 수 없었다.	거의 ~않다
42 60	fluctuation	테러 발생으로 환율 **플럭츄에이션** 이 매우 심했다.	변동

42 61	creep	도둑이 남의 집 담장을 몰래 **크릪:** 해서 넘었다.	기어가다
42 62	droop	날씨가 더운지 나의 강아지 귀가 **드룹:** 했다.	늘어지다
42 63	intelligible	그녀는 이론을 설명을 쉽게 해서 **인텔리져블** 했다.	이해할 수 있는
42 64	stiffness	그는 술 때문에 간이 **스티프니스** 해지기 시작했다.	단단함
42 65	anterior	네가 말한 일은 이번 사건 **앤티리어** 의 일이다.	앞쪽의
42 66	brood	나는 한동안 그녀가 한 조언에 대해 **브루:드** 했다.	되씹다
42 67	impeccable	그녀는 대중 앞에서 **임페커블** 한 멋진 연설을 했다.	흠 잡을 데 없는
42 68	malevolent	내가 바보천치라는 **멀레벌런트** 한 소문이 퍼졌다.	악의적인
42 69	insolence	상사로서 그의 **인설런스** 는 부하에게 반감을 줬다.	오만함
42 70	rebellious	청소년기는 **리벨리어스** 의 시기라고 말한다.	반항적인
42 71	ambassador	외교관이 중국 **앰배서더** 로 발령받아 중국에 갔다.	대사
42 72	founder	빌 게이츠는 IT 회사인 Microsoft의 **파운더** 이다.	설립자
42 73	uptight	시합을 앞두고 너무 **엎타잍** 하지 말라고 당부했다.	긴장한
42 74	impervious	그는 내 반대에도 불구하고 전혀 **임퍼:비어스** 였다.	영향 받지 않는
42 75	aloof	그 배우는 논란거리에서 **얼루:프** 하려고 노력했다.	떨어져서
42 76	compel	부모님은 나에게 영어 공부하라고 **컴펠** 하셨다.	강요하다
42 77	lamentable	친한 친구의 갑작스런 죽음은 **러멘터블** 한 일이다.	통탄할
42 78	performance	그녀의 **퍼포:먼스** 는 청중의 박수갈채를 받았다.	공연
42 79	plaintiff	검찰은 피고와 **플레인티프** 의 대질심문을 진행했다.	원고
42 80	noxious	불이 난 지하실에서 **낙:셔스** 한 연기가 피어올랐다.	독한

42 81	dialect	난 친구의 제주 다**이얼렉트** 를 이해할 수 없었다.		사투리
42 82	tumor	의사가 위장에 생긴 **튜:머** 를 제거하는 수술을 했다.		종양
42 83	suppress	정부는 군대를 동원해서 폭동을 **서프**레스 했다.		진압하다
42 84	dumpling	그녀는 **덤**플링 을 찌거나 튀겨서 자주 먹는다.		만두
42 85	rustling	가을에 낙엽 더미를 걸으면 러**슬링** 이 듣기 좋다.		바스락 소리
42 86	sympathize	나는 병원에 입원한 내 친구를 심**퍼싸이즈** 하다.		동정하다
42 87	resonate	지지자들이 외치는 후보자의 이름이 레**저네잍** 했다.		울려 퍼지다
42 88	outstanding	박세리는 **아웃스**탠**딩** 한 한국의 골프선수였다.		뛰어난
42 89	volatile	난 그의 **발:러틀** 한 성격 때문에 그를 믿지 않는다.		변덕스러운
42 90	transverse	두 기둥을 **트랜즈버:스** 한 막대를 추가로 설치했다.		가로지르는
42 91	scarce	한국도 물이 **스케어스** 해서 물을 아껴서 써야 한다.		부족한
42 92	divert	운전사가 장애물을 피해서 자동차를 **디버:트** 했다.		우회시키다
42 93	distorted	학생들이 **디스토:티드** 된 잘못된 역사를 배웠다.		비뚤어진
42 94	crisp	그는 **크리숖** 한 토스트에 딸기잼을 발라서 먹었다.		바삭바삭한
42 95	similarity	쌍둥이 사이에는 많은 **시멀래러티** 를 가지고 있다.		유사성
42 96	reliability	회사는 과거 실적으로 **리라이어빌러티** 를 증명했다.		신뢰도
42 97	fanciful	그녀의 계획은 **팬시플** 한 아이디어에 불과하다.		공상의
42 98	shrink	나의 청바지는 세탁 후 반으로 **쉬링크** 했다.		오그라들다
42 99	cheery	그는 **취리** 한 성격 덕분에 남들과 잘 어울린다.		쾌활한
43 00	saline	콘택트렌즈를 세**일린:** 의 용액으로 깨끗이 씻었다.		소금이 든

misfortune	barbarian	enterprise	stiffness	fluctuation
livelihood	timely	rustling	untainted	haste
transverse	faculty	scarce	imperative	fanciful
founder	uptight	pioneer	donor	nonbeliever
creep	resonate	heir	withhold	elegy
meantime	advocate	volatile	simplify	accommodation
rebellious	dialect	impeccable	ancestral	shrink
saline	allocate	lamentable	adhesive	configuration
dilute	distorted	divert	crisp	dumpling
retrogress	tracing	aloof	cuisine	compel
outstanding	suppress	council	transition	similarity
emerge	intuition	automatic	bondholder	ambassador
reliability	efficiently	tumor	venue	corps
freight	sympathize	identical	brood	intelligible
precautious	censure	illiteracy	exposition	concur
justify	plaintiff	copious	impervious	mandatory
droop	advancement	plain	malevolent	lunatic
insolence	methodology	remedy	obviously	anterior
scarcely	slavish	cheery	performance	peninsula
mere	blemish	noxious	considerable	endangered

43 01	orbit	새로 발사된 인공위성이 **오:빝** 안으로 진입했다.	궤도
43 02	distinction	그녀와 내 의견 사이에는 명백한 **디스팅션** 이 있다.	차이
43 03	innovation	회사가 생존하기 위해선 **이너베이션** 이 필요하다.	혁신
43 04	hereditary	고혈압에 걸리는 것은 **허레디테리** 한 원인도 있다.	유전적인
43 05	undergraduate	난 **언더그래쥬에잍** 으로 대학의 창업지원을 받았다.	대학생
43 06	fluctuate	가을이 되면서 하루 종일 기분이 **플럭츄에잍** 했다.	변동을 거듭하다
43 07	participant	**파:티서펀트** 가 돌아가면서 짧게 자기소개를 했다.	참가자
43 08	radius	간단히, 원의 **레이디어스** 는 지름의 절반이다.	반지름
43 09	foremost	원피스는 **포:모우슽** 한 애니메이션 중의 하나다.	가장 유명한
43 10	affront	그녀는 상대 후보를 무능하다면서 **어프런트** 했다.	모욕하다
43 11	postscript	그는 연애편지의 끝에 **포우슽스크맆트** 를 추가했다.	추신
43 12	benefactor	현대는 우리 배구팀의 가장 큰 **베너팩터** 였다.	후원자
43 13	worm	일찍 일어나는 새가 **웜:** 을 잡는다는 속담이 있다.	벌레
43 14	accordance	자신의 처지에 **어코:던스** 해서 돈을 써야 된다.	일치
43 15	agricultural	난 **애그리컬쳐럴** 제 품을 온라인으로 팔기 시작했다.	농업의
43 16	vile	뭔가 썩는 것 같은 **바일** 한 냄새가 온 집안에 났다.	극도로 나쁜
43 17	hibernate	곰은 음식을 구하기 힘든 겨울에 **하이버네잍** 한다.	동면하다
43 18	localize	외국기업은 반드시 **로우컬라이즈** 해야 살아남는다.	현지화하다
43 19	plunge	오리들이 먹이를 잡으러 물속으로 **플런쥐** 했다.	뛰어들다
43 20	geography	나는 **쥐아:그러피** 수업을 위해서 지도책을 샀다.	지리학

43 21	incredulous	그는 아직 내 제안을 **인크레쥴러스** 한 표정이었다.	믿지 않는
43 22	stable	로빈은 사고 후에 이제 겨우 **스테이블** 한 상태이다.	안정된
43 23	acceptable	그의 계속되는 결석은 더이상 **엑셉터블** 될 수 없다.	받아들여지는
43 24	alley	경찰이 **앨리** 를 따라 도망가는 도둑을 쫓아갔다.	골목
43 25	reproductive	잠자리의 **리:프러덕티브** 한 기관은 꼬리에 있다.	생식의
43 26	paragraph	하나의 **패러그래프** 를 하나의 문장으로 요약했다.	단락
43 27	medieval	**메디이:블** 의 관습이 유럽에는 현대에도 남아 있다.	중세의
43 28	renown	잡스는 아이폰이란 신제품으로 **리나운** 을 얻었다.	명성
43 29	violently	태풍으로 나룻배가 **바이얼런리** 요동치기 시작했다.	격렬하게
43 30	alliance	독일은 세계대전 당시 일본과 **얼라이언스** 를 맺었다.	동맹
43 31	uncivilized	그들은 원주민을 **언시벌라이즈드** 하다고 무시했다.	미개한
43 32	preferable	벌서는 것보단 맞는 것이 차라리 **프레프러블** 했다.	더 좋은
43 33	perpetuate	영웅은 자신의 이름을 **퍼페츄에잍** 하기를 원한다.	영구화하다
43 34	abbreviation	N.Y.는 New York 을 줄인 **어브리:비에이션** 이다.	축약형
43 35	condensation	그는 한 권의 내용을 한 장으로 **칸:던세이션** 했다.	압축
43 36	deride	키자루는 친구들 앞에서 그녀를 **디라이드** 했다.	조롱하다
43 37	mechanical	그녀는 디지털이 아닌 **미캐니클** 시계를 차고 있다.	기계로 작동되는
43 38	crook	그는 키가 커서 문을 지나갈 때 목을 **크룩** 했다.	구부리다
43 39	yield	자동차들은 보행자에게 되도록 **일:드** 해야 한다.	양보하다
43 40	boundary	나는 이웃집과의 **바운드리** 에 작은 나무를 심었다.	경계

43 41	substitute	민수가 나를 **섭스터튜:트** 해서 청소를 할 것이다.	대신하다
43 42	misspell	그녀는 영어단어에서 한 글자를 **미:스펠** 했다.	철자가 틀리다
43 43	convictive	그녀의 이론은 잘 들어보면 **컨빅티브** 했다.	설득력 있는
43 44	observatory	나는 별자리를 보기 위해 **업서:버토:리** 에 갔다.	천문대
43 45	stout	그는 첨엔 말랐는데 잘 먹더니 **스타웉** 해져갔다.	통통한
43 46	wither	한동안 꽃에 물을 안 줬더니 꽃들이 **위더** 했다.	시들다
43 47	likelihood	하늘이 흐려서 비가 올 **라이클리후드** 가 크다.	가능성
43 48	anniversary	오늘은 부모님의 30번째 결혼 **애니버:서리** 였다.	기념일
43 49	remnant	적의 **렘넌트** 가 우리 마을에 몰래 숨어들었다.	나머지
43 50	historical	이 소설책은 **히스토:리클** 한 사실에 근거한 책이다.	역사적
43 51	procedure	내가 입국 **프러시:져** 를 끝내는 데 10분이 걸렸다.	절차
43 52	salvage	나는 해상조난자를 구할 **샐비쥐** 배에서 대기했다.	구조
43 53	leakage	이 탐지기는 가스가 **리:키쥐** 되는 것을 알려준다.	누출
43 54	authority	상사는 나에게 회삿돈을 사용할 **어쏘:리티** 를 줬다.	권한
43 55	ignorance	법에 대해 **이그너런스** 했다고 해서 용서가 안 된다.	무지
43 56	obscure	그녀는 얼마 전까지 **업스큐어** 한 트로트 가수였다.	무명의
43 57	enthusiastic	후보자는 유권자에게 **인쑤:지애스틱** 지지를 받았다.	열렬한
43 58	comply	교장은 학생들에게 규칙을 **컴플라이** 하라고 말했다.	따르다
43 59	fermentation	김치와 된장의 **퍼:멘테이션** 에는 시간이 필요하다.	발효
43 60	verification	사이트 사용자의 **베러피케이션** 을 인증번호로 한다.	확인

43 61	spouse	나는 그녀를 미래의 **스파우스** 로 마음에 두고 있다.	배우자
43 62	arrangement	별들의 **어레인쥐먼트** 가 곰과 같아서 큰곰자리이다.	배열
43 63	marvelous	마술사가 아이들에게 **마:벌러스** 한 쇼를 보여줬다.	경이로운
43 64	flea	학생들이 토요일에 **플리:** 시장을 열었다.	벼룩
43 65	adaption	신입사원이 회사에 **어댑션** 하는 데 시간이 걸렸다.	적응
43 66	weep	장례식장에 참석한 모두가 조용히 **윞:** 했다.	울다
43 67	confiscate	마약류는 공항 세관에서 모두 **칸:피스케잍** 된다.	몰수하다
43 68	chapel	아놀드는 일요일마다 **채플** 에 가서 예배를 드린다.	예배당
43 69	insanitary	이 식당은 **인새너테리** 한 환경에서 음식을 했다.	비위생적인
43 70	monopoly	PC 운영체제는 MS가 사실상 **머나:펄리** 하고 있다.	독점
43 71	aggravate	내 쓸데없는 참견이 그들 싸움을 **애그러베잍** 했다.	악화시키다
43 72	poisonous	화재로 인해 **포이즈너스** 한 연기가 발생했다.	유독한
43 73	encouraging	그는 시험 치르는 학생에게 **인커:리쥥** 한 말을 했다.	격려의
43 74	unpleasant	점원의 **언플레즌트** 한 대응에 손님이 화를 냈다.	불친절한
43 75	sizeable	우리 도시에는 **사이저블** 한 사람이 살고 있다.	꽤 많은
43 76	predisposition	그는 화를 잘 내는 **프리:디스퍼지션** 을 가지고 있다.	성향
43 77	onlooker	열차 사고 주변에 **안:루커** 의 무리가 모여들었다.	구경꾼
43 78	territory	로마 제국은 전쟁을 통해 **테러토:리** 를 확장했다.	영토
43 79	exceptionally	올해 겨울은 **익셉셔널리** 추워서 난방비가 더 들었다.	유난히
43 80	intake	체중 감량을 위해서 되도록 음식 **인테잌** 을 줄였다.	섭취

43 81	circulation	적당한 운동은 혈액의 **서:큘레이션** 을 증가시킨다.	순환
43 82	bustle	관광 일정이 복잡해서 우리는 가능한 **버슬** 했다.	바삐 움직이다
43 83	thirst	우린 사막 여행을 하면서 **써:스트** 때문에 고생했다.	목마름
43 84	seclude	교도소는 사형수를 다른 죄수로부터 **시클루:드** 했다.	격리하다
43 85	vice	선은 결국 **바**이스를 이긴다는 믿음이 있다.	악
43 86	raid	경찰이 도박장에 **레**이드 해서 많은 사람을 잡았다.	급습
43 87	implacable	그의 결심은 **임플래커블** 해서 내 반대는 쓸모없었다.	확고한
43 88	navigation	바다를 **내비게이션** 하는데 나침반은 필수였다.	항해
43 89	buck	사냥꾼이 숲속에서 큰 **벅** 을 사냥하다 놓쳤다.	수사슴
43 90	physician	**피지션** 은 진찰 후 나에게 약을 처방해 주었다..	내과의사
43 91	census	정부는 통계를 위해 매년 **센서스** 를 실시하고 있다.	인구조사
43 92	honorable	그 군인은 항복보다 아**너러블** 한 죽음을 택했다.	명예로운
43 93	transparency	이 창문 유리는 **트랜스패런시** 가 좋아서 다 보인다.	투명도
43 94	pension	그 학자는 퇴직 후 **펜션** 으로 생활을 하고 있다.	연금
43 95	confer	피고는 변호사와 **컨퍼:** 할 충분한 시간을 요청했다.	상의하다
43 96	humility	그녀는 자신을 낮출 줄 아는 **휴:밀리티** 을 지녔다.	겸손
43 97	ferocious	아이들이 동물원에서 **퍼로우셔스** 한 사자를 보았다.	사나운
43 98	amendment	고등교육법의 **어멘드먼트** 가 내년으로 연기되었다.	개정
43 99	contraction	운동은 근육의 **컨트랙션** 과 이완으로 이뤄진다.	수축
44 00	threaten	은행털이범은 은행원을 **쓰렡은** 해서 돈을 훔쳐갔다.	협박하다

Review Test

mechanical	crook	enthusiastic	onlooker	innovation
procedure	participant	distinction	intake	convictive
fermentation	misspell	census	salvage	bustle
historical	physician	comply	confer	raid
obscure	incredulous	weep	anniversary	radius
verification	alley	arrangement	hereditary	hibernate
threaten	accordance	vice	flea	paragraph
abbreviation	uncivilized	exceptionally	monopoly	stout
agricultural	acceptable	boundary	navigation	observatory
circulation	sizeable	affront	postscript	poisonous
foremost	plunge	authority	amendment	honorable
spouse	medieval	aggravate	leakage	alliance
contraction	condensation	insanitary	adaption	fluctuate
substitute	unpleasant	renown	localize	remnant
likelihood	seclude	implacable	pension	marvelous
wither	preferable	predisposition	deride	worm
humility	orbit	transparency	encouraging	perpetuate
stable	thirst	undergraduate	territory	benefactor
chapel	ignorance	vile	buck	confiscate
yield	ferocious	violently	reproductive	geography

Step 01

45 day

44 01	climatic	높은 산에서는 수시로 **클라이매틱** 변화가 생긴다.	기후의
44 02	gravitate	직장인은 연봉이 높은 회사에 **그래버테이트** 한다.	~에 이끌리다
44 03	fallacious	그녀의 주장은 **펄레이셔스** 한 정보에 따른 것이다.	잘못된
44 04	clamor	학생들이 쉬는 시간에 큰 **클래머** 를 일으켰다.	소란
44 05	supervise	교도관이 교도소의 죄수들을 **수:퍼바이즈** 했다.	감독하다
44 06	moss	강 근처의 바위들은 푸른 **모:스** 로 덮여 있었다.	이끼
44 07	energetic	그녀는 휴식을 취한 후 매우 **에너줴틱** 한 상태였다.	활동적인
44 08	suffocation	그는 밀폐된 공간에서 **서퍼케이션** 으로 사망했다.	질식
44 09	perplexed	나는 그녀의 엉뚱한 대답에 완전 **퍼플렉슽** 되었다.	당황한
44 10	antidote	나는 독사에 물려서 당장 **앤티도웉** 가 필요했다.	해독제
44 11	loosen	그는 배가 너무 불러서 허리띠를 **루:슨** 해야 했다.	풀다
44 12	task force	정부는 이재민을 도울 **태스크 포:스** 를 꾸렸다.	대책반
44 13	thriving	그녀는 **쓰라이빙** 한 식당으로 많은 돈을 벌었다.	번창하는
44 14	outrage	그는 내가 거짓말한 것에 대단히 **아울레이쥐** 했다.	격노
44 15	optional	수학은 시험에서 **앞:셔늘** 이 아닌 필수 과목이다	선택적인
44 16	apparent	나는 **어패런트** 한 이유 없이 그녀가 싫어졌다.	분명한
44 17	courteous	점원이 **커:티어스** 한 태도로 손님을 맞이했다.	공손한
44 18	intricate	나의 목걸이는 **인트리컽** 한 디자인으로 되어있다.	복잡한
44 19	photography	그는 **퍼타:그러피** 강좌를 들은 후 사진을 잘 찍었다.	사진 찍기
44 20	carnivore	**카:니보:어** 란 고기를 먹는 포유동물을 의미한다.	육식동물

44 21	familiarize	영어를 잘하려면 발음에 **퍼밀리어라이즈** 해야 한다.	익숙하게 하다
44 22	aloneness	그는 산속에 오두막을 짓고 **얼로운니스** 를 즐긴다.	혼자임
44 23	assent	회의에서 안건이 참석자들의 **어센트** 로 통과되었다.	찬성
44 24	delivery	우리 쇼핑몰은 당일 **딜리버리** 를 원칙으로 합니다.	배달
44 25	reverse	그들은 협의해서 발표순서를 **리버:스** 할 수 있다.	뒤바꾸다
44 26	converge	관중이 축구 경기를 보러 경기장에 **컨버:쥐** 했다.	모여들다
44 27	tread	춤을 출 때 상대방의 발을 **트레드** 하지 않도록 해라.	밟다
44 28	chivalry	아더와 원탁의 기사는 **쉬벌리** 와 깊은 관련이 있다.	기사도
44 29	identify	사진이 흐릿해서 그녀를 **아이덴티파이** 할 수 없다.	신원 확인하다
44 30	absorption	비타민 C는 철분의 몸속 **어브좁:션** 을 증가시킨다.	흡수
44 31	assault	그는 이웃에 대한 **어솔:트** 로 5년형을 선고받았다.	폭행
44 32	divisive	그녀는 친구들 사이를 **디바이시브** 한 말을 잘 한다.	분열을 일으키는
44 33	luncheon	청와대에서 대통령과 당 대표들의 **런천** 이 있었다.	오찬
44 34	prohibition	공공장소에서의 흡연 **프로우히비션** 이 시행되었다.	금지
44 35	affectation	그의 태도에는 전혀 **애펙테이션** 이 없이 솔직하다.	꾸밈
44 36	wander	배트맨은 범죄 예방을 위해 길거리를 **완:더** 했다.	돌아다니다
44 37	aging	과도한 음주는 **에이쥥** 과정을 빠르게 진행시킨다.	노화
44 38	interstate	미국 경찰이 **인터스테일** 고속도로를 항상 순찰했다.	주와 주사이의
44 39	tentative	노사는 협상을 통해 **텐터티브** 협의문을 만들었다.	잠정적인
44 40	daunt	형이 동생을 **돈:트** 해서, 동생이 크게 울었다.	겁먹게 하다

44 41	constituent	후보자가 **컨스티츄언트** 에게 자신의 공약을 알렸다.	유권자
44 42	contentment	그는 금메달을 따고 **컨텐트먼트** 의 미소를 지었다.	만족
44 43	whereas	상대는 20살이었다. **웨어애즈** 그는 고작 14살이었다.	반면에
44 44	turmoil	법정은 증인의 새로운 폭로에 **터:모일** 에 빠졌다	소란
44 45	barely	우리는 어제 싸워서 서로 말을 **베얼리** 하지 않았다.	거의 ~않다
44 46	representative	아이언맨은 어벤져스의 **레프리젠터티브** 한 격이다.	대표자
44 47	confinement	정치인이 가택 **컨파인먼트** 로 외부에 못 나온다.	감금
44 48	televise	이번 월드컵은 전 세계로 **텔러바이즈** 될 것이다.	방영하다
44 49	explanation	지각한 이유에 대한 **엑스플러네이션** 이 부족했다.	설명
44 50	misdeed	학생의 **미스디:드** 에 대해선 부모님의 책임도 있다.	비행
44 51	forbear	나는 그의 개그에 웃음을 **포:베어** 할 수 없었다.	참다
44 52	bewildered	그녀는 나의 날카로운 질문에 **비윌더드** 했었다.	당황한
44 53	plumb	탐정이 살인사건의 비밀을 **플럼** 해서 해결했다.	파헤치다
44 54	sediment	강의 하류에 두꺼운 **세더먼트** 의 층이 생겼다.	침전물
44 55	restless	연주회 동안 내 앞의 아이들이 계속 **레슬러스** 했다.	들썩이는
44 56	lapse	그녀는 시간의 **랲스** 와 함께 점점 건강을 되찾았다.	경과
44 57	extort	악당이 길 가던 시민에게서 돈을 **익스토:트** 했다.	갈취하다
44 58	progressive	나는 **프러그레시브** 한 암의 전이를 늦추려고 했다.	점진적인
44 59	exempt	그는 시각장애 때문에 군대에서 **이그젬트** 되었다.	면제되는
44 60	sprawl	그녀는 기진맥진해서 방바닥에 **스프롤:** 하고 있었다.	큰 대자로 눕다

44 61	package	나는 친구에게 **패키쥐** 를 보내러 우체국에 갔다.	소포
44 62	regretful	그는 몹시 화를 낸 것에 대해 **리그렐플** 이었다.	후회하는
44 63	expose	피부가 햇빛에 너무 **익스포우즈** 되면 탈 수 있다.	노출하다
44 64	suffocate	지하실의 사람들이 화재 연기에 **서퍼케잍** 당했다.	질식사하다
44 65	decompose	사람의 몸은 죽는 순간부터 **디:컴포우즈** 한다.	부패하다
44 66	chirp	참새들이 나뭇가지 위에서 **쳐:프** 하고 있었다.	짹짹 울다
44 67	monotone	판사는 **마:너토운** 한 목소리로 판결문을 읽었다.	단조로운 소리
44 68	Mercury	태양에서 제일 가까운 행성은 **머:큐리** 이다.	수성
44 69	gratify	자녀의 성공이 부모님을 매우 **그래티파이** 했다.	기쁘게 하다
44 70	avenge	난 친구의 죽음을 **어벤쥐** 하려고 갱단에 찾아갔다.	복수하다
44 71	pillar	운전 미숙으로 자동차가 주차장 **필러** 에 충돌했다.	기둥
44 72	ballot	우린 회의 후에 비밀을 위해서 **밸렅** 으로 결정했다.	무기명투표
44 73	elegance	여왕은 **엘리건스** 한 태도로 시민들과 대화했다.	우아함
44 74	moderation	운동도 지나치기보단 **마:더레이션** 이 정말 중요하다.	적당함
44 75	splendor	레드 카펫의 연예인 드레스는 **스플렌더** 의 극치였다.	화려함
44 76	attainment	그가 추구하는 목표의 **어테인먼트** 는 한참 멀었다.	달성
44 77	sage	왕은 국민을 위한 **세이쥐** 한 결정을 위해 고심했다.	현명한
44 78	blur	그녀의 눈은 쏟아진 눈물로 **블러:** 하기 시작했다.	흐릿해지다
44 79	theological	그는 목사에게 **씨:얼라쥐컬** 한 문제들을 상담했다.	신학의
44 80	authenticate	진품명품의 전문가가 내 도자기를 **오:쎈티케잍** 했다.	진품을 입증하다

44 81	revere	I 옛날 토속신앙에서는 동물들을 신으로 **리비**어 했다.	I	숭배하다
44 82	hazard	I 휘발유는 폭발의 **해저드** 가 있어서 주의해야 한다.	I	위험
44 83	apparel	I 제인은 **어패럴** 회사에서 각종 원피스를 디자인했다.	I	의류
44 84	tribal	I **트라**이블 원로회의에서 새로운 추장이 선출되었다.	I	부족의
44 85	patrol	I 교도관들이 밤낮으로 감옥을 **퍼트로**울 했다.	I	순찰하다
44 86	invasion	I 영화는 외계인이 지구를 **인베이젼** 하는 내용이다.	I	침입
44 87	credible	I 루피에게는 **크레더블** 한 동료들이 많이 있다.	I	믿을 수 있는
44 88	faulty	I 화재는 **폴:티** 한 전기배선이 원인이 되어 발생했다.	I	흠이 있는
44 89	impetus	I 잘한 사람에게 보상을 주는 것은 **임피터스** 가 된다.	I	자극제
44 90	cosmopolis	I 런던은 세계적인 **카즈마펄리스** 중의 하나이다.	I	국제도시
44 91	incapable	I 그녀는 귀신을 보고 놀라서 말을 **인케이퍼블** 했다.	I	할 수 없는
44 92	discord	I 부부 사이의 계속된 **디스코:드** 로 결국 이혼했다.	I	불화
44 93	rebel	I 정부군은 도망간 **레블** 들의 체포 작전을 폈다.	I	반역자
44 94	utmost	I 이 문제를 풀기 위해선 **얼모우슽** 집중이 필요하다.	I	최고의
44 95	spatial	I 난 **스페이셜** 의 제약으로 피아노를 놀 수 없었다.	I	공간의
44 96	captive	I 군인들은 **캪티브** 한 적들을 철창 안에 가뒀다.	I	사로잡힌
44 97	horrid	I 머리가 셋인 **호:리드** 한 괴물이 마을을 파괴했다.	I	무시무시한
44 98	shrewd	I 로빈은 상대방의 성격을 파악하는데 **쉬루:드** 하다.	I	재빠른
44 99	magnificence	I 난 백두산의 **매그니피슨스** 한 경관에 압도되었다.	I	장엄
45 00	frequently	I 컴퓨터를 사용할 때는 **프리:퀀리** 저장해야 한다.	I	자주

Review Test

exempt	Mercury	cosmopolis	assault	captive
apparel	splendor	tribal	supervise	elegance
credible	identify	aloneness	forbear	blur
sprawl	extort	whereas	confinement	regretful
antidote	monotone	gravitate	converge	sage
hazard	restless	loosen	ballot	invasion
turmoil	theological	absorption	discord	daunt
tentative	authenticate	chivalry	pillar	attainment
utmost	luncheon	impetus	fallacious	photography
tread	explanation	magnificence	familiarize	gratify
horrid	aging	revere	intricate	faulty
suffocation	divisive	prohibition	progressive	constituent
energetic	incapable	optional	affectation	climatic
spatial	task force	reverse	bewildered	moss
representative	carnivore	moderation	avenge	outrage
clamor	shrewd	thriving	assent	barely
perplexed	sediment	expose	rebel	misdeed
suffocate	apparent	decompose	package	wander
patrol	chirp	plumb	televise	courteous
frequently	delivery	contentment	lapse	interstate

284

45 01	critique	그녀는 너무 편파적인 **크리틱:** 으로 신뢰를 잃었다.	비판
45 02	disposal	원자력 발전소의 핵폐기물 **디스포우즐** 이 큰 문제다.	처리
45 03	respiration	소방대원이 인공 **레스퍼레이션** 으로 그녀를 살렸다.	호흡
45 04	relief	엄마는 아들의 소식을 듣고 **릴리:프** 의 숨을 쉬었다.	안도
45 05	gymnastics	그녀는 **쥠내스틱스** 의 요정이라 불릴 만큼 잘한다.	체조
45 06	astray	애완견이 **어스트레이** 해서 주인집을 못 찾아갔다.	길을 잃고
45 07	browse	그는 물건을 사기전에 여기저기를 **브라우즈** 했다.	둘러보다
45 08	contribution	자선단체는 후원자의 **칸:트리뷰:션** 으로 운영된다.	기부금
45 09	trample	사람들이 마구 잔디를 **트램플** 해서 울타리를 쳤다.	짓밟다
45 10	haughty	그는 크게 출세하더니 **하:티** 한 사람이 되었다.	거만한
45 11	wobble	지진으로 탁자 위의 그릇들이 **와:블** 하기 시작했다.	흔들리다
45 12	enforcement	검찰은 도로교통법을 엄격하게 **인포:스먼트** 했다.	집행
45 13	feign	브룩은 마치 죽은 사람처럼 완벽히 **페인** 했다.	가장하다
45 14	homage	신하들이 왕에게 절하며 **아:메쥐** 를 표했다.	경의
45 15	crave	헬쓰를 하는 사람은 근육질의 몸을 **크레이브** 한다.	갈망하다
45 16	defiance	사춘기 아들이 부모에게 **디파이언스** 하게 행동했다.	반항
45 17	oppress	로마 황제가 많은 기독교인을 **오프레스** 했다.	탄압하다
45 18	detergent	그는 세탁기에 **디터:젼트** 를 넣고 빨래를 했다.	세제
45 19	thereby	주전 선수가 다 왔다. **데어바이** 우린 이길 수 있다.	그것 때문에
45 20	utensil	아침 식사 후에 모든 **유:텐슬** 을 깨끗이 씻었다.	기구

45 21	reckless	그는 **레클러스** 한 운전으로 큰 사고를 냈다.	무모한
45 22	prosper	나는 사업이 크게 **프라:스퍼** 하기를 기도했다.	번영하다
45 23	entrust	우리는 목숨을 구조대원에게 **엔트러슽** 했다.	맡기다
45 24	stuff	그는 자잘한 **스터프** 를 서랍에 넣어 보관했다.	물건
45 25	liberal	우리는 지금 **리버럴** 한 국가에서 살고 있다.	자유 민주적인
45 26	dramatic	소설의 마지막은 **드러매틱** 한 반전으로 끝났다.	극적인
45 27	nagging	환자가 **내깅** 한 고통 때문에 진통제를 맞았다.	계속되는
45 28	sinner	죄는 미워하되, **시너** 는 미워하지 말란 말이 있다.	죄인
45 29	blunder	조로는 칼을 갖고 놀다 **블런더** 해서 손을 다쳤다.	실수
45 30	absolutely	나는 그녀의 과거에 대해 **앱셜룰:리** 모른다.	전혀
45 31	hierarchy	우리 군대는 엄격한 **하이어라:키** 를 가지고 있다.	계급
45 32	shed	그들은 친구의 죽음으로 눈물을 **쉐드** 했다.	흘리다
45 33	famish	그는 늦게 들어온 벌로 저녁밥을 **패미쉬** 했었다.	굶주리게 하다
45 34	cruelty	그녀는 애완견 **크루:얼티** 로 긴급체포되었다.	학대
45 35	momentary	나는 **모우먼테리** 한 실수로 다 이긴 시합에서 졌다.	순간적인
45 36	collapse	한강의 다리가 순식간에 **컬랲스** 한 적이 있다.	붕괴되다
45 37	majority	참석한 사람들의 **머죠:러티** 는 안건에 동의했다.	다수
45 38	formulation	뉴턴은 만유인력을 **포:뮬레이션** 하는 데 성공했다.	공식화
45 39	bewilderment	안 열리는 문에 **비윌더먼트** 해서 그녀는 허둥댔다.	당황
45 40	settlement	두 사람이 **세틀먼트** 에 이르는 데는 시간이 걸렸다.	합의

Step 03

45 41	depository	나는 일기장을 비밀의 **디파:저토:리** 에 두었다.		보관소
45 42	pollster	**포울스터** 가 투표를 마친 유권자를 출구 조사했다.		여론조사원
45 43	relaxed	그는 난리가 난 상황에서도 **릴렉슽** 태도를 보였다.		느긋한
45 44	illustrate	나미는 수업시간에 공책에 **일러스트레잍** 했다.		삽화를 넣다
45 45	preconception	그는 흑인에 대해 어떤 **프리:컨셒션** 을 가지고 있다.		선입견
45 46	glacial	이 깊은 계곡은 **글레이셜** 침식으로 만들어졌다.		빙하의
45 47	classification	학자가 동물을 **클래시피케이션** 체계에 따라 나눴다.		분류
45 48	impact	선생님은 학생들에게 강한 **임팩트** 를 주게 된다.		영향
45 49	pursuit	경찰이 고속도로에서 도주 차량을 **퍼수:트** 하고 있다.		추적
45 50	discriminatory	인종에 따른 **디스크리미너토:리** 대우가 사라졌다.		차별적인
45 51	obtrusive	소파가 빨간색이면 너무 **업트루:시브** 한 색이다.		눈에 띄는
45 52	defy	그녀는 아버지에게 **디파이** 하다가 심하게 혼났다.		반항하다
45 53	bomber	중국의 **바:머** 가 드론의 집중 공격으로 파괴되었다.		폭격기
45 54	appearance	**어피어런스** 와 마음은 시간에 따라 변하게 마련이다.		외모
45 55	opposed	그는 내 계획에 아무 이유 없이 **어포우즈드** 했다.		반대하는
45 56	infectious	그녀는 **인펙셔스** 한 병에 걸려서 즉시 격리되었다.		전염되는
45 57	established	그는 독자에게 확실하게 **이스태블리쉴** 한 작가다.		인정받는
45 58	hijack	테러범이 미국으로 가던 비행기를 **하이잭** 했다.	비행기 납치하다
45 59	twirl	그녀는 새 드레스를 입고 거울 앞에서 **트월:** 했다.	빙글빙글 돌다
45 60	savage	아프리카에는 아직 **새비쥐** 한 부족이 남아 있다.		야만적인

45 61	mitigate	얼음찜질이 몸에 있는 열을 **미티게일** 할 수 있다.		완화하다
45 62	visualize	나는 간혹 하늘을 나는 모습을 **비쥬얼라이즈** 한다.		상상하다
45 63	bust	은행은 입구에 고뇌하는 여자의 **버스트** 를 설치했다.		반신상
45 64	substantial	그녀는 부모님으로부터 **섭스탠셜** 한 유산을 받았다.		상당한
45 65	falsehood	그는 내가 **폴:스후드** 를 말하는 것을 즉시 알아챘다.		거짓말
45 66	notably	제품에 문제들이 있었다. **노우터블리,** 너무 비쌌다.		특히
45 67	impression	인간관계에서 첫 **임프레션** 은 매우 중요하다.		인상
45 68	adopt	연예인 부부가 아기를 **어닾:트** 했다는 뉴스가 있다.		입양하다
45 69	decadence	귀족들의 **데커던스** 가 제국의 몰락을 초래했다.		타락
45 70	eclipse	부분 **이클맆스** 가 되면, 달이 태양 일부를 가린다		일식
45 71	mediation	다투던 두 친구가 나에게 **미:디에이션** 을 요청했다.		중재
45 72	exclusive	신문사가 본인만의 **익스클루:시브** 한 기사를 냈다.		독점적인
45 73	individual	저녁 식사 후엔 각자 **인디비쥬얼** 한 시간을 가졌다.		개인의
45 74	germinate	봄에 땅에 뿌렸던 씨앗이 **져:머네일** 하기 시작했다.		싹트다
45 75	exemplify	내가 너의 잘못을 하나만 **이그젬플러파이** 해보겠다.		예를 들다
45 76	fraud	그는 **프로:드** 를 저질러서 10년 동안 징역을 살았다.		사기
45 77	conceive	나는 그녀가 틀렸다고 처음부터 **컨시:브** 했다.		생각하다
45 78	insulation	전기선을 **인설레이션** 테이프로 감아서 마무리했다.		절연
45 79	innate	그녀는 패션에 대해서 **이네일** 한 감각을 가졌다.		타고난
45 80	misleading	흡연에 관한 그 논문은 **미스리:딩** 이라고 생각한다.		오해시키는

45 81	horizontally	ㅣ 난 책 제목을 수직이 아닌 **호:러잔:틀리** 로 배치했다. ㅣ	수평으로
45 82	frustrate	ㅣ 계속되는 사업 실패는 나를 **프러스트레잍** 시켰다. ㅣ	좌절시키다
45 83	horde	ㅣ 좀비 **호:드** 가 주민을 공격해서 모두 좀비로 변했다. ㅣ	무리
45 84	dishearten	ㅣ 쵸파는 못생겼다는 말을 듣고 **디스핫:은** 되었다. ㅣ	낙담하게 하다
45 85	forgetful	ㅣ 나는 요즘 너무 **퍼겥플** 해서 항상 메모해둔다. ㅣ	잘 잊는
45 86	appoint	ㅣ 대통령이 새로운 법무장관을 **어포인트** 했다. ㅣ	임명하다
45 87	meaningful	ㅣ 오늘은 우리가 처음 만난 **미:닝플** 한 날이다. ㅣ	의미 있는
45 88	lightbulb	ㅣ 크리스마스트리에 큰 **라잍벌브** 를 하나 달았다. ㅣ	백열전구
45 89	illiterate	ㅣ 난 예전엔 **일리터맅** 이었지만, 지금은 읽을 줄 안다. ㅣ	문맹의
45 90	frail	ㅣ **프레일** 한 소녀의 몸으로 물에 빠진 사람을 구했다. ㅣ	연약한
45 91	miserable	ㅣ 전쟁 직후 한국은 **미즈러블** 한 상황에 놓여 있었다. ㅣ	비참한
45 92	blasting	ㅣ 공사장에서의 **블래스팅** 으로 작업 인부가 사망했다. ㅣ	폭발
45 93	acquaint	ㅣ 신입사원이 업무를 **어퀘인트** 하는 데 아주 빨랐다. ㅣ	익히다
45 94	hearsay	ㅣ 그 커플이 헤어졌다는 것은 단지 **히어세이** 이었다. ㅣ	풍문
45 95	retail	ㅣ 좋아지는 경제는 **리:테일** 판매 증가로 알 수 있다. ㅣ	소매
45 96	seemingly	ㅣ **시:밍리** 그 부부는 아무런 문제가 없는 것 같았다. ㅣ	겉보기에는
45 97	prevalence	ㅣ 핸드폰의 **프레벌런스** 가 가격을 낮추면서 이뤄졌다. ㅣ	보급
45 98	relive	ㅣ 나는 행복했던 과거의 기억을 가끔 **릴:리브** 했다. ㅣ	되새기다
45 99	rapture	ㅣ 그녀는 아름다운 일몰을 보면서 **랲쳐** 를 느꼈다. ㅣ	황홀감
46 00	adapt	ㅣ 우주비행사들은 공기가 적은 상황에 **어댚트** 했다. ㅣ	적응하다

Review Test

prevalence	innate	appearance	absolutely	detergent
crave	horizontally	oppress	frail	seemingly
shed	liberal	infectious	disposal	entrust
illustrate	enforcement	mitigate	hijack	nagging
appoint	misleading	conceive	wobble	obtrusive
dishearten	rapture	glacial	relaxed	insulation
fraud	lightbulb	browse	impression	established
reckless	classification	momentary	cruelty	feign
exemplify	germinate	dramatic	blasting	pursuit
mediation	contribution	sinner	haughty	bust
majority	critique	notably	hearsay	stuff
collapse	pollster	illiterate	retail	adopt
relief	depository	prosper	meaningful	famish
impact	savage	substantial	gymnastics	settlement
twirl	homage	utensil	falsehood	formulation
acquaint	defy	adapt	discriminatory	individual
blunder	visualize	frustrate	defiance	miserable
respiration	eclipse	astray	bomber	relive
decadence	horde	opposed	trample	exclusive
bewilderment	hierarchy	forgetful	preconception	thereby

46 01	longevity	인간이면 누구나 질병이 없는 **론:줴버티** 를 꿈꾼다.	장수
46 02	cultivated	그 통역사는 **컬티베이티드** 한 영어를 사용했다.	세련된
46 03	resist	이 빌딩은 강력한 지진에도 **리지슽** 하게 지어졌다.	견디다
46 04	swarm	벌의 **스웜:** 이 꿀을 찾아서 이동하고 있었다.	무리
46 05	eloquent	로저는 대중 앞에서 **엘러퀀트** 한 정치인이었다.	웅변을 잘하는
46 06	contrast	언니와 동생의 패션은 정말 **칸:트래슽** 를 이뤘다.	대조
46 07	erupt	화산이 곧 **이렆트** 할 것 같아 주민들이 대피했다.	분출하다
46 08	critically	그녀는 **크리티컬리** 아파서 응급실로 실려 갔다.	위태롭게
46 09	abnormal	당뇨병 환자의 혈당이 갑자기 **앺노:멀** 이 되었다.	비정상적인
46 10	roam	길고양이들이 떼를 지어서 거리를 **로움** 했다.	배회하다
46 11	liberate	그는 속박된 국민을 **리버레잍** 하기 위해 노력했다.	해방하다
46 12	headlong	그녀는 줄에 걸려서 **헤드롱:** 으로 넘어졌다.	거꾸로
46 13	feat	한글 창제는 세종대왕의 **피:트** 중의 하나이다.	위업
46 14	millionaire	그녀는 **밀리어네어** 이면서도 구두쇠처럼 돈을 썼다.	백만장자
46 15	contribute	나는 수익금의 일부를 자선단체에 **컨트리뷭:** 했다.	기부하다
46 16	propaganda	회사는 **프라:퍼갠더** 를 위해 연예인들을 동원했다.	선전
46 17	conclusive	경찰은 범죄를 입증할 **컨클루:시브** 증거를 찾았다.	결정적인
46 18	greenhouse	겨울에도 **그린:하우스** 에서 여름 과일을 재배한다.	온실
46 19	nutrition	하루에 필요한 **뉴트리션** 이 부족하면 병에 걸린다.	영양
46 20	respectively	나의 딸과 아들은 **리스펙티블리** 8살과 6살이다.	각각

46 21	restriction	영화에는 관람 가능한 나이 **리스트릭션** 이 있다.	제한
46 22	perseverance	일을 완성하는 데는 **퍼:서비어런스** 가 꼭 필요하다.	인내
46 23	disillusion	난 도시 생활에 **디스일루:젼** 돼서 시골로 귀향했다.	환상을 깨뜨리다
46 24	integrity	조선 시대 관리들의 최대 덕목은 **인테그러티** 였다.	청렴함
46 25	ingenious	잡스의 **인쥐:니어스** 한 아이디어가 세상을 바꿨다.	독창적인
46 26	immodest	이건 **이마:디슽** 한 말일지 모르지만 내가 좀 잘한다.	자만하는
46 27	antagonize	조지는 잘난 체해서 친구에게 **앤태거나이즈** 했다.	반감을 사다
46 28	appropriate	그는 파티에 **어프로우프리에잍** 한 양복을 입었다.	적절한
46 29	rib	하느님은 아담의 **립** 하나로 이브를 만들었다.	갈비뼈
46 30	rite	부족에서는 주술사가 종교적인 **라잍** 을 거행했다.	의식
46 31	supervision	학생들은 선생님의 **수:퍼비젼** 하에 시험을 치렀다.	감독
46 32	spectate	우리는 제주도를 1박 2일 동안 **스펙테잍** 했다.	구경하다
46 33	ungrammatical	그의 글은 너무 **언그러매티클** 해서 읽기 힘들었다.	문법 맞지 않는
46 34	burglary	경찰은 그가 물건을 훔쳐서 **버:글러리** 로 체포했다.	절도죄
46 35	gradation	그의 농구 실력이 **그러데이션** 으로 좋아지고 있다.	단계적 변화
46 36	inability	나는 친구를 돕지 못하는 **이너빌러티** 를 한탄했다.	무능
46 37	urination	건강하다면 인간은 **유러네이션** 을 조절할 수 있다.	배뇨
46 38	fossil	공룡의 **파:슬** 이 이집트 무덤 아래에서 발견되었다.	화석
46 39	decency	나는 **디:슨시** 치레할 정도의 돈을 모임에 찬조했다.	체면
46 40	thrifty	그는 낭비를 많이 하더니 지금은 **쓰리프티** 하다.	절약하는

46 41	glacier	글**레**이**셔** 란 움직이는 거대한 얼음 덩어리를 말한다.	빙하
46 42	instantaneous	이 약은 두통에 **인스턴테**이**니어스** 한 효과가 있다.	즉각적인
46 43	wrongdoing	부시는 시험에서 **롱**:**두**:**잉** 은 없었다고 거듭 말했다.	부정행위
46 44	indecisive	리더가 **인디사**이**시브** 하면 팀원들은 혼란스럽다.	우유부단한
46 45	thorn	그녀는 장미의 **쏜**: 에 손가락이 찔려서 피가 났다.	가시
46 46	competitiveness	한국 제품은 세계에서 **컴페터티브니스** 을 갖췄다.	경쟁력
46 47	versus	오늘은 어린이 **버시스** 노인의 축구 경기가 열렸다.	~ 대 ~
46 48	hasten	상디는 학교가 끝나자마자 집으로 **헤**이**슨** 했다.	서둘러 가다
46 49	inspiration	그녀는 시집을 읽고 깊은 **인스퍼레**이**션** 을 얻었다.	영감
46 50	twofold	좋은 일은 서로 나누면 기쁨이 **투**:**포울드** 가 된다.	두배의
46 51	diversity	우리는 문화적 **다**이**버**:**시티** 를 인정해야 할 때이다.	다양성
46 52	deprive	의사는 환자에게서 이동의 자유를 **디프라입** 했다.	빼앗다
46 53	bleed	그녀는 칼에 찔려 너무 **블리**:**드** 해서 의식을 잃었다.	피를 흘리다
46 54	intercept	경찰은 용의자들을 고속도로에서 **인터셉트** 했다.	가로막다
46 55	rarity	날씨가 더운 나라에서 하얀 눈은 정말 **레러티** 이다.	진귀한 것
46 56	distribution	부의 잘못된 **디스트리뷰**:**션** 은 시위를 일으킨다.	분배
46 57	discreet	친구를 사귀는 데는 매우 **디스크릿** 할 필요가 있다.	신중한
46 58	short-term	장기가 아닌 **숕**:**텀**: 의 목표를 세우고 전략을 짰다.	단기적인
46 59	reputation	그는 작곡가로 훌륭한 **레퓨테**이**션** 을 가지고 있다.	평판
46 60	replacement	마트는 파손된 물품을 무상 **리플레**이**스먼트** 해줬다.	교체

46 61	dreary	아이들이 **드리어리** 한 영화를 보다가 잠들었다.	따분한
46 62	overthrow	시위대가 정부를 **오우버쓰로우** 하는 시도를 했다.	전복시키다
46 63	irregular	**이레귤러** 한 식사는 건강에 좋지 않은 습관이다.	불규칙한
46 64	worsen	잦은 스마트폰 사용이 시력저하를 **워:슨** 했다.	악화시키다
46 65	explicitly	그는 돌발 질문에 **엑스플리싈리** 대답을 못 했다.	명쾌하게
46 66	negligence	나는 **네글리젼스** 로 앞차와 추돌하는 사고를 냈다.	부주의
46 67	brew	나는 집에 방문한 친구를 위해 커피를 **브루:** 했다.	끓이다
46 68	deluge	그는 **딜류:쥐** 하는 항의편지에 일일이 답장을 썼다.	폭주
46 69	specific	나의 **스퍼시픽** 한 목표는 반에서 1등 하는 것이다.	구체적인
46 70	surrounding	전염병이 **서라운딩** 한 도시로 급속히 번져 나갔다.	인근의
46 71	positively	난 항상 **파:저티블리** 생각하는 습관을 지니고 있다.	긍정적으로
46 72	swindle	마트가 고객들에게 불량품을 파는 **스윈들** 했다.	사기를 치다
46 73	dense	우리 가족은 **덴스** 한 대나무 숲에 힐링하러 갔다.	빽빽한
46 74	countless	저 하늘에는 **카운러스** 한 별들이 떠 있다.	셀 수 없이 많은
46 75	impose	국세청은 세금 안 낸 회사에 벌금을 **임포우즈** 했다.	부과하다
46 76	assort	그녀는 옷장 안의 옷들을 계절별로 **어소:트** 했다.	분류하다
46 77	obstruction	고속도로 위의 **업스트럭션** 때문에 사고가 일어났다.	장애물
46 78	unintended	정부의 규제는 **언인텐디드** 한 문제들을 일으켰다.	의도하지 않은
46 79	concede	그는 자신이 잘못했다고 마지못해 **컨시:드** 했다.	인정하다
46 80	popularity	그녀의 노래는 최근 굉장한 **파:퓰래러티** 를 얻었다.	인기

46 81	prospect	ㅣ 그 환자는 회복할 **프라:스펙트** 이 전혀 없었다.	ㅣ 가망
46 82	thrust	ㅣ 헨젤은 마녀를 칼로 **쓰러슽** 해서 물리쳤다.	ㅣ 찌르다
46 83	bulge	ㅣ 그의 호주머니는 사탕과 캔디로 **벌쥐** 했다.	ㅣ 불룩하다
46 84	receiver	ㅣ 그는 전화를 끊은 다음에 **리시:버** 를 내려놓았다.	ㅣ 수화기
46 85	intermission	ㅣ 모임 진행자가 **인터미션** 에 커피를 대접했다.	ㅣ 중간 휴식시간
46 86	upkeep	ㅣ 그녀는 스포츠카를 **엎킾:** 하는데 많은 돈을 썼다.	ㅣ 유지
46 87	refine	ㅣ 사우디는 석유를 **리파인** 해서 휘발유를 얻었다.	ㅣ 정제하다
46 88	compromise	ㅣ 삼성과 애플은 **캄:프러마이즈** 하고 소송을 끝냈다.	ㅣ 타협하다
46 89	comet	ㅣ **카:멭** 이 긴 꼬리를 만들면서 우주 멀리 날아갔다.	ㅣ 혜성
46 90	research	ㅣ 동물학자가 동물들을 **리서:취** 해서 분류를 했다.	ㅣ 연구하다
46 91	escalate	ㅣ 애들 싸움이 어른 싸움으로 **에스컬레잍** 했다.	ㅣ 확대되다
46 92	residence	ㅣ 연구소는 연구원에게 편안한 **레지던스** 를 제공했다.	ㅣ 거주지
46 93	literature	ㅣ 그녀는 '소나기' 같은 한국 **리터러쳐** 을 전공했다.	ㅣ 문학
46 94	represent	ㅣ 회장이 회사를 **레프리젠트** 해서 신제품을 발표했다.	ㅣ 대표하다
46 95	pomp	ㅣ 내 친구는 결혼식을 **팜:** 의 극치로 치렀다.	ㅣ 화려함
46 96	abundance	ㅣ 우리 마을에선 **어번던스** 한 과일이 재배되었다.	ㅣ 풍부
46 97	protrusion	ㅣ 바위의 **프로우트루:젼** 에서 물개가 쉬고 있었다.	ㅣ 돌출부
46 98	compliance	ㅣ 환자가 약 먹는 규칙을 잘 **컴플라이언스** 했다.	ㅣ 준수
46 99	mockery	ㅣ 그녀는 친구들의 **마:커리** 더 이상 참을 수 없었다.	ㅣ 조롱
47 00	deterioration	ㅣ 과로는 심각한 건강 **디티어리어레이션** 을 초래했다.	ㅣ 악화

Review Test

twofold	upkeep	cultivated	dreary	competitiveness
deterioration	deluge	immodest	mockery	inability
glacier	supervision	prospect	brew	contrast
explicitly	integrity	bleed	fossil	protrusion
residence	roam	overthrow	positively	conclusive
reputation	rite	negligence	appropriate	liberate
urination	thorn	headlong	rarity	swindle
comet	distribution	popularity	bulge	indecisive
worsen	spectate	receiver	erupt	dense
greenhouse	countless	millionaire	represent	instantaneous
short-term	contribute	propaganda	compromise	antagonize
inspiration	gradation	research	decency	restriction
thrifty	feat	deprive	swarm	rib
ingenious	literature	abnormal	perseverance	irregular
abundance	respectively	versus	pomp	critically
refine	escalate	disillusion	resist	obstruction
hasten	burglary	eloquent	longevity	assort
intermission	surrounding	nutrition	unintended	thrust
specific	concede	ungrammatical	intercept	replacement
wrongdoing	discreet	diversity	impose	compliance

47 01	communist	그녀는 자본주의자가 아니라 카**뮤니슽** 이다.		공산주의자
47 02	rob	은행털이범이 순식간에 은행의 돈을 **랍:** 했다.		도둑질하다
47 03	swoop	독수리가 땅 위의 먹이를 보고 아래로 **스웊** 했다.		급강하하다
47 04	purchase	나는 수학문제지를 **퍼:쳐스** 해서 문제를 풀었다.		구매하다
47 05	unjust	그는 **언져슽** 한 대우를 받고 직원에게 항의했다.		부당한
47 06	dairy	프랑키는 데**어리** 에서 우유를 짜는 일을 한다.		낙농장
47 07	compatible	응용 프로그램이 **컴패터블** 안돼 설치를 못 했다.		호환이 되는
47 08	innocuous	**이나:큐어스** 하게 보이는 버섯이 실제론 독버섯이다.		해가 없는
47 09	nag	엄마는 내게 방 청소를 왜 안 했냐고 **내그** 하셨다.		잔소리하다
47 10	irritate	그의 화난 듯한 말투는 사람을 이**러테잍** 하게 한다.		짜증나게 하다
47 11	rust	빗물에 젖었던 자전거가 **러슽** 하기 시작했다.		녹슬다
47 12	incisive	평론가가 정책에 대해 **인사이시브** 한 기사를 썼다		예리한
47 13	pursuant	그녀는 제한속도에 **퍼수:언트** 한 안전운전을 했다.		~에 따른
47 14	barren	이 지역은 아무것도 자라지 않는 **배런** 한 땅이다.		메마른
47 15	auspicious	그에게 7월 7일은 특히 **오:스피셔스** 날로 여겨진다.		행운의
47 16	lance	용감한 왕자는 괴물의 배를 향해 **랜스** 를 찔렀다.		긴 창
47 17	mainly	나는 핸드폰으로 메**인리** 전화 걸고 문자를 보낸다.		주로
47 18	division	그녀는 수학에서 곱셈과 **디비젼** 을 어려워한다.		나누기
47 19	infant	엄마가 수유실에서 **인펀트** 에게 모유를 먹였다.		젖먹이
47 20	topple	최고층 빌딩이 대지진으로 힘없이 **타:플** 했다.		넘어지다

47 21	yearn	나는 도시 생활을 하다가 가끔 전원생활을 **연:** 하다.	동경하다
47 22	deface	토르는 낙서로 학교의 건물을 **디페**이스 했다.	외관을 훼손하다
47 23	disparity	그의 말과 행동에는 많은 **디스패러티** 가 있었다.	차이
47 24	prose	운문과 달리 **프로우즈** 는 운율이 없는 보통 글이다.	산문
47 25	sinister	사기꾼이 **시니스터** 한 의도를 가지고 접근했다.	해로운
47 26	passage	이 **패시쥐** 를 잘 읽고 다음 질문에 답을 하세요.	구절
47 27	finance	후보자는 선거 **파이낸스** 의 모금을 위해 노력했다.	자금
47 28	intonation	영어로 말할 때 강세와 **인터네이션** 에 집중해라.	억양
47 29	behold	우리는 하늘의 무지개를 정신없이 **버호울드** 했다.	바라보다
47 30	multinational	포스코는 **멀티내셔널** 사업을 하는 대기업이다.	다국적의
47 31	enduring	그 여배우의 **인두링** 한 인기 비결은 성실성이다.	오래가는
47 32	rebuke	선생님이 숙제를 안 한 학생들을 **리뷰:크** 했다.	꾸짖다
47 33	affirm	나는 그의 말이 모두 사실임을 **어펌:** 했다.	장담하다
47 34	playwright	그녀는 연극을 위해 글을 쓰는 **플레이라잍** 이다.	극작가
47 35	pompous	그는 마치 왕이나 된 것처럼 **팜퍼스** 태도로 말했다.	거만한
47 36	gravity	**그래버티** 는 우주의 별들을 붙잡고 있는 힘이다.	중력
47 37	deposit	나는 월급으로 받은 돈을 은행에 **디파:짙** 했다.	맡기다
47 38	drawback	이 프로그램은 **드로:백** 이 너무 많아서 쓸 수 없다.	결점
47 39	guidance	선생님의 **가이든스** 는 나의 인생에 영향을 미쳤다.	가르침
47 40	humanity	과학은 **휴:매니티** 를 위해 많은 것을 제공했다.	인류

47 41	shield	ㅣ 캡틴은 둥근 **쉴:드** 로 적의 공격을 방어했다.	ㅣ 방패
47 42	postage	ㅣ 미국으로 소포를 보내는 **포우스티쥐** 가 비쌌다.	ㅣ 우편요금
47 43	roast	ㅣ 난 캠핑에서 소고기를 석쇠로 알맞게 **로우슽** 했다.	ㅣ 굽다
47 44	abate	ㅣ 의사가 준 약을 먹었더니 통증이 **어베읻** 되었다.	ㅣ 약화시키다
47 45	coastline	ㅣ 제주도의 **코우슽라인** 은 둘러보면 정말 멋지다.	ㅣ 해안선
47 46	concentrate	ㅣ 나는 소음에도 불구하고 공부에 **칸:슨트레읻** 했다.	ㅣ 집중하다
47 47	quarterly	ㅣ 판매부의 **쿼:럴리** 실적이 증가했다고 발표되었다.	ㅣ 분기별의
47 48	majestic	ㅣ 눈 덮인 설악산의 **머줴스틱** 한 모습에 넋을 잃었다.	ㅣ 웅장한
47 49	submarine	ㅣ 잠수부가 해저에 가라앉은 **섭머린:** 을 발견했다.	ㅣ 잠수함
47 50	endorse	ㅣ 로저의 실업 대책을 많은 유권자가 **인도:스** 했다.	ㅣ 지지하다
47 51	rustle	ㅣ 내가 낙엽 더미를 밟자 **러슬** 했다.	ㅣ 바스락거리다
47 52	prevail	ㅣ 난 불운한 운명을 **프리베일** 하고 마침내 성공했다.	ㅣ 이기다
47 53	repudiate	ㅣ 우린 인종차별을 **리퓨:디에읻** 할 용기를 가졌다.	ㅣ 거부하다
47 54	caprice	ㅣ 로빈의 갑작스런 **커프리:스** 는 종잡을 수가 없다.	ㅣ 변덕
47 55	retirement	ㅣ 그는 **리타이어먼트** 후의 제2의 인생을 준비했다.	ㅣ 은퇴
47 56	supportive	ㅣ 나에게는 **서포:티브** 한 가족과 친구들이 있다.	ㅣ 도와주는
47 57	lukewarm	ㅣ 너무 뜨겁지 않은 **룩:웜** 한 물로 얼굴을 씻어라.	ㅣ 미지근한
47 58	addicted	ㅣ 알코올에 **어딕티드** 된 사람이 금주운동에 참가했다.	ㅣ 중독된
47 59	drainage	ㅣ 세탁기의 **드레이니쥐** 호스를 하수구에 연결했다.	ㅣ 배수
47 60	consistently	ㅣ **컨시스턴리** 운동하기 위해서 헬스장에 등록했다.	ㅣ 지속적으로

47 61	norm	가게를 계약할 때의 **놈:** 은 2년이 일반적이다.	표준
47 62	recourse	나는 무력에 **리코:스** 없이 말로서 주민을 설득했다.	의지
47 63	priority	그녀의 최고 **프라이오:러티** 는 가족의 건강이다.	우선 사항
47 64	antagonistic	고양이와 개는 **앤태거니스틱** 한 관계를 유지했다.	적대적인
47 65	solicit	부대원들이 본대의 긴급 지원사격을 **설리싵** 했다.	요청하다
47 66	imminent	**이미넌트** 한 전쟁 때문에 주민들이 피난에 나섰다.	임박한
47 67	valiant	**밸리언트** 한 비행사가 공중에서 곡예비행을 했다.	용감한
47 68	pretentious	사기꾼의 **프리텐셔스** 한 미소에 속지 말아야 한다.	가식적인
47 69	fabricate	학자가 **패브리케잍** 한 논문을 발표해서 파면되었다.	조작하다
47 70	migration	겨울이 되면 철새의 **마이그레이션** 을 볼 수 있다.	이주
47 71	severe	그녀는 자동차 사고로 **시비어** 한 상처를 입었다.	심각한
47 72	slope	그는 자전거를 타고 **슬로웊** 을 빠르게 내려갔다.	경사지
47 73	translucent	난 욕실 창문에 **트랜스루:슨트** 한 유리를 끼웠다.	반투명한
47 74	cargo	회사는 **카:고우** 를 항공으로 빠르게 배송했다.	화물
47 75	aspire	루피는 해적왕이 되기를 간절히 **애스파이어** 했다.	열망하다
47 76	evolution	인류의 **에벌루:션** 는 아직 풀리지 않은 수수께끼다.	진화
47 77	ferment	그녀는 김치를 **퍼멘트** 하려고 장독에 보관했다.	발효시키다
47 78	inject	간호사가 나의 여동생의 팔에 약을 **인젝트** 했다.	주사하다
47 79	outpoint	권투선수가 상대 선수에게 2:0으로 **아웉포인트** 했다.	판정승하다
47 80	commune	나에겐 가족처럼 **커뮤:** 하는 친구들이 많다.	친하게 사귀다

47 81	algebra	나는 문자방정식인 **앨쥐브라** 를 잘 이해 못 했다.	대수학
47 82	instigate	그는 친구들끼리 싸움을 하도록 **인스터게잍** 했다.	조장하다
47 83	generic	수필과 소설은 **쥐네릭** 한 산문의 범위에 들어간다.	포괄적인
47 84	customs	나는 입국할 때 **커스텀즈** 신고서를 작성했다.	세관
47 85	novice	그녀는 아직 **나:비스** 운전자라서 천천히 운전했다.	초보자
47 86	imperious	로마 황제는 **임피리어스** 한 태도로 귀족을 불렀다.	오만한
47 87	fleet	이순신 장군의 **플리:트** 가 일본 배들을 무찔렀다.	함대
47 88	variant	한 게임이 유행하면 **베리언트** 게임이 금방 나온다.	변종
47 89	hospitalize	헐크는 근육통으로 병원에 **하:스피털라이즈** 되었다.	입원시키다
47 90	surmount	토르는 어떠한 도전도 **서마운트** 할 준비가 되었다.	극복하다
47 91	demolish	재건축이 확정된 빌딩이 **디말리쉬** 될 예정이다.	철거하다
47 92	versatile	토니의 자비스는 **버:서타일** 한 인공지능 비서이다.	다재다능한
47 93	arrogant	그의 말투가 상당히 **애러건트** 해서 기분이 나빴다.	건방진
47 94	tow	견인차가 고장 난 내 차를 정비소로 **토우** 했다.	견인하다
47 95	posture	패션모델이 걸으면서 올바른 **파:스쳐** 를 연습했다.	자세
47 96	cautiously	그녀는 살금살금 **코:셔슬리** 자신의 방에 들어갔다.	조심스럽게
47 97	nonverbal	제스처는 감정을 표현하는 **넌버:블** 한 행동이다.	비언어적인
47 98	discretion	내가 힘들게 번 돈을 쓸 땐 **디스크레션** 하게 된다.	신중함
47 99	resilient	고무는 일반적으로 나무보다 더 **리질리언트** 하다.	탄력 있는
48 00	aspect	수능시험은 모든 **애스펙트** 에서 고려되어야 한다.	관점

Review Test

lance	disparity	gravity	arrogant	auspicious
rebuke	barren	nag	cautiously	nonverbal
swoop	fabricate	shield	rustle	outpoint
severe	commune	customs	yearn	rob
consistently	surmount	pretentious	topple	aspect
cargo	recourse	incisive	fleet	instigate
antagonistic	priority	behold	caprice	resilient
majestic	ferment	prose	drainage	slope
purchase	repudiate	migration	passage	coastline
endorse	submarine	enduring	finance	hospitalize
division	dairy	translucent	evolution	postage
irritate	demolish	versatile	deposit	concentrate
addicted	mainly	lukewarm	unjust	retirement
innocuous	playwright	discretion	supportive	aspire
roast	valiant	quarterly	variant	infant
humanity	sinister	pursuant	multinational	intonation
drawback	deface	pompous	compatible	prevail
novice	solicit	inject	affirm	tow
generic	norm	posture	imperious	imminent
communist	guidance	algebra	abate	rust

48 01	vicious	산책할 때 사자같은 **비셔스** 한 동물들을 조심해라.	사나운
48 02	prosaic	그녀는 **프러제이익** 한 영화를 보다가 잠이 들었다.	따분한
48 03	activate	과학자가 로봇을 **액티베잍** 하기 위해 전원을 켰다.	작동시키다
48 04	therapy	그는 걷는데 다리가 아파서 물리 **쎄러피** 를 받았다.	치료
48 05	despair	그들은 깊은 **디스페어** 속에 모든 희망을 버렸다.	절망
48 06	tumult	학교에 연예인이 왔다는 소리에 **투:멀트** 가 일었다.	소란
48 07	trail	병사들이 길에 난 마차 **트레일** 을 따라서 갔다.	자국
48 08	thread	그녀는 **쓰레드** 와 바늘로 찢어진 옷을 수선했다.	실
48 09	taxation	과도한 **택세이션** 은 납세자의 저항을 불러왔다.	조세
48 10	existence	우주에는 외계인의 **이그지스턴스** 가 가능하다.	존재
48 11	affable	그녀는 **애퍼블** 해서 쉽게 낯선 사람과 친구가 된다.	붙임성 있는
48 12	rehabilitate	정부는 상이군인을 **리허빌리테잍** 하는 데 지원했다.	재활치료를 하다
48 13	intimidate	은행강도가 총을 들고 고객들을 **인티미데잍** 했다.	겁을 주다
48 14	intentional	그가 친구의 발을 밟은 것은 **인텐셔늘** 행동이었다.	고의적인
48 15	languid	나무늘보를 보고 있으면 나도 역시 **랭귇** 하게 된다.	느릿느릿한
48 16	optimism	그녀는 좋은 게 좋다는 **앞:티미즘** 의 태도였다.	낙천주의
48 17	articulate	나는 내 의견을 선생님에게 **아티큘럳** 했다.	또렷이 말하다
48 18	exhibition	미술관에서 사진 **엑서비션** 을 9월부터 열었다.	전시회
48 19	genetic	어떤 질병은 **져네틱** 의 요소가 원인이 될 수 있다.	유전의
48 20	occurrence	묻지마 폭력의 **어커:런스** 가 점점 증가하는 추세다.	발생

303

48 21	numerous	누:머러스 한 사람들이 유명 가수의 콘서트에 왔다.	수많은
48 22	innovate	계속 기업을 이너베잍 하지 못하면 생존할 수 없다.	혁신하다
48 23	droplet	하늘이 어두워지더니 갑자기 드랖:맅 이 떨어졌다.	작은 물방울
48 24	weed	우리는 주말농장에 가서 채소밭의 위:드 를 뽑았다.	잡초
48 25	following	우린 전날 헤어진 후 팔:로우잉 아침에 다시 만났다.	그 다음의
48 26	discriminate	아기들은 부모의 목소리를 디스크리미네잍 한다.	구별하다
48 27	agitate	요리사가 통에 물과 설탕을 넣고 애쥐테잍 했다.	뒤흔들다
48 28	curable	어떤 암은 초기에 발견하면 완전히 큐러블 하다.	치유 가능한
48 29	reticent	그는 자신의 과거에 대해서 거의 레티슨트 이었다.	말이 없는
48 30	satisfaction	기업으로서는 고객의 새티스팩션 이 최고 중요하다.	만족
48 31	forage	농부가 돼지의 포:리쥐 를 아침마다 통에 부어줬다.	사료
48 32	insane	길거리에서 혼자 떠드는 그녀는 인세인 한 여자다.	미친
48 33	dissection	학생들은 생물 시간에 개구리 다이섹션 을 했다.	해부
48 34	welfare	각 나라는 노인 웰페어 를 위해 노령연금이 있다.	복지
48 35	assassin	어새슨 이 대통령 암살을 위해서 군중 속에 숨었다.	암살범
48 36	hue	그녀의 복장은 분홍 휴: 의 롱드레스와 유리구두였다.	빛깔
48 37	lagoon	물소들이 러군: 을 건너다가 빠져서 죽기도 한다.	작은 늪
48 38	assembly	자동차는 어셈블리 라인을 거치면 뚝딱 만들어진다.	조립
48 39	disarmament	미국과 러시아는 디스아:머먼트 조약을 체결했다.	군비축소
48 40	salient	요리사가 양념갈비의 세일리언트 비법을 공개했다.	핵심적인

48 41	security	나는 집안 곳곳에 **시큐어러티** 시스템을 설치했다.	보안
48 42	deserving	그는 보너스를 **디저:빙** 만큼 성실하게 일을 했다.	받을 만한
48 43	downfall	로마 제국은 왕실의 부정부패로 다**운폴:** 했다.	몰락
48 44	substation	고압 **섭스테이션** 은 높은 전압의 전기가 흐른다.	변전소
48 45	dispersal	경찰은 행사가 끝난 후 군중의 **디스퍼:슬** 을 도왔다.	해산
48 46	obsolete	그 **압:설릿:** 컴퓨터로는 최신 게임을 할 수가 없었다.	구식의
48 47	refusal	내 제안에 대한 그녀의 **리퓨:즐** 은 예상 밖이었다.	거절
48 48	surpass	파티에 참석한 사람은 나의 예상을 **서패스** 했다.	능가하다
48 49	embryo	의사가 **엠브리오우** 의 초음파사진을 찍었다.	태아
48 50	relevance	그가 말한 것은 회의 주제와는 **렐러번스** 가 없다.	관련성
48 51	definitive	검찰은 범죄를 입증할 **디피니티브** 증거를 찾았다.	결정적인
48 52	misuse	너는 돈이 많다고 **미스유:즈** 하지 말아야 한다.	남용하다
48 53	evade	그녀는 정문의 나를 **이베이드** 해서 뒷문으로 갔다.	피하다
48 54	memorable	로또에 당첨된 올해는 나에겐 메**머러블** 한 해였다.	기억할 만한
48 55	nuisance	팝업 창은 컴퓨터 사용자에게는 정말 **누:슨스** 이다.	성가신 것
48 56	reverie	그는 레**버리** 에 빠져서 내가 불러도 전혀 몰랐다.	공상
48 57	presumably	**프리주:머블리**, 너는 이미 사실을 알고 있을 거다.	짐작컨대
48 58	commonsense	**카먼센스** 소비자라면 과장 광고에 속지 않을 것이다.	상식적인
48 59	forbidden	사이트에서 **포빈은** 단어가 사용되면 자동삭제된다.	금지된
48 60	belly	그녀는 **벨리** 에 있는 지방을 빼기 위해서 운동했다.	배

48 61	prescribe	의사가 암 환자에게 약을 **프리스크라**입 했다.	처방하다
48 62	instability	농산물 공급의 **인스터빌러티** 때문에 가격이 올랐다.	불안정
48 63	latent	조던은 농구선수로서 레**이튼트** 재능을 가지고 있다.	잠재하는
48 64	freezing	남극의 펭귄은 **프리:징** 한 기온에도 살아남는다.	너무나 추운
48 65	garment	한국의 전통적인 **가:먼트** 에는 한복이 있다.	의상
48 66	curfew	나는 부모님이 정한 **커:퓨** 시간 안에 집에 돌아갔다.	통행금지
48 67	gasp	히나타는 귀신을 보고 진짜 무서워서 **개슾** 했다.	숨이 턱 막히다
48 68	ovation	모두가 그는 멋진 연주에 기립 **오우베이션** 을 쳤다.	박수
48 69	brute	아내를 학대하는 남편은 진짜 **브루:트** 와 같다.	짐승
48 70	stroll	우리는 제주 둘레길을 따라서 **스트로울** 했다.	산책하다
48 71	credulous	**크레절러스** 소비자들은 엉터리 광고에 잘 속는다.	잘 믿는
48 72	furtive	그녀는 나에게 어깨너머로 퍼:티브 한 눈빛을 보냈다.	은밀한
48 73	modesty	운이 좋았을 뿐이라고 그는 **마:더스티** 하게 말했다.	겸손
48 74	estimate	평가원이 기업 회장의 재산을 에**스터메잍** 했다.	추산하다
48 75	measure	농부가 온실 안의 온도를 매일 메**져** 했다.	측정하다
48 76	agitation	그는 결과에 대한 **애쥐테이션** 으로 안절부절못했다.	불안
48 77	abominate	난 출세를 위해 아첨하는 사람을 **어바:머네잍** 한다.	혐오하다
48 78	revolutionary	스마트폰은 대단히 **레벌루:셔네리** 한 기기였다.	혁명적인
48 79	tenuous	그는 **테뉴어스** 한 경력만 있어서 취업이 힘들었다.	보잘 것 없는
48 80	delusive	사기꾼의 **딜루:시브** 한 약속을 너무 믿지 마라.	현혹하는

48 81	pledge	난 죽을 때까지 그녀를 사랑하겠다고 **플레쥐** 했다.	맹세
48 82	perfunctory	그가 공부하는 태도는 지극히 **퍼펑토리** 이었다.	형식적인
48 83	drought	이집트는 오랫동안 비가 안 와서 **드라웉** 를 겪었다.	가뭄
48 84	suspension	학생이 잘못에 대한 벌로 5일 **서스펜션** 을 당했다.	정학
48 85	feminine	그녀의 롱드레스는 그녀를 **페머넌** 하게 보이게 했다.	여성스러운
48 86	genuine	이것은 고흐가 그린 **줴뉴인** 한 '해바라기' 그림이다.	진짜의
48 87	wistful	그는 역에서 **위슬플** 한 표정으로 그녀를 떠나보냈다.	아쉬워하는
48 88	explosion	자폭 테러에 의한 **익스플로우젼** 으로 5명이 죽었다.	폭발
48 89	persist	갓난아기가 감기로 고열이 며칠 동안 **퍼시슽** 했다.	계속되다
48 90	motivate	사장은 직원을 **모우터베일** 하려고 보너스를 줬다.	동기를 주다
48 91	odorous	그녀는 **오우더러스** 꽃을 병에 담아 방에 두었다.	향기로운
48 92	distortion	일본의 역사 **디스토:션** 에 대해 한국이 항의했다.	왜곡
48 93	sue	나는 돈을 갚지 않는 친구를 법원에 **수:** 했다.	고소하다
48 94	awkward	낯선 사람들 사이에 앉아 있으니 정말 **아:쿼드** 했다.	어색한
48 95	satisfactory	내 질문에 대한 그의 대답은 **새티스팩터리** 이었다.	만족스러운
48 96	conquer	몽골의 징기스칸은 많은 나라를 **캉:커** 했다.	정복하다
48 97	duplicate	그는 분실을 대비해서 **두:플리케잍** 한 열쇠가 있다.	복사의
48 98	fixture	원룸은 **픽스쳐** 로 돼 있어서 생활하는데 편리하다.	붙박이가구
48 99	exhausted	나는 야근이 끝난 후 완전히 **이그조:스티드** 되었다.	기진맥진한
49 00	appease	엄마 아빠도 우는 아기를 **어피:즈** 할 수 없었다.	달래다

307

feminine	despair	abominate	curfew	fixture
gasp	stroll	hue	suspension	persist
surpass	modesty	trail	numerous	garment
security	motivate	substation	agitation	exhibition
estimate	occurrence	prosaic	thread	credulous
vicious	discriminate	prescribe	optimism	wistful
disarmament	articulate	duplicate	droplet	belly
relevance	innovate	dissection	intimidate	freezing
ovation	obsolete	brute	odorous	revolutionary
languid	satisfactory	measure	genuine	following
definitive	presumably	assembly	forage	latent
affable	welfare	satisfaction	salient	delusive
instability	awkward	embryo	therapy	appease
furtive	pledge	evade	drought	reverie
existence	nuisance	agitate	misuse	explosion
insane	commonsense	rehabilitate	forbidden	dispersal
reticent	tenuous	distortion	intentional	downfall
conquer	perfunctory	deserving	refusal	tumult
sue	lagoon	taxation	assassin	memorable
genetic	exhausted	weed	curable	activate

49 01	queasy	나는 피자 같은 음식을 먹으면 퀴:지 를 느낀다.	메스꺼운
49 02	notwithstanding	날씨가 나빴다. 낱:위쓰스탠딩, 우린 밖에 나갔다.	~에도 불구하고
49 03	cosmetic	한국의 카즈메틱 은 중국인에게 정말 인기가 많다.	화장품
49 04	alternative	빨리 가려면 비행기의 올:터:너티브 는 KTX이다.	대안
49 05	promotion	판매부의 나루토는 부장으로 프러모우션 되었다.	승진
49 06	possession	사스케는 본인 퍼제션 으로 2대의 자동차가 있다.	소유
49 07	inscribe	학교는 동상에 기부자의 이름을 인스크라입 했다.	새기다
49 08	abdomen	그는 급하게 떡을 먹더니 아래 앱더먼 가 아팠다.	복부
49 09	focal	얼마 전에 산 내 카메라는 포우클 거리가 짧다.	초점의
49 10	petroleum	페트로울리엄 을 정제해서 휘발유를 얻는다.	석유
49 11	response	사쿠라는 그에게 고백하고 리스판:스 를 기다렸다.	대답
49 12	manufacture	한국은 세계 반도체의 대부분을 매뉴팩쳐 한다.	제조하다
49 13	stagnate	아파트 가격이 스태그네잍 되거나 하락하고 있다.	침체되다
49 14	density	서울은 인구 덴시티 가 높은 도시 중의 하나다.	밀도
49 15	compute	내비게이션이 서울과 부산의 거리를 컴퓨:트 했다.	계산하다
49 16	beset	그녀는 한동안 친구와의 돈 문제로 비셑 되었다.	괴롭히다
49 17	accomplish	난 판매왕이 되는 목표를 드디어 어캄:플리쉬 했다.	성취하다
49 18	vigilant	파출소의 경찰관은 항상 비질런트 한 상태에 있다.	바짝 경계하는
49 19	awe	난 나이아가라 폭포를 보고 있으면 오: 를 느낀다.	경외감
49 20	undoubted	어벤져스는 언다웉읻 한 최고의 SF영화였다.	의심 여지없는

309

49 21	conceit	그는 두세 번 성공한 후 벌써 **컨시:트** 가 가득했다.	자만심
49 22	efface	우리는 옛 기억을 내 맘대로 **이페이스** 할 수 없다.	지우다
49 23	procure	경찰은 어렵게 범인의 사는 곳을 **프러큐어** 했다.	입수하다
49 24	racism	미국에서 **레이시즘** 은 정말 민감한 문제이다.	인종차별
49 25	brawl	술집에서 **브롤:** 이 발생해서 경찰이 출동했다.	소동
49 26	imprison	독립운동을 하던 동지가 감옥에 **임프리즌** 되었다.	투옥하다
49 27	theme	오늘 나의 발표의 **씸:** 은 '영어단어 암기법'이었다.	주제
49 28	bilingual	카카시는 아이들이 **바이링궐** 이 가능토록 가르쳤다.	이중 언어의
49 29	apprehensive	주민들은 적이 공격해 올까 **애프리헨시브** 이었다.	불안한
49 30	coordinate	영화사는 개봉일을 영화관과 **코우오:디네잇** 했다.	조정하다
49 31	duration	우리가 회의하는 **두레이션** 동안 아이들은 놀았다.	(지속되는) 기간
49 32	vice versa	내가 친구를 도우면 **바이서 버:사** 그도 도와준다.	반대로
49 33	depict	화가가 꽃을 과장해서 **디픽트** 하는 걸로 유명했다.	그리다
49 34	destructive	허리케인이 **디스트럭티브** 한 강풍을 몰고 왔다.	파괴적인
49 35	fertilizer	농부가 **퍼:털라이저** 의 사용 없이 벼농사를 지었다.	비료
49 36	relatively	핸드폰에 비해 라디오는 **렐러티블리** 사용하기 쉽다.	비교적
49 37	methodical	코치가 축구를 **머씨:디클** 인 방법으로 가르쳤다.	체계적인
49 38	contagion	지금 **컨테이젼** 이 전국으로 빠르게 확산되고 있다.	전염병
49 39	posterior	얼마 전까지 체벌로 **파:스티리어** 를 때리기도 했다.	엉덩이
49 40	economics	난 경제활동을 연구하는 **이:커나:믹스** 을 전공했다.	경제학

49 41	concerning	그의 과거와 **컨서:닝** 하여 알려진 것이 전혀 없다.	관련된
49 42	deem	우리는 처음부터 그녀가 틀렸다고 **딤:** 했다.	여기다
49 43	mumble	그가 혼자 **멈블** 하는 소리가 나에겐 다 들렸다.	중얼거리다
49 44	fleck	반달곰의 가슴에는 흰색 **플렉** 이 있다.	반점
49 45	nibble	쥐들이 창고에 보관 중인 치즈를 **니블** 했다.	조금씩 먹다
49 46	distort	일본은 과거의 역사를 **디스토:트** 해서는 안 된다.	왜곡하다
49 47	objective	내가 은행에 간 **어브젝티브** 는 대출 상담이었다.	목적
49 48	groove	그녀는 블루스 **그루:브** 에 맞춰 몸을 흔들었다.	리듬
49 49	intelligent	아인슈타인은 정말 **인텔리젼트** 한 물리학자였다.	똑똑한
49 50	adjacent	우리 집은 고등학교와 매우 **애줴이슨트** 였다.	인접한
49 51	trifle	너무 **트라이플** 로 고민해봐야 건강만 나빠진다.	하찮은 것
49 52	dependable	내 친구들은 모두 **디펜더블** 한 좋은 애들이다.	믿을 수 있는
49 53	intrinsic	지방은 **인트린직** 한 특성을 살려 관광객을 모았다.	고유의
49 54	strife	나라가 이념적 **스트라잎** 에 두 조각으로 분열됐다.	갈등
49 55	saddle	기수가 100m 경주를 위해 말의 **새들** 에 앉았다.	안장
49 56	indent	첫 번째 문장을 쓸 때는 구분을 위해 **인덴트** 했다.	들여 쓰다
49 57	failure	내 사업 **페일리어** 원인은 자본금의 부족이었다.	실패
49 58	emotional	그는 **이모우셔늘** 의 혼란 속에서 선택을 잘못했다.	감정의
49 59	expressive	조커는 **엑스프레시브** 한 얼굴을 가지고 있다.	표현력이 있는
49 60	precipice	그 회사는 경제적으로 **프레서피스** 의 끝에 있었다.	벼랑

49 61	contemplate	나는 요새 나의 장래에 대해서 **칸:텀플레잍** 했다.	생각하다
49 62	fossilize	이 박물관에는 **파:설라이즈** 된 공룡의 알이 있다.	화석화하다
49 63	trek	그녀는 최근에 아마존으로 **트렉** 을 갔다 왔다.	오지 여행
49 64	evaporate	접시에 있던 물이 햇빛을 받아서 **이배퍼레잍** 했다.	증발하다
49 65	homicide	어제 경찰이 **하머사이드** 사건을 수사하러 왔다.	살인
49 66	addiction	난 게임 **어딕션** 때문에 인터넷 사용이 제한되었다.	중독
49 67	hitherto	학자가 **히더투:** 알려지지 않은 원숭이를 발견했다.	지금까지
49 68	particularly	그 노래는 **퍼티큘럴리** 후렴 부분에서 신이 난다.	특히
49 69	vocation	신부의 **보우케이션** 은 신의 존재를 알리는 것이다.	천직
49 70	widower	그는 부인과 이혼 후 **위도우어** 로 혼자 살았다.	홀아비
49 71	correction	기자가 기사를 **커렉션** 한 다음에 다시 내보냈다.	정정
49 72	demoralize	코치가 선수들을 비난해서 **디모:럴라이즈** 했다.	사기를 꺾다
49 73	statesman	기업에서 뇌물을 받은 **스테이츠먼** 이 구속되었다.	정치인
49 74	precept	수영하기 전에 몸풀기는 중요한 **프리셒트** 이다.	수칙
49 75	primarily	나는 회계처리에 **프라이메럴리** 엑셀을 사용한다.	주로
49 76	criterion	회사는 명확한 **크라이티리안** 으로 사원을 평가했다.	기준
49 77	propitious	공포영화는 여름에 개봉하는 것이 **프러피셔스** 하다.	유리한
49 78	earsplitting	난 공포영화를 보다 **이어스플리팅** 비명을 질렀다.	귀청 찢는 듯한
49 79	concise	그녀는 책을 읽고 **컨사이스** 한 문장으로 정리했다.	간결한
49 80	fawning	애완견이 주인에게 밥 달라고 **포:닝** 하고 있었다.	아양 부리는

49 81	recurrence	그녀는 최근에 암의 **리커런스** 로 수술을 했다.	재발
49 82	satirical	그는 정치를 **서트리클** 한 노래를 만들어서 부른다.	풍자적인
49 83	jeopardize	난 한 번뿐인 소중한 기회를 **줴퍼다이즈** 해버렸다.	위태롭게 하다
49 84	statistical	네이버는 광고주에게 **스터티스티컬** 정보를 준다.	통계적인
49 85	profane	그는 **프러페인** 말를 사용해서 신전에서 쫓겨났다.	불경한
49 86	instinct	연어가 태어난 강으로 돌아오는 **인스팅트** 는 놀랍다.	본능
49 87	merge	두 회사가 경쟁력 향상을 위해 4월에 **머:쥐** 했다.	합병하다
49 88	vitalize	생태관광이 우리 마을을 **바이털라이즈** 했다.	생명을 주다
49 89	haul	그녀는 공항에서 여행용 가방을 힘들게 **홀:** 했다.	끌다
49 90	demur	그는 전혀 **디머:** 하지 않고 내가 하자는 대로 했다.	이의를 제기하다
49 91	inclination	그녀는 자신의 주장을 굽힐 **인클러네이션** 이 없다.	의향
49 92	heighten	테러범의 도심에 대한 공격은 공포를 **하잍은** 했다.	고조시키다
49 93	gaunt	그는 암 때문에 방사선 치료한 후 **곤:트** 해 보였다.	수척한
49 94	petty	두 사람의 **페티** 한 말싸움이 결국 몸싸움이 되었다.	사소한
49 95	resume	중동 평화를 위해서 정상들이 회담을 **리즘:** 했다.	재개하다
49 96	systematic	공간을 **시스터매틱** 으로 활용할 방법이 필요했다.	체계적인
49 97	attachment	갓난아기는 특히 엄마에게 **어태취먼트** 을 가진다.	애착
49 98	omission	계산서를 정리하면서 **오미션** 된 것을 발견했다.	누락
49 99	irrigate	농부들이 농사를 지으려고 밭에 **이러게읻** 했다.	물을 대다
50 00	grasp	나는 절벽에서 그녀의 손을 꽉 **그래슾** 했다.	꽉 잡다

Review Test

destructive	efface	density	imprison	statistical
inclination	queasy	merge	earsplitting	posterior
contagion	deem	recurrence	awe	systematic
petroleum	dependable	gaunt	saddle	irrigate
promotion	relatively	resume	mumble	indent
demoralize	notwithstanding	hitherto	omission	beset
trek	criterion	coordinate	fertilizer	propitious
apprehensive	abdomen	widower	compute	adjacent
inscribe	vigilant	groove	intrinsic	theme
primarily	strife	nibble	vocation	particularly
vitalize	evaporate	emotional	depict	grasp
haul	correction	addiction	demur	fleck
concerning	intelligent	precept	instinct	precipice
alternative	brawl	statesman	manufacture	undoubted
contemplate	homicide	fossilize	vice versa	response
racism	possession	jeopardize	conceit	petty
bilingual	expressive	attachment	satirical	economics
concise	cosmetic	objective	trifle	methodical
accomplish	procure	focal	profane	duration
fawning	stagnate	failure	heighten	distort

고등 수능 영단어 5000

영어단어장

INDEX

전체 암기
복습용으로
사용

Index 03

전체 암기 복습용으로 사용

Index 19

전체 암기 복습용으로 사용